新・MINERVA社会福祉士養成テキストブック

**3**

岩崎晋也・白澤政和・和気純子 監修

# 社会保障

木下武徳・嵯峨嘉子・所 道彦 編著

ミネルヴァ書房

# はじめに

　本書が取り扱う社会保障制度は，私たちの命と暮らしを支える重要なセーフティネットの集合体である。私たち一人ひとりが，年齢，ジェンダー，性的指向，世帯のかたち，国籍，労働のあり方などの違いにかかわらず，誰一人取り残されることなく，社会に包摂されることが目指される。

　また本書は，主に社会福祉士国家試験を目指している受験生向けに書かれたテキストであり，その性格上，ソーシャルワーカーという専門職の立場において必要な内容を網羅している。しかし，専門職という立場のまえに，社会保障制度に関する事柄は，私たち一人ひとりが一個人として，日々の暮らしの中で直面する困りごとを解決し，より良く生きるために必要不可欠な知識ともいえる。

　2000年以降，労働市場および家族のあり方が大きく変化する中で，旧来型の社会保障制度の限界が現れ，その見直しが迫られている。さらに，東日本大震災，能登半島地震といった災害や新型コロナウイルス感染症拡大といった，社会の危機的な状況に迅速に対応することも求められている。社会保障制度が成り立つ大前提として，戦争がなく平和な社会でなければならないことも忘れてはならない点であろう。

　こんにちの社会保障制度が従来から抱える構造の綻びや欠陥は，災害や新型コロナウイルス感染症拡大の影響による社会的不利を解決する方向ではなく，不利をさらに増幅するものとしても作用しうるおそれがあることを改めて確認しておきたい。

　資格取得に必要な事項の学習にとどまらず，本書を通じて，私たちにとって望ましい社会保障制度のあり方を考える力を養っていただきたい。

2025年2月

編　著　者

# 目　　次

# ■序　章■
# ソーシャルワーカーと社会保障

# ① はじめに

　ソーシャルワーカーにとって，社会保障制度はどういう意味をもつのであろうか。おそらく，ソーシャルワーカーを志す人は，相談援助職の実践と関連づけて社会保障制度を理解しようとするだろう。実際，「社会保障」は社会福祉士の国家試験の主要科目として位置づけられており，本書もその領域を解説するためのものである。

　一方，社会保障制度をソーシャルワーカーの視点のみに立ち，専門職の個別の支援に用いるフォーマルな社会資源として理解することは一面的である。社会保障制度には，ソーシャルワークとは別に，社会政策や社会制度としての機能・目的があり，その制度設計の理念は，ソーシャルワーカーの価値とは必ずしも一致するものではない。その背景と両者の位置関係を理解することが，社会保障を学ぶ際には有益である。本章では，ソーシャルワークと社会保障の関わりについて整理しておきたい。

# ② 社会福祉における公と民

　歴史的に，社会保障制度はソーシャルワークやソーシャルワーカーと深い縁がある。イギリスでは救貧法の時代に，民間の慈善活動が積極的に行われていたことはよく知られている。生活困窮者に対して地域の互助や民間の慈善活動による救済が行われてきた一方，治安対策や労働力の活用を目的に，公的な貧困対策・抑圧的な処遇も行われるようになった時代である。その中で，社会保障制度の起源ともいうべき救貧法の外側において，民間の慈善活動家の実践が行われていた。

　第二次世界大戦後，現代的な社会保障制度が整備される中で，個別的な社会サービスの重要性が高まっていく。貧困問題だけでなく，ケアなど個別性の高い課題に応えることが福祉国家には要請されるようになった。そして，民間の慈善活動をルーツにもつソーシャルワーカーは，その公的システム内の一員として，また，民間の立場から，支援を必要とする人々への活動を行うようになった。イギリスにおいてジェネラリストのソーシャルワーカーの資格制度が設けられたのもこ

ういった背景があるからであり，同様に日本においても社会福祉主事，社会福祉士などがシステムの中に位置づけられてきた。

　社会保障制度は公的制度であり，この制度を通じて，国家責任において生存権保障を実現しなければならない。また健康で文化的な最低限度の生活を保障するシステムの中に，ソーシャルワーカーの役割が位置づけられるようになった。ソーシャルワークの公的制度化というべき展開と言える。一方，公的制度だけが人々の生活を支えているわけではない。多様な担い手の組み合わせのあり方も社会福祉の大きな論点である（福祉多元主義➡）。

➡ 福祉多元主義
インフォーマル部門（家族・近隣など），ボランタリー部門（民間非営利組織，NPOなど），公的部門，営利部門（企業）など多元的な福祉の担い手の長所を活かし，最適な組み合わせをめざすべきであるという考え方。

# ③ 個別的ニーズと普遍的ニーズ

　社会福祉を議論する場合によく「ニーズ（必要）」という概念が用いられる。ニーズとは，生活者それぞれが健康な生活を続けていくために必要なものという意味で解釈される。そして，その生活上のニーズを充足するために用いられるものを資源とする。治療のニーズに用いられるものとして医療サービスがあり，介護のニーズを充足するためには，介護サービスが必要となる。社会保障制度は，これらのニーズを充足するための資源を供給する社会的な制度であり，フォーマルな資源の一つとして理解されている。

　一般に，社会保障制度は，「低所得者」「高齢者」といった大きな集団や典型的なパターンを想定して設計されている。「Aさんのため」「Bさんのため」個別に社会保障制度が設計されることはない。大多数のケースに対応するように設計されている反面，個別のニーズに完全にフィットすることはない。このため個別的ニーズの充足について不足が生じ，典型的なパターンから外れた場合に，社会保障制度がカバーできないような事態も起こりうる。こういうケースは，しばしば「制度の狭間」問題と呼ばれる。

　この社会保障制度の必然的な課題に対して，ソーシャルワーカーの対応が求められている。

## ④ 社会保障の対象は誰か

　社会保障制度の対象者をめぐる理解について確認しておきたい。社会保障制度はいわゆる「社会的弱者」だけを対象としているわけではない。「ゆりかごから墓場まで」という言葉が端的に示すように，すべての人々の人生全般にわたって生活を支える仕組みである。

　さらに，「対象者」の問題は，「日本の社会福祉」やソーシャルワークの対象者論とも関連している。キリスト教の活動や慈善事業から発展したソーシャルワークは，無意識的に「対象者」を規定することを好む傾向にある。「援助をする者（ワーカー）」と「援助される者（クライエント）」という構造を成立させることから議論が始まるといってよい。このことは，社会保障の理念を理解する上で大きな妨げとなる。

　先に述べた通り，本来，社会保障制度は，すべての人を対象にするものであり，同時に，すべての人々によって支えられている制度である。現代の福祉国家では，税金や社会保険など能力に応じて他者を支える仕組みが導入されている。

　ところで，日本では，2010年代以降，「全世代型社会保障」という言葉がよく用いられるようになった。この背景には，日本の社会保障制度の給付が高齢者に偏る傾向にあり，本来のあるべき姿から乖離していたという事情がある。「全世代型」という言葉には「今さら感」が否めない。日本の社会保障制度の特徴についても認識しておく必要があるだろう。

## ⑤ 現代の社会問題とソーシャルワーク

　20世紀になって，社会保障制度が整備されるようになった。しかし，疾病，失業，高齢といった一般的なリスクに対する社会保障制度を整備しても，その制度を適用するためには，相談援助が必要になる場合がある。一般の人にとって，社会保障制度は，複雑でわかりにくく，どのような手続きで利用できるのか知られていない場合も多い。時には，制度自体の存在が知られていない場合もある。

　そこで，ソーシャルワーカーは，利用者の立場にたって，フォーマ

ルな資源である社会保障制度につなげていくことが求められる。その
ためには，ソーシャルワーカー自身が，社会保障制度についてよく理
解することが，その相談援助活動の基本となる。

　ソーシャルワークの議論では，個別ニーズを充足する際に，フォー
マルな資源とインフォーマルな資源を組み合わせることの重要性が論
じられる。しかしながら，社会保障制度は，次の点でインフォーマル
な資源と異なっていることに注意が必要である。社会保障制度は，国
家による生存権保障を具体化するための制度である。国家が国民の最
低限度の生活を保障する責任をもっており，これを他者と代替するこ
とはできない。一方，インフォーマルな資源の供給は，任意・自発的
なものである。地域の人々の互助・助け合いは，その人たちに余力が
ある場合，そして，自発的に参加する場合に限り，動員されるもので
ある。この本質的な違いについて理解することが重要である。

　一方，2000年代以降，新自由主義的な経済政策の下，低賃金・非正
規雇用が急増し，懸命に働いても十分な所得を得たり，将来に備えた
貯蓄ができないような状況が拡大している。こういった構造的な問題
は，ソーシャルワーカーによる個別的な相談援助だけでは解決しない。
さらに2019年以降のいわゆるコロナ禍により，日本の社会保障制度の
脆弱性が顕在化することとなった。

　既存の社会保障制度が，現実の問題に対応できない場合には，新た
な社会保障制度の構築が必要となる。既存の制度の利用を促進するこ
とだけが，ソーシャルワーカーの役割ではない。むしろ，制度から排
除され，フォーマルな資源が届かない人々の声を代弁し，そのニーズ
を充足するための制度改革の動きをつくっていくことこそがソーシャ
ルワーカーの本来の役割といえる。多くの国で，当事者の運動により，
社会保障制度が構築されてきた。伝統的なソーシャルアクションの機
能を確認しておく必要がある。

　以上，ソーシャルワーカーと社会保障の関係について簡単に説明し
てきた。繰り返しになるが，フォーマルな資源の本体ともいうべき社
会保障制度を理解し，活用することなしに，個別援助は成り立たない。
社会保障制度についての知識はもちろんのこと，社会保障制度そのも
のの理念についての理解を深めることが国家資格を目指す人たちには
求められている。

## ◯参考文献 ————

岩崎晋也・金子光一・木原活信編著『社会福祉の原理と政策』(新・MINERVA
　社会福祉士養成テキストブック①) ミネルヴァ書房，2020年。

# ■第1章■ 社会保障の概念や対象およびその理念

# ① 社会保障の概念と範囲

　日本で「社会保障」という概念はどのように理解されているのだろうか。多くの論者が引用するのが，生存権の保障を定める憲法25条である。生存権保障の手段として，社会保障が登場する。

> 「**第25条**　すべて国民は，健康で文化的な最低限度の生活を営む権利を有する。
> ②　国は，すべての生活部面について，社会福祉，社会保障及び公衆衛生の向上及び増進に努めなければならない。」

　また，日本の社会保障を理解するために重要な定義として，1950年の社会保障制度審議会による勧告がある。この勧告は，敗戦後の日本において，社会保障制度を構築するための方向性を示したものである。

> 「（前略）いわゆる社会保障制度とは，疾病，負傷，分娩，廃疾，死亡，老齢，失業，多子その他困窮の原因に対し，保険的方法又は直接公の負担において経済保障の途を講じ，生活困窮に陥った者に対しては，国家扶助によって最低限度の生活を保障するとともに，公衆衛生及び社会福祉の向上を図り，もってすべての国民が文化的社会の成員たるに値する生活を営むことができるようにすることをいうのである。
> このような生活保障の責任は国家にある。（後略）」（「社会保障制度に関する勧告」1950年）

　ここでいう「疾病，負傷，分娩，廃疾，死亡，老齢，失業，多子その他困窮」の部分は一般的な生活上のリスクを説明したものである。「こういうことがあると生活に困る可能性がある」「誰でもこういうリスクに直面することがある」という意味である。「子どもが生まれること」「長生きすること」も，生活困窮の原因と考えられていた（なお，この定義には，現在は使われていない言葉も含まれている。廃疾は障害ということになる）。時代を超えて，これらの生活上のリスクは存在する。

　次に，この定義では，「保険的方法または直接公の負担……」とい

う表現で，具体的な社会保障制度の仕組みについての説明も行われている。保険的方法とは，社会保険制度を指しており，実際，多くの国で社会保険制度が社会保障制度の中核を構成している。また，直接公の負担とは，税金を投入するという意味になる。国家扶助というのは，現在の生活保護制度がこれにあたる。財源的には税金による仕組みである。

　これに続く「公衆衛生」にも注目したい。社会における衛生状態の改善は，当時，大きな社会的課題であった。住宅環境や上下水道のインフラの整備が途上であった日本では，感染症や高い乳幼児死亡率などの問題を抱えていた。その後，高度経済成長を経て，所得水準が上昇する中で，物理的な面での居住環境は改善し，公衆衛生の重要性について，社会的な意識が低下していたことは否めない。2019年以降の新型コロナウイルスの問題は改めて，公衆衛生が，社会保障（経済保障・医療）と並んで，重要な課題であることを認識させることとなった。そして，「社会福祉」は，現在では，いわゆるケアなどの福祉サービスを想起させるが，当時は，現在とはサービスの形が異なり，また，サービス給付の対象も拡大している点に注意が必要である。

　「すべての国民が文化的社会の成員たるに値する生活を営むことができるようにすること」という表現で，社会保障制度の目的とめざす水準が示されている。憲法同様に，すべての国民が対象となるという点が重要である。それから，めざすべき水準は，「文化的社会」であり，飢え死にしない程度ではない。敗戦後，衣食住に事欠く国民も多い中で，高い目標を掲げたといえる。高度経済成長を経て，当時，構想された文化的社会の成員たるに値する生活水準は多くの国民にとって手の届くものとなったが，2020年代の今，どの程度の水準を設定するのか，どうやってこれを決めるのか，多くの議論の余地が残されている。

　そして，あらためて「生活保障の責任は国家にある」と明言している点を確認しておかなければならない。社会保障の実施責任は国家にあることを示しており，社会保障の概念を理解する上で，最も重要なポイントである。

　なお，この社会保障制度審議会の定義では，社会保障の概念を広く定義しており，社会保障の中に「社会保険，公的扶助，公衆衛生，社会福祉」が含まれている理解となっている。いわば，「社会保障の体系の中に社会福祉がある」ということについては異論もある。

　社会保障の概念・定義について，現存する制度体系で説明されることもある。具体的には，社会保障を「社会保険」（年金，医療保険，労災保険，雇用保険，介護保険），「公的扶助」（生活保護），「社会手当」（児

童手当，児童扶養手当など）で説明する考え方である。医療や介護などは，社会保険を通じて社会保障の一部を構成することになる。

　ここまでは，いわば，「日本の社会保障制度」から説明したかたちであるが，日本以外の国では必ずしも通用しない点に注意が必要である。イギリスなどで広く用いられている「社会政策（social policy）」という概念においては，国民の生活を保障するための社会政策の体系の下部構造として，雇用，所得保障，医療，住宅，教育，福祉の6つが含まれるのが一般的である。この「社会政策」と社会保障制度審議会の広く定義する「社会保障」とは共通している部分も多い。「社会保障」を，国民の生活を支える社会的な仕組みすべてを包括する概念と考えることもできる。一方，社会保障という言葉を英語で直訳すると，「Social Security」となるが，イギリスなどでは，Social Security という語は「所得保障」の意味で用いられており，医療などは含まれない。

　さて，この社会保障制度審議会の定義は日本の社会保障や社会福祉制度の出発点となった。その後，戦後復興，経済成長とともに，日本の社会保障制度は整備されてきたが，その一方で，解決していない問題も多い。例えば，現在も，「貧困」は大きな問題であるが，貧困概念自体の変化にも留意しなければならない。

　また，ここまでは社会保障にはどのような制度が含まれるのかという話が中心であった。社会保障制度について，何かを「給付」するための制度の体系という印象をもつ読者も多いことだろう。しかし，社会保障を本質的に理解するためには，具体的な制度の体系だけでなく，原点に戻って，社会保障の「機能」や「目的」に焦点を当てることが重要といえる。

#  社会保障の役割と意義

　なぜ日本も含めて多くの国に社会保障制度が存在するのであろうか。先に述べたとおり，社会保障制度は生存権保障の手段として位置づけられている。国民一人ひとりの人権を保障するため，いわば国民のための制度という理解はもちろん重要である。

　その一方で，社会保障制度によって，国民の生活を安定させることが，国家にとっても重要な意義を持っている点についても理解が必要である。「一人ひとりのウェルビーイングのために」という理解は，慈善事業以来の伝統を継承する社会福祉的・ソーシャルワーク的な理

解といえるが，国家が国民の生活に介入する理由は他にもある。社会保障制度は「国民を支えるための制度」であると同時に，「社会を支える制度」であるという点を理解することが重要である。これらの点を確認しておこう。

## ☐ 社会保障制度の機能

　まず，社会保障制度は，健康で文化的な最低限度の生活を保障する機能をもつ（ナショナルミニマムの保障）。憲法で保障された生存権，「健康で文化的な最低限度の生活」を保障するためには，社会保障制度は不可欠であり，この点については議論の余地はない。一方，「健康で文化的な最低限度の生活」の内容や水準について決定することは難しい。どの程度まで保障すればよいのかが大きな論点となっている。時代や社会状況によって健康で文化的な生活水準は変化する。また，受給者が個人的に判断すればよいというわけではなく，社会的な状況を踏まえて相対的に捉える必要がある。2020年代の日本を考えると，少なくとも飢え死にしないラインにこの水準が設定されることはないが，いわゆるライフスタイルや価値観が多様化する中，この課題は社会保障の主要な論点となっている。国民全体で丁寧に議論していくことが求められている。

　第 2 に，「人生」という観点から社会保障制度の役割を理解する必要がある。人の一生の中で，様々な出来事が発生する。冒頭で述べた社会保障制度審議会の勧告に登場するが，すべての国民が，その人生の中で「病気」「失業」「障害」「出産」「高齢」などのリスクを抱えており，実際に発生した場合には，個人の力では対応できないことも多々ある。そこで社会保障制度は，こういう生活上のリスクに対して予防的・事後的対応を行っている。

　人生の中でのリスクという考え方は，100年以上前から着目されている。例えば，イギリスのラウントリー（Rowntree, B. S.）は，人の一生において，第一次貧困線（primary poverty line）を下回る時期がいつ来るかを図で示している（**図 1-1**）。左から右へ年齢が 0 歳から70歳まで示されているが，「子どもの時期」「子育てしている時期」「退職した時期」の 3 回，貧困に陥るというのがラウントリーの指摘である。「5 歳から15歳」「30歳から40歳」はいわゆる「子育て世帯」である。子育てしている親とその子ども，そして「65歳以上の高齢者」が貧困になるリスクが高いと考えられていた。

　この指摘は，120年前のイギリスの生活パターンを前提にしたものであり，現在の日本にそのまま当てはまるわけではない。働き始める

➡**貧困の概念の変化**

かつては，生存に必要な最低限度の生活費を算定することによって，貧困の把握に取り組んでいた。20世紀後半以降，国民の生活水準が上昇すると，「貧困線」のラインを，その社会の中で，相対的に把握する考え方が登場する。すなわち，生存に必要な条件から上積みするのではなく，その社会における普通の暮らしを起点に，容認できない水準にラインを引くことで貧困を把握する考え方である。相対的貧困の考え方を提唱した研究者としてピーター・タウンゼント（第10章側注参照）がいる。

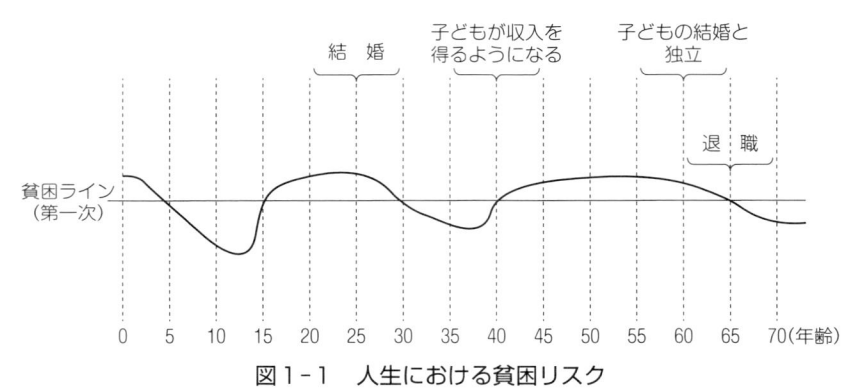

図1-1　人生における貧困リスク

出所：Rowntree. B. S. (2000). *Poverty: A study of town life* (centennial Edition), Policy Pr., p. 137 を筆者訳。

年齢も退職年齢も平均寿命も異なる。それでも，子育て世帯や高齢者の場合に貧困に陥るリスクが高いという指摘は時代を超えて現代にも当てはまる指摘であるといえよう（**図1-1**）。また，突然の病気や失業など上記以外にも貧困に陥るリスクが存在するのも同様である。

　社会保障制度は，こういったリスクが発生した場合に生活を支える役割を果たしている。たとえば，子育て世帯が貧困に陥るリスクがあるのであれば，国として子育て世帯に対する経済的な支援を行うことが考えられる。「児童手当」はその典型である。また，高齢期の貧困リスクに対しては「年金」がある。このほか，「失業給付」や「医療保険」などによる給付が設けられている。

　「ゆりかごから墓場まで」という言葉が表現するように，すべての国民を対象に人生を通じて貧困線を下回らないような仕組みが設けられているが，その中核となるのが社会保障制度である。貧困に陥った人を事後的に救済するだけでなく，すべての国民を対象にしているという点を理解することが重要である。

## ☐ 社会を支える──社会保障の社会的役割

　次に，社会保障制度が「社会」に対して果たしている役割について確認しておきたい。一人ひとりの生活を支えることが社会保障の主要な役割であることは当然であるが，その背景と2次的な役割についても確認しておく必要がある。

　社会保障制度の機能としてよく取り上げられるのが，「所得再分配」の機能である。「再分配」とは，一度配ったもの（所得や資源）を集めて，再び分配するという意味である。例えば，就労によって労働市場から得た収入は，人によって大きく異なる。高収入を得る人もいれば，それだけでは生活に事欠く人もいる。そこで，国家が税金を通じて資源を集め，経済的に困窮している人たちに分配するという仕組みが構

築されている。高い収入を得ている人ほど高い税金が設定され，低い収入あるいは収入の全くない人に給付する再分配については，「垂直的再分配」と呼ばれることがある。税金によって財源を確保し，社会保障制度を通じて分配される。社会扶助（日本の場合は生活保護）がその典型的な仕組みである。

　このほか，「子どものいない世帯から子どものいる世帯へ」「若年層から高齢者へ」「大人から子どもへ」「健康な人から病気の人へ」様々な資源が分配されており，「水平的再分配」や「世代間再分配」などと呼ばれている。

　社会保障という言葉は，何かを「給付する」イメージが強いが，この給付は，資源の確保（拠出）と合わせて理解されなければならない。また，資源の確保の方法も，税金だけでなく，社会保険料という場合もある。すなわち，社会保障制度はこの再分配システムの一部を担っている。この再分配は，国民個人の生活状況とは直接関係なく行われる。国民は，生活に困窮したり，病気になったりしたときに社会保障制度と関わるのではなく，日常生活の中で再分配システムの中に組み込まれていることについて理解しておきたい。すべての国民が，何らかのかたちで社会保障制度の当事者であるといえる。

　なぜ，国家が社会保障制度を通じた再分配システムを構築しているのか確認しておきたい。そこには，国民一人ひとりの生活を守るという観点だけでなく，国家的・社会的な観点が存在する。たとえば，貧困や格差を放置することは，それによる個人的な生活問題だけでなく，社会にとっても大きな問題を発生させることになる。社会が分断されることによる社会的コストは避けなければならず，社会を安定させることが，国の経済的な発展にもつながるという考え方がある。また，社会保障制度を通じて，みんなが支えあうという意識が高まることで，社会的な連帯意識が高まることが期待されている。こういった考え方は，社会保障制度の持つ「社会的統合」や「社会的包摂」の機能と呼ばれてきた。

　各国で，社会保障制度が発達してきた背景には，それぞれの国家にとって必要とされてきたという事情がある。また，現在も「格差社会」や「社会の分断」が多くの国で社会問題として認識されるようになっている。経済的に余裕のある国が社会保障制度を構築するのではなく，経済発展のために社会保障制度を整備するという「国家戦略としての社会保障」という考え方とみることができる。特に，世代間の再分配のうち，子育て世帯に向けた再分配は，「社会の担い手の確保」「次世代への投資」という側面を持っている。社会保障制度を充実さ

せることは，個人だけでなく，社会にとっても大きな意味を持つ。個人の生活保障ではなく，いわば，「国家戦略」としての社会保障制度の位置づけについても理解しておきたい。

## ☐ 社会保障制度に対する疑問・批判

ここまで，社会保障制度が現代社会でどういう機能を持っているのかを整理してきた。社会保障制度がなくなったら，個人の生活には影響が出るが，さらにその結果，社会にはどのような影響が出るのか考えておくことが重要と言える。

社会保障制度によって，個人の生活問題や社会問題を予防したり，問題に対して事後的に対応したりできるようになった半面，社会保障制度に対する疑問や制度の拡充によるマイナスの効果を指摘する意見もある。その主たるものを簡単に紹介しておこう。

まず，社会保障制度が充実すると（あるいは，社会保障の給付水準が高すぎると），人はそれに依存するようになって，自助意識に影響を与えるという批判がある。「働いても働かなくても一定水準の生活が保障されるのであれば，人間は働かなくなるのではないか」「社会保障制度は怠け者を生み出しているのではないか」という懸念であり，特に，公的扶助（生活保護）の問題として指摘されることが多い。

これは，日本だけでなく，他国でも同様で，実際，イギリスでは，1970年代以降，「自発的失業」「自発的病人」の増加が，福祉国家に対する批判として展開されていた。また，公的扶助の受給状態から抜け出せない状態は，「失業の罠」「貧困の罠」と呼ばれている。現在では，「モラルハザード」の問題と呼ばれることもある。

このいわば古典的な社会保障制度に対する批判については，いくつかの反論が行われてきた。現代の社会保障制度は，制度設計上，最低限度の生活を保障するものであって，それ以上の生活水準を望む場合の自助努力の余地を残している。言い換えると，それで満足できるほどの水準が設定されているわけではないということになる。日本でも，生活保護水準が高いという批判があるが，資産などに関わる制限を考えると一面的な批判と言える。

次に，社会保障の水準が高いことが問題なのか，それとも，賃金の水準が低すぎることが問題なのかについて議論が必要である。どんなに頑張って働いても貧困線以下の賃金しか得られないような社会状況において，社会保障の水準を下げることは，生存権，それも，絶対的な貧困問題を引き起こしかねない。

モラルハザードの問題については，「そもそも働く理由は何か」と

いう点も重要である。そもそも，議論の前提として，就労意欲や勤労意欲は，賃金や社会保障の水準だけで決定されるかどうかに議論の余地がある。「お金があれば働かない」というのは，人間を，経済合理主義的な判断基準で行動する存在として見ていることになる。現実には，お金があれば働かない人もいるかもしれないが，どんなにお金があっても働き続ける人もいる。就労の動機はいろいろあって，「自己実現」「将来への不安」「参加・帰属意識」「社会貢献」など人によって様々である。就労の動機を，社会保障水準にだけ結びつけるのはやや短絡的と言えよう。

　貧困とは別のモラルハザードの問題としては，「過剰なサービス利用」への懸念もしばしば指摘される。たとえば，「医療保障が充実すれば，不必要なサービス利用が増える」という批判がある。この状況については，たとえば，全国民に対して無料の医療サービスが保障されているイギリスでは，「無料だから使わなければ損」という理由で医療機関に人が殺到するという現象は発生していない。一方，日本では，老人医療費無料化の時代に，高齢者の「社会的入院」が問題になったことがある。ただし，社会的入院の背景には，医療費の負担の問題だけでなく，施設や地域での高齢者ケアの体制が不十分であったり，家族介護の負担が重かったりしたという事情があり，むしろ，高齢者ケアについての社会保障制度の水準の低さが引き起こした問題と考えることもできる。モラルハザードをめぐる問題は，様々な個人的・社会的要素が複雑に関連しており，短絡的に社会保障制度の問題と結論づけることはできない。

　次に，「再分配」の機能についても様々な批判がある。垂直的再分配の仕組みは，累進課税や社会保険料の応能負担などを通じて，経済的に余裕のある層から，困窮している層に富の分配を行う仕組みであるが，見方を変えれば，「富裕層を貧乏にする仕組み」と考えることもできる。そのため，累進課税で高所得者に高い税率をかけていくことについて，「不公平」であるとか，過度な負担となるとの批判が出てくることもある。

　社会保障制度は，裕福な層にとっては，マイナスなのか。まずは，再分配システムの一部だけ取り出して議論すると様々な誤解が生じることに注意しておきたい。たとえば，社会保障制度をもっとも利用しているのは，むしろ裕福な層であり，いわゆる「健康格差」の問題のように，貧困層ほど，平均寿命が短い（お金持ちほど長生きする）という点が指摘されている。「年金」「介護」「医療」などの社会保障制度は，長寿の人ほどたくさん利用することも考えられる。また，生活が困窮

している層では，結婚や出産が制約されることも考えられる。もしそうならこういった層には最初から子育て支援の給付は届かないことになる。社会保障については，全体のパッケージでの議論が必要である。生活保護など個別の制度だけを取り上げて「損か得か」という議論は，そもそも成り立たないと考えるべきだろう。自分の生活が支えられていることには気づかずに，他者への社会保障給付を批判する状況には問題が潜んでいる。

　社会保障制度のマイナス面として指摘されているのは，個人の問題だけではない。たとえば，企業に対する税負担が増えることによって，海外に拠点を移す企業が出てくる，あるいは，これによって雇用が失われ失業者が増える，そしてその結果，国の経済が大きな打撃を受けるというという伝統的な批判もある。これに対しては，「社会保障制度が整備されることによって，社会サービスが充実して，働きやすい環境が構築される」「いい労働力が確保できる」「高い生産性が確保される」「高い水準の社会保障制度を整備することで，国として強力な経済力を確保できる」という反論が行われてきた。実際，北欧諸国は，長年，高い水準の社会保障制度を展開しているが，日本と比較して経済的な指標が低いわけではない。経済は様々な要因によって動くことから，単純に社会保障制度に関連づけることはできない。社会保障制度を，「弱者の救済」と考えるのではなく，「次世代への投資」ととらえることが重要といえる。

　さらに，家計消費に関する社会保障制度の影響を批判する意見がある。具体的には，「社会保障制度を充実させるために，税金や社会保険料が高くなって，貯蓄や消費に回るお金が減る」という批判である。これに対しては，「社会保障制度が充実することで生活上の不安が減り，不必要にお金を個人が溜め込まなくて済む」「逆に消費にお金をまわせる」という反論がある。これも伝統的な論争である。

　確かに可処分所得が減少すれば，貯蓄に回るお金が減ることになるが，では，社会保障制度の水準を下げて，個人貯蓄が増えれば，人々は安心できるのだろうか。生活上のリスクに対しては，個人で対応するよりも，集団で対応した方が合理的ということから，社会保障制度は構築されてきた。個人貯蓄や消費など人間の経済的な行動を左右するものは多様であり，家計上のゆとりだけを取り上げて議論することはできない。まさに人の生涯における「安心」の状況をどのように構築するかが問われているといえよう。

# ③ 社会保障の制度設計

　この節では，社会保障制度の制度設計について整理していくこととしたい。

　社会保障の仕組みは一つではない。前節で述べた役割を果たすためには，実際には，いろいろな方法があり，国によって，それぞれ歴史や社会的な事情から複数の方式を組み合わせて社会保障制度を構築している。その設計思想の原理と論点について整理しておく。

　社会保障制度を資源再分配システムととらえて考えると，個人への分配を決定する原則，給付される資源のかたち，給付の対象者の範囲，資源を再分配する方法，といった点が大きなポイントとなる。

## □「貢献原則」と「必要原則」

　資源の分配における基本的な考え方として「貢献原則」と「必要原則」の２つがあるとされている。[1]「貢献原則」は，資源を分配する際には，「その個人が成し遂げた貢献度に応じて決定」すべきであるという考え方である。簡単に言ってしまうと，「支払ったから資源が提供される」「支払った分に応じて資源を供給する」ということになる。一方，「必要原則」は，資源を分配する際には，「その個人の必要度に応じて決定」すべきであるというもので，「必要だから資源が提供される」という考え方である。必要原則に従うと「それまでの貢献度（支払ったかどうか）は問わない」ことになる。社会保障制度を設計する場合，これらの原則はどう扱われているのか。

　社会保険制度は，貢献原則に基づくシステムである。社会保険制度を通じて，資源を分配してもらうには，加入していること（貢献）が条件であり，制度に入っていれば，給付は自動的に決定されることになる。一方，必要原則に基づくシステムとしては，生活保護制度がある。生活保護を受けるには，それが必要であることが条件となっている。それまで貢献してきたこと，たとえば納税してきたことなどは問われない。一方，「必要」が客観的に判断されることになる。具体的には，生活保護について受給資格があるかどうか判定されるプロセスが設けられている。

　必要原則に対しては，しばしば「貢献しなくても，もらえるのは不公平だ」という批判がある。「働きに応じて」とか「努力が報われる」

といった考え方に共感する人も多いかもしれない。一方，これに対しては，「貢献度はすべて個人の努力や能力によるものなのか」という反論がある。生まれた家庭の経済的状況から，貢献できる状況にない（たとえば収入を得て，納税できない）立場の人からみれば，最初から不公平だったということになるだろう。二者択一の論争にしないことが重要と言える。

### ❏ 給付される資源のかたち──現金給付と現物・サービス給付

社会保障の給付はどのような形で実施されるべきか，制度設計上の大きなポイントである。社会保障給付には，大きく「現金給付」と「現物・サービス給付」の2つがある。たとえば，食のニーズを充足する場合には，食事を提供することも，食費を提供することも可能である。住まいのニーズの場合では，住宅を提供するか，住宅費を給付するか，制度設計上選択肢がある。医療でも介護でも同様である。

食費や住宅費といった「現金給付」のかたちで給付される方が，利用者側の選択肢が増えることになる。一方，「現金給付」の仕組みが社会保障制度として機能するためには，給付された現金を，実際のニーズを充足するための資源，たとえば，食料や住まいに，市場において「購入」「交換」できる条件が整っていることが前提である。現金は交換手段にすぎず，これを食べることはできない。介護サービス事業者がない地域で，介護給付として現金を支給されても，実際のケアが受けられないことになる。大きな災害時など緊急に生活支援を実施しなければならない場合には，現物給付が中心となることも多い。

一方，生活とは，自律的・主体的な自己決定を伴うものである。自ら判断し，自分の思いとすり合わせながら，生活を構築していくことが望ましい。現金給付は，この面でメリットがあると言える。「貨幣」の機能として，「交換」と「保存」がある。自分の交換したいものと交換し，交換のタイミングも自分で決定する。今使うのではなく，将来のためにとっておくという選択もあるだろう。私たちの一般的な経済生活ではこのような選択を繰り返している。一方，この貨幣の機能ゆえに，現金給付については，本来の目的に用いられるかどうか不明という批判があり，使途を限定すべきであるという意見もある。そもそも，社会保障制度の利用者に対して，一切の選択肢も与えないことにも問題がある。社会保障制度が，個人の選択や自己決定・あるいは自己責任をどのように想定するのか，そこにおける人間観が問われることになる。

## ☐ 「社会保険方式」と「税方式」

　社会保障制度の基本的な制度設計として，大きく「社会保険方式」と「税方式」がある。本章の冒頭で説明した社会保障制度審議会の定義でも，主としてこの 2 つが想定されている。「社会保険方式」は，保険の仕組みを用いて，加入者から事前に資源を集め，加入者に対して，現金やサービスの給付を行うものである。給付の対象は，保険の加入者に限定される。これに対して，「税方式」は，社会保障制度の費用を税金で賄う方式である。対象者は限定されない。税金や保険料を払っていなくても制度を利用できることになる。

### ①　社会保険方式

　はじめに「社会保険制度」について少し詳しく説明しておこう。

　社会保険制度は，「リスク」を回避するためのコストを分散する仕組み，あるいは社会的に負担する仕組みである。病気やケガ，失業，「長生き」もリスクと考えられるが，社会保険は，こういったリスクに対して，あらかじめ保険料を集めておいて，発生したときに給付を行う仕組みである。社会保険料を拠出しないと仕組みに加入できず，給付を受けられない，いわば「会員制」の仕組みである。この保険制度は，加入者の合理的な判断やリスク回避的な行動原理が前提となっている。絶対に自分には起きないと考えるのではなく，事故が発生した場合に備える行動をすることが想定されている。

　社会保険制度の特徴としては，①公的機関が運営している，②全員が強制的に加入することになっている，③保険料について本人が負担するだけでなく事業主負担や公的助成がある，の 3 つがあげられる。

　社会保険は，制度が成り立つための原則・前提がいくつかある。まず，保険制度では，一定規模以上の集団を用意してリスクを分散する。少人数だとリスクを分散できない。これは民間の保険との共通点である。集団の規模が大きくなると，リスクの発生率は一定化するという法則である。

　次に，保険の制度が存立するためには，「収入総額と支出総額でバランスがとられること」が必要である（収支相当の原則）。この点は，民間保険も社会保険も同じである。ただし，社会保険は，民間保険のように支出総額に見合う形で個別の保険料を設定しているわけではない。また，社会保険では，保険料だけで給付を賄えない場合に，公費の投入が行われる。したがって，社会保険制度では，収支相当の原則が貫かれていないという指摘がある。

　そして，もう一つ，「給付反対給付均等の原則」がある。通常，被保険者の支払う保険料は，リスクが発生した場合に受領できる保険金の

数学的期待値に等しいこと，簡単に言うと「保険料はその人のリスクに見合っていること」が求められる。

　民間の保険では，個々人のリスクに応じて保険料を設定し，個別保険料を採用している。つまり，リスクの高い人は，高い保険料を払うということになる。一方，社会保険は年齢や性別，職業に関わらず，全体の事故の発生率に合わせた平均の保険料を払うことになる。また，所得水準の高い人ほど高い保険料を支払う応能負担を組み合わせることもある。

　さらに，民間保険と異なる点としては，社会保険は「強制加入」となっている。みんなでリスクを公平に負担するということが制度の前提である。たとえば，高齢・病気の人ばかり加入しているとリスク分散は成り立たない。一方，観点を変えると，社会保険には，リスクの高い人でも加入できるということになる。民間保険では「リスクの高い人（近い将来給付が必要になりそうな人）は，加入を断られる場合がある。社会保険では，生涯を通じて，リスクの低い時期から高い時期までカバーされている。そして，強制加入の仕組みであることが，公費負担が行われる理由にもなる。

　なぜ国家が社会保険を実施するのか整理しておこう。民間保険には，保険料が払えない，リスクが高いなどの理由で加入できない者がでてくる。自己責任でない理由で排除される者がいるかもしれない。そこで，高リスクの人を社会的に支援する仕組みとして社会保険制度が設定されている。

　また社会保険にはパターナリズム的な保護の側面がある。強制加入にするのは，放っておいたら自分でリスクへの準備をしない人が増えて，最終的に大きな社会問題になるという考え方もある。強制加入となるのは，「あなたのためだから」でもあるが，個人の生活に介入する考えに反発する意見もある。

### ②　税　方　式

　次に，税方式についてみておこう。税方式とは，税を財源に，ニーズを持つ者に給付を行うシステムである。保険料を払わないので，無拠出制給付と呼ばれることがある（ただし，税金は支払っているので，「無拠出」というのは誤解があるかもしれないが）。

　税方式でも社会保障制度を通じた給付は可能である。たとえば公費による医療制度を実施している国がある（イギリスやスウェーデン）。医療保険ではなく，医療サービスは税金で運営されており，患者は医療機関で受診し，経費は税金でまかなわれることになる。また，児童手当は税金を財源に給付される。一般に年金は保険料を払う社会保険

方式が当然のことと考えられているが，税方式でも年金の給付は可能
である。たとえば，65歳以上の高齢者に現金給付を行う，「高齢者手
当」のような形が考えられる。税方式では，過去の保険料の履歴など
は不要なので，簡略化された給付システムが可能になる。

### ③　社会保険方式と税方式のメリット・デメリット

　社会保険方式と税方式のメリット・デメリットを検討しておこう。
まず，受給権との関係である。社会保険のメリットとして言われてい
るのは，受給権と直結している点である。「払っているから給付を受
ける」というのがはっきりしているのでサービスを受けやすい，遠慮
なく申請できるという意見も根強い。

　これに関して，社会保険方式では，保険料を払えない場合などの問
題がある。これについては，排除されないよう，一応保険料の減免措
置などがあるが十分とは言えない。税方式では，加入しているかどう
かは問わないので排除の問題は起きないことになる。

　一方，税方式では「保険料を払ってきたから受給できる」という形
で主張しにくい。また，その時の財政状況や「予算」で給付が決まっ
てしまうと，思っていた額より少ない給付になる懸念も生じる。さら
に，社会保険方式なら，加入している人は全員が対象になるが，税方
式の場合，予算がなくなると「財政上の理由から本当に困っている人
だけに給付」（選別主義）ということになるかもしれない。選別主義的
に運用されると一定水準以上の層が排除されることになる。

　そして，「社会保険料」と「税金」，どちらが国民の理解を得やすい
かという点も重要なポイントになる。社会保険料は，個々の社会保障
制度に拠出するお金ということが明確になっているが，税金は他のこ
とにも用いられることになる。すなわち，「社会保険料」の場合，「自
分の給付に使われる」というイメージを持ちやすい。

　ところで，社会保険には，たくさんの税金が投入されていることに
も留意すべきであろう。社会保険料だけで運営されておらず，税金の
割合が高くなるのであれば，従来の「社会保険方式」と「税方式」の
区分の議論は見直す必要があると言える。

　本節では，社会保障制度の制度設計について説明してきた。どの国
もいろいろな組み合わせで社会保障制度を構築しており，どれにも一
長一短がある。また，急に制度を変えられないという事情もある。こ
れまで，保険料を払ってきたのに，急に税方式に変更するとなれば，
これまでの貢献について不満に思う人も出てこよう。社会保障制度を
理解する上で，財政も歴史も重要なポイントである。

## ☐ 選別主義と普遍主義──社会保障給付の対象の範囲

　社会保障制度の対象者について整理しておきたい。社会保障は，人々の生活をその一生にわたって支えるものであり，すべての国民が対象となるという点はすでに説明してきた。その一方で，制度によっては資源供給の対象の範囲をめぐって，「選別主義」と「普遍主義」の2つの考え方がある。

　「選別主義」とは，給付の対象は「本当に必要な人に限定すべき」とするものである。これに対して，給付は，「全員を対象にすべき」とする考え方を「普遍主義」と呼ぶ。

　同じ資源の総量で考えた場合，選別主義によって制度を設計すると，対象者の減少と一人当たりの給付の量の増加となる。逆に，普遍主義を選択すると，対象者は増加し，一人当たりの給付は減少することになる。

　選別主義の場合，対象者に重点的に給付を行うことができるが，受給資格を決定するプロセスが必要となる。制度設計上，選別するためのコストを考慮しなければならない。また，選別主義には，「スティグマ」の問題があると考えられている。「あなたは本当に貧乏だから○○を給付します」ということになるので，「恥ずかしいから申請しない」という問題が生じることが懸念される。そうなると，「本当に必要な人に給付を限定する」ことが，本当に必要な人に資源が届かない結果になりかねない。一方，高所得層からは「税金を負担しているのに給付を受けられない」という不満がでてくることも考えられる。

　普遍主義の場合には，対象者が全員なので，「広く薄く」給付を行うことになる。そのかわり，普遍主義の方は，全員が受給するので，スティグマの問題は生じにくい。そして，「もらっている人」と「もらっていない人」との分断がないので，社会的統合価値があると考えられている。

　しばしば，普遍主義については，「お金持ちにまで給付するのはおかしい」「バラマキだ」という批判が行われることがある。これは，社会保障制度を「給付」の場面だけでみていることによる誤解である。普遍主義を理解するためには，「再分配」のメカニズムの理解が重要となる。給付は所得に関わらず同じように行われるが，負担（税金など）の場面では，高所得者がたくさん負担していることが制度設計上の前提となっている。能力に応じて負担し，給付は均一にという考え方が「普遍主義」である。

　「選別主義」と「普遍主義」は，児童手当などの現金給付の制度設計において重要なポイントとなっている。国民的な議論が必要であるが，

まずは，その考え方を理解することが前提となる。

### ☐ 社会保障制度の利用者負担

　社会保障制度を利用した場合の負担のあり方も，制度設計上の論点である。特に医療や介護などのサービス給付を受けた場合に，一定の自己負担を払う場合があるが，その場合，利用者の経済状況に応じて（負担能力に応じて）払うべきか（応能負担），利用者の利用状況に応じて払うべきか（応益負担）の選択がある。サービス給付時に，利用者の負担を求めることは，低所得者にとってサービス利用の障壁となる可能性もあることから注意が必要である。さらにサービスを受ける際の利用料は無料にするという考え方もある。この場合，拠出の段階で，応能負担（累進課税や所得比例の保険料）になっているという再分配メカニズムが前提となっている。

　各国では，上記のような点を踏まえて，社会保障制度を設計している。たとえば医療制度において日本やドイツなど社会保険方式を採用している国，イギリスやスウェーデンなど税方式を採用している国がある。普遍主義的な制度，選別主義的な制度など，国によって児童手当も制度設計の思想が異なる。それぞれに長所と短所があり，一概にどちらが優れているとは言えない。すべての国民の生活ニーズの充足と再分配メカニズムを通じた公平性の確保が常に課題となっている。

# 社会保障の歴史

　本節では，社会保障の歴史を概観しておきたい。ここまで説明してきたように，社会保障制度はさまざまな考え方を複雑に組み合わせて構築されているが，その過程について理解することも重要である。
　社会保障の歴史といっても様々な歴史が含まれている。例えば，「仕組み」の歴史がある。現在，社会保障制度として，年金や生活保護の制度が実施されているが，もともと一斉に始まったわけではない。また，「理念」の歴史もある。社会保障の考え方や意義が理解されるようになってから，まだ100年ほどである。社会保障の歴史は，人権思想の歴史でもある。さらに，社会保障の理念を広めたり，その仕組みを開発したりする背景には，学術的な進歩が不可欠である。
　本節では，イギリスの歴史的展開を中心に，上記の点を確認してい

くこととしたい。

## ☐ 貧困問題への対応——救貧法の展開

いつの時代でも貧困問題は存在するが，社会の大きな変化が，貧困の拡大をもたらすことがある。たとえば，産業構造の転換期には，貧困者が増加する。ヨーロッパでは，農業社会から産業社会への移行期に発生した生活困窮に対して，自助・家族・地域だけでは対応できず，困窮者が都市部に流入し，社会不安が高まった。このため，社会秩序維持の必要性から様々な取り組みが行われるようになる。これが，社会保障の起源と考えられる。

最も有名なものが，イギリスのエリザベス救貧法（1601年）である。救貧法では，労働能力を基準に対象者別の対応がとられることとなり，労働可能な者は，強制的に労働させ，働けない者には，一定の生活援助を与え，児童は徒弟奉公に出された。救貧行政の基本単位を教区（＝教会区・日本でいう学区に近い）とし，治安判事のもとに貧民監督官を数名配置し，救貧行政にあたらせた。この制度は，治安維持のための地域での「貧困者対策法」であり，救済や援助よりも，労働力を活用することが重視されたものと言える。エリザベス救貧法の画期的な点は，法律を作って制度化し，貧民全員を対象とした点，新たに救貧税という税金をつくり，財源を確保して貧困者対策を行った点である。

エリザベス救貧法には，さまざまな制度上の問題があった。地域ごとに異なる対応がとられ，強制的な就労を行うべきケースでも温情的に対応することがあった。さらに地域ごとに制度適用の対象者の範囲が拡大することもあった。特に有名なのが，スピーナムランドという地区で実施された方法である。この地区では，物乞いをするような貧困者だけでなく，低賃金労働者まで救貧法による救済の対象とし，パンの価格などを基準に，一定額以下の賃金しか得られない労働者に救貧税の財源から補填を行った。一見すると労働者への手厚い支援であるが，低賃金の状態を固定化し，不足分を救貧法制度に払わせるといった結果を招くこととなった。このエピソードからは，現代の賃金と社会保障給付の関係をめぐる課題，補足給付の問題点が見出せる。

19世紀になると，産業革命が進行する中で，機械化などにより生活困窮者が増加する。救貧行政の混乱もあり，財政は悪化し，救貧税の増加が大きな問題となっていた。このため1834年に救貧法の改革が行われた。改革のポイントは以下の点である。

第1に，行政水準が全国的に統一されるようになった。全国一律の

ルールで実施することとし，有給の官吏を登用するようになった。次に，「劣等処遇の原則」の導入である。「救貧法による救済対象になる貧困者の生活は，労働して自立する最下層の労働者の生活よりも低いものでなくてはならない」とし，自助努力を強調し，給付を抑制することが試みられるようになった。さらに，労働可能な貧民に対する院外救済を禁止し，ワークハウス（労役場）に入所しなければ救済されないようにした（院内救済の原則）。ワークハウスを劣悪な環境にし，救済を求めることを思いとどまらせ，救済にかかる費用を抑制しようと考えたのである。これは，「真に救済を必要とする者を選別するため」として正当化されていた。

　こういった「厳正な対応」「厳罰化」を推進した救貧法改革の背景には，19世紀のイギリス社会の価値観と貧困問題についての理解が反映されている。当時は，自助が強調され（「努力すれば道が開ける」），貧困の個人責任論（「貧困になるのは本人が悪い」）といった考え方が一般的であった。また，国による生活や経済活動への介入，税負担についての拒否感もあり，国の役割は最低限にしておいた方がよいと考えられていた。一方，貧困者の救済に関しては，民間の慈善活動が盛んにおこなわれた時代である。困窮者に対する訪問活動など，現代の地域における相談援助活動の萌芽を見出すこともできる。

　救貧法を，現代の社会保障制度と同一視することはできないが，急増する貧困者への対応，その労働力をどう活用するかといった視点は現代の生活保護制度などの議論でもたびたび登場する。地方行政の差の問題も，現在の日本でもしばしば問題となる。また，「賃金水準」と「救済（保護）の水準」は現代の生活保護制度につながる大きな論点である。現在，非正規で低賃金労働が増加し，生活保護を受けざるを得ないケースがある。さらに，100年以上前の考え方，「受給者の生活を援助を受けないで生活している労働者以下の状態にする（劣等処遇）」「努力すれば道は開ける」「貧困になるのは本人が悪い」「がんばらない人たちを助けてやる必要はない」といった考え方と，依然として現代の社会保障制度は向き合っているといえる。単なる歴史の一コマとして扱わないことが重要である。

## ☐ 貧困観の転換とナショナルミニマム論の登場

　19世紀のイギリスでは，様々な科学技術，自然科学だけでなく社会科学が発展し，貧困問題が研究の対象となった。この時代に活躍したのは，民間人のアマチュア研究者である。**ブース**と**ラウントリー**の2人が特に有名である。貧困者の数の把握が主要な関心事であり，ブー

**➡ブース（Booth, C.：1840-1916）とラウントリー（Rowntree, B.S.：1871-1954）**

企業経営者であるブースやラウントリーは，個人的な関心から貧困問題に興味をもち，貧困の実態調査を行った。ブースは，ロンドンにおいて調査を行い（1886-1902年）「ロンドン民衆の生活と労働」を発表している。ブースは，「貧困線（Poverty Line）」を設定し，貧困線以下の所得で生活する貧困者が人口の3割以上を占めていることを明らかにした。また，ラウントリーは，イングランド北部の地方都市ヨークにおいて，調査を行い，「貧困——都市生活の研究」（1901年）としてその成果を発表した後も，1950年代まで貧困研究のパイオニアとして活躍した。

スはロンドンで，ラウントリーはイングランド北部のヨークという都市で貧困の実態調査を実施した。ブースは，貧困者とそうでない者とを区分するための「貧困線」という考え方を考案した。また，ラウントリーは，貧困線を科学的に設定する方法を考案したことで知られる。ラウントリーは，労働するのに必要なカロリーの数値をベースに，それを摂取するのに必要な食事とその食料費を計算し，それに住宅費などを加算して，「最低生活費」を算出した。その結果，最低生活費を下回る世帯，すなわち「その収入が単なる肉体的能率を維持するにも不足する（第1次貧困）」世帯と，「収入が肉体的能率を維持するにギリギリ足りる程度しかない（第2次貧困）」世帯を合わせて約3割の世帯が貧困であるとした。さらに，貧困の原因は，そもそも賃金が低いことなど，社会的な要因であることも明らかにしたのである。なお，ラウントリーの最低生活費の算出方法は，マーケットバスケット方式とも呼ばれ，日本でも戦後の一時期，最低生活費を設定するのに使われている。

　このように貧困の実態や原因が明らかになっていく中で，貧困の自己責任論が転換していくこととなった。20世紀になると，貧困の原因が個人にないのであれば社会的に対応すべきではないかという論調が登場するようになる。当時は，人権の概念が拡大した時期であり，フランス革命期に登場した国家権力からの自由を保障する「自由権」に対して，国家に積極的な役割を求める「社会権」の考え方が提唱されるようになった。イギリスのウェッブ夫妻（Webb, S.・Webb, B.）は，ナショナルミニマムという考え方を提唱した。国が国民の最低限度の生活を保障すべきであり，雇用と最低賃金，教育，健康（保健・衛生），余暇・レクリエーションについて最低限の保障をすることが重要であると論じたのである。この社会権の考え方は，現代国家の中で基本的人権として確立し，保障されるようになっている。日本国憲法第25条の生存権の考え方の起源である。

## ◻ 新しい生活保障システムの登場

　このような時代背景から，19世紀の救貧法などの抑圧的なシステムを取り巻く社会状況も変化するようになる。失業対策としての公共事業なども行われるようになり，労働能力をもった貧困者はワークハウス外で生活するようになり，ワークハウス内は，高齢者や障害者が多数となっていった。これは，現在の高齢者や障害者の入所施設の源流とみることができる。また，労働者の間では，職域ごとに友愛組合と呼ばれる互助的な組織が作られ，組合費を集め，会員に事故や病気な

どの際に給付を行う仕組みが運営されるようになった。現在の社会保険の源流の一つとして考えられている。

　こうした状況の下，いわば時代に合わなくなった救貧法の改革のため「救貧法および困窮者救済に関する王立委員会」が設置され，民間の慈善活動の実践者なども含めて議論が行われた。その主要な論点は，貧困者の救済の担い手は，国か民間かという点であった。ナショナルミニマム論を提唱しているウェッブ夫妻は，救貧法の廃止を主張し，高齢者，障害者，児童などへのサービスを自治体の委員会に移管すること，労働能力者については，失業を予防するために労働市場に公的に介入するための「労働省」「職業紹介局」を提案した。一方，COS関係者も，救貧法の抑圧的な処遇には反対するなど，ウェッブ夫妻と共通する考えを示していたが，民間援助活動の強化・推進を提案した。この委員会の議論は，その後の福祉国家の成立に大きな影響をあたえることとなった。

　また，20世紀初頭には　新たな制度が導入され，それまで救貧法がすべて担っていた貧困対策の機能が分化していくようになる。たとえば，リベラルリフォーム（自由党の改革）と呼ばれる改革で無拠出制の年金制度などが導入された。年金制度が導入・拡大されると，救貧法の対象者となる高齢者が減少することになる。公的扶助制度の単一システムから，社会保険制度などの多層のシステムに移行していく流れがはじまり，同時に，社会保障の考え方として事後的な救済から，予防的施策の拡大転換が図られるようになったのである。

## 🄌 「ベヴァリッジ報告」と福祉国家の成立

　1930年代になると，世界恐慌などで大量の失業者が出ることとなり，各国とも対応に追われることとなった。イギリスでは，救貧法のシステムが事実上破綻し，経済に国が介入して（たとえば公共事業），雇用を増やし，景気を回復するという考え方が支持を集めるようになる。この時期，イギリスの経済学者ケインズ（Keynes, J. M.）の理論が影響力を持っており，国が中心となって経済も社会保障も拡大するという考え方を理論的に支えることとなった。大量失業の問題は，第二次世界大戦により，いったん解消されることとなったが，イギリスでは，戦後の社会保障制度の構築が計画されていた。

　1942年に，ベヴァリッジ（Beveridge, W. H.）によって戦後の社会保障制度の計画の提案が行われた。「社会保険および関連サービス」というタイトルの報告書にまとめられている（いわゆるベヴァリッジ報告と呼ばれる）。「ベヴァリッジ報告」では「欠乏」「疾病」「無知」「不潔」「怠

➡ **COS（Charity Organisation Society. 慈善組織協会）**

救貧法の時代のイギリスでは，自主的な民間慈善活動として貧困世帯への訪問や助言などが行われていた。これらの民間慈善活動は，組織化されておらず重複や漏れなどが生じていた。これを調整するために1869年に設立された組織がCOSである。その実践の経験は，ソーシャルワークの発展に寄与するとともに，他国の社会福祉の発展に大きな影響を与えた。

惰」を社会の巨人悪としてとらえ，それらに対抗するための「社会保険を中心とした所得保障のシステム」が構想されている。この計画では，失業保険や年金など社会保険制度を整備し，例外的なケースに備えるための公的扶助（社会扶助）が想定されていた。生活困窮に直接つながるような状況は，社会保険で対応できると考えていたのである。

また，この計画には，「家族（児童）手当」「包括的な医療制度」「完全雇用」の3つの前提条件がついていた。社会保険制度の前提として，保険料が払える環境，すなわち，基本的にすべての労働者が雇用されている状態が前提となるが，この「完全雇用」の状態は，国の公共事業などで達成できると考えていた。また，子どもの数が多かったり，病気になったりした場合の対応策を作っておかないと，社会保険による所得保障だけでは対応できないことから家族手当や公的医療制度が必要となる。このうち，包括的な医療制度としては，税を財源に全国民に無料でのサービスを提供することが構想されており，医療費の負担が生活困窮につながらないように考えられていた。このベヴァリッジの提案は実施され，救貧法は廃止され，新しい社会保険（国民保険）と公的扶助制度（国民扶助）が導入された。

社会保険と公的扶助，そして児童手当などの社会手当は，現在，多くの国で共通してみられる社会保障制度の手段であり，日本にも大きな影響を与えた。

### ☐ ベヴァリッジ型福祉国家の特徴

このようにイギリスでは，社会保険を中心とする福祉国家のシステムが構築されたが，現代にもつながる論点がいくつか含まれているので整理しておきたい。

まず，福祉国家と自助との関係である。ベヴァリッジは，ナショナルミニマムを保障するためのシステムを構築したことになるが，ベヴァリッジ自身は，国家による手厚い福祉を主張していたわけではなく，常に「自発的努力（ボランタリーアクション）」の余地を残すべきと考えていた。換言すれば「最低限度の生活までは保障するが，それ以上の生活を望むなら自助努力すべき」と考えていたのである。健康で文化的な最低限度の生活をどの水準に設定するかは，現在でも学術的・政治的な課題でもある。

次に，社会保険と公的扶助との関係である。ベヴァリッジは，社会保険制度を構築することで，公的扶助の役割を相対的に小さくできると考えていた。社会保険制度は，貧困に陥る前に対応するいわば予防的な給付を行うものであり，貧困に陥った者を事後的に救済する公的

扶助よりも望ましい。社会保険制度は，会員制の仕組みであり，保険料を払えなかった場合には給付を受けられないことになるが，国が経済に積極的に介入することで失業問題を改善できると考えていた。したがって，公的扶助は，例外的なケースに対応するための仕組みとして構想されていた。

さらに，ベヴァリッジの構想には，当時の「家族」のモデルが反映されていた。すなわち，男性が働き（完全雇用），女性が家事や育児を行う家族モデルである。このモデルにおいて，女性は，男性の稼得や社会保険制度に依存することが想定されていた。「男性稼ぎ主モデル」とも呼ばれる。

1970年代以降，この「雇用」と「家族」についてベヴァリッジの想定が現実と乖離する中，福祉国家の限界が指摘されるようになった。1980年代以降様々な社会保障制度改革が行われている。

## ❏ 日本の社会保障制度

日本の社会保障の歴史も，イギリスの救貧法のような事後的な貧困救済制度から始まっている。恤救規則（1874年）や救護法（1929年）は現在の生活保護制度の前身にあたるものであるが，現在のものと比べると救済の対象は限定的であった。

また，これに遅れて社会保険制度も少しずつ整備されていく。そのモデルとなったのは，ドイツであった。ドイツでは，19世紀後半に，ビスマルク（Bismarck, O.）首相によって健康保険，労働災害保険，年金制度（老齢廃疾保険）など，社会保険制度の導入が行われた。これらは，最初は工場労働者を対象としていた。このビスマルクの政策は「アメとムチ」という表現がされることがある。社会保険制度の整備などで労働者に対する保護的な施策を進める一方で，社会主義者の運動を取り締まったことがその背景にある。その後，1911年には帝国保険法が制定され，社会保険制度は，工場労働者以外にも拡大されることとなった。第一次世界大戦後には，ワイマール憲法が制定され，その中で社会権として「生存権」が規定された。その後，第二次世界大戦を経て，現在に至っているが，職域別に構築された社会保険制度がドイツの社会保険の特徴となっている。

戦前の日本の社会保障制度は，ドイツの影響を強く受けながら整備されていった。日本でも職域別の社会保険の仕組みがとられている。日本でも，当初は，工場労働者だけが対象であったが，被保険者の範囲を職員や女子にも拡大するようになった。また戦時下では，国家総動員体制の下での死亡や障害などに対する所得保障制度として各種の

社会保険が整備されていく。戦時の生産力の確保や戦費の調達も目的であったとされている。

　敗戦後，民主化のプロセスと合わせて，社会保障制度の再編が行われた。まず生活保護法が1950年に，旧生活保護法を改正する形で整備され，生存権・ナショナルミニマムの考え方に基づく制度となった。また，1960年代にかけて，社会保険制度では，年金制度や医療保険制度について，それまで対象となっていなかった自営業者や農林漁業従事者などをカバーできるように改革を行い，すべての国民が何らかの公的医療保険・公的年金に加入する「国民皆保険・皆年金」の体制を整備した。これにより，社会保険を中心とし，いざという時のセーフティネットとしての生活保護制度が用意された仕組みが整うこととなった。この社会保険を中心とし，公的扶助を用意する点，また，男性稼ぎ主モデルの家族を想定している点はベヴァリッジ型の福祉国家と共通している部分である。

　一方，社会保険は，ドイツ同様に職域別に編成されている。また，医療については，イギリスのような税方式ではなく社会保険方式を採用している点に，戦前のドイツの影響を見出すことができる。さらに介護についてもドイツに倣って社会保険方式を採用し，2000年から実施している。


　社会保障制度は，それぞれの国の歴史と深く関わっている。社会科学において「経路依存性」という言葉があるように，現在のシステムは，その国の歴史的な発展過程によって規定されるものが多い。日本の場合は，他国のシステムや経験を貪欲に取り入れて複雑な社会保障制度を構築してきた。敗戦後の短期間で，福祉国家の基本構造を整備したことは評価されるべきであろう。一方，制度によっては，多くの課題を抱えており，人口構造や経済環境の変化への対応を迫られている。


　最後に歴史に関するエピソードを一つ紹介しておきたい。先に紹介したイギリスのラウントリーの貧困調査の本が，日本では1943年に翻訳されている。戦時中に，鬼畜米英とされていた敵国の貧困の本がなぜ翻訳出版されたのか。訳者の前書きに「平時たると戦時たるとを問はず，いはゆる総合国力の終局的な決定要素が，人間にあり，人間の生活力にあることは，いふ迄もないところである。…（中略）…この『人間の力』の最高度の発揮が，今日ほど強く要求せられる時代はない。原著者は，この問題を，『最低生活』（「貧乏」）といふ角度から捉えて

いる。…（中略）…『最低生活』が，如何に，国民の心身両方面の生
活力を減殺消耗するものであるかを，実証的に論述している」と記さ
れている。軍事力も経済力も人的資源に左右されるという訳者の問題
意識がわかる。

　貧困対策や社会保障制度の充実の必要性が，「国家戦略」と関係し
ているという点については，理解しておく必要がある。もちろん戦争
をするための社会保障であってはならないが，将来の国や社会を構想
する視点が，社会保障を議論する際には求められている。

## ◯注

(1)　武川正吾（2011）『福祉社会──包摂の社会政策』有斐閣，47頁。
(2)　ラウントリー，B.S.／長沼弘毅訳（1922＝1943）『最低生活研究』高山書院，
　　　2頁。

## ◯参考文献

石井まこと・所道彦・垣田裕介編著（2024）『社会政策入門──これからの生
　　活・労働・福祉』法律文化社。
岩村正彦・菊池馨実編（2002）『目で見る社会保障法教材』有斐閣。
伊藤文人（2007）「新救貧法，慈善の組織化，友愛組合」岡本民夫・田畑光美・
　　濱野一郎・古川孝順・宮田和明編『エンサイクロペディア社会福祉学』中央
　　法規出版，206-209頁。
大沢真理（1986）『イギリス社会政策史──救貧法と福祉国家』東京大学出版会。
金子光一（2007）「社会保険と公的扶助との交錯」岡本民夫・田畑光美・濱野一
　　郎・古川孝順・宮田和明編『エンサイクロペディア社会福祉学』中央法規出
　　版，214-217頁。
金子光一（2007）「社会保険と社会事業の時代」岡本民夫・田畑光美・濱野一
　　郎・古川孝順・宮田和明編『エンサイクロペディア社会福祉学』中央法規出
　　版，210-213頁。
金子光一「第二次世界大戦と福祉国家体制の成立」岡本民夫・田畑光美・濱野
　　一郎・古川孝順・宮田和明編『エンサイクロペディア社会福祉学』中央法規
　　出版，218-221頁。
セイン，パット／深澤和子・深澤敦監訳（2000）『イギリス福祉国家の社会史
　　──経済・社会・政治・文化的背景』ミネルヴァ書房。
武川正吾（2011）『福祉社会──包摂の社会政策』有斐閣。
平岡公一・杉野昭博・所道彦・鎮目真人（2011）『社会福祉学』有斐閣。
松山毅（2007）「旧救貧法と慈善事業・博愛事業」岡本民夫・田畑光美・濱野一
　　郎・古川孝順・宮田和明編『エンサイクロペディア社会福祉学』中央法規出
　　版，202-205頁。
ラウントリー，B.S.／長沼弘毅訳（1922＝1943）『最低生活研究』高山書院。

# ■第2章■
# 日本の社会保障制度の歴史と体系

# ① 社会保障の歴史

　日本の現在の社会保障は，戦争や不況等の様々な時代背景や社会保障を取り巻く政治や経済，海外の社会保障の影響などを含めて歴史的に形成されてきたものである。そのため，現在の社会保障を理解するためには，歴史的にその流れをみておくことはとても重要である。そこで本節では，日本の社会保障改革の特性を踏まえて，①日本の近代国家が成立した明治維新以降から社会統制手段として進められた第二次世界大戦前を社会保障の揺籃期，②日本国憲法により社会保障が国民の権利として位置づいた第二次世界大戦後を社会保障の体制整備期，③少子高齢化や単身世帯化等により社会保障の必要性が高まるなかで，そのコスト効率化＝費用抑制を図ってきた1990年以降を社会保障の抑制・改革期と，３つに区分して検討していきたい（**表2-1**）。なお，社会保障の各制度を紹介した章でその制度の歴史を扱っているので，本節では制度の詳細はおいて全体的な流れをつかむことに専念したい。

## ☐ 明治維新以降から第二次世界大戦まで

### ①　社会保障の揺籃期——恤救規則と救護法

　1868年に明治政府が成立し，日本は近代国家としての歩みをはじめた。その中で資本主義経済に移行し，富国強兵をスローガンに殖産興業と軍国化が進められ，貧困問題も見過ごせない問題になってきた。1974年に恤救規則が制定された。「済貧恤救は人民相互の情誼に因り」，つまり家族や住民同士の共助を前提とし，それができない場合に「差し置き難き無告の窮民」，つまり放っておけない状態の身寄りのない貧困者を対象に救済することにした。このように恤救規則の利用は非常に限定され，多くの貧困を取りこぼした。

　その後，日本の産業化がさらに進んだが，それに加えて第一次世界大戦後のシベリア出兵に伴う米価高騰を背景とした1918年の米騒動を皮切りに，治安維持や社会統制としての貧困対策の必要性が認識されるようになった。特に，1920年代に続いた不況を背景に，1929年についに救護法が成立した。救護法は65歳以上の老衰者，13歳以下の子ども，妊産婦，精神又は身体の障害によって仕事ができない者を対象とし，生活扶助，医療扶助，助産扶助，生業扶助，埋葬費を提供した。ただし，受給者は選挙権を失うなど制裁的であった。また，同年の世

表 2 - 1　社会保障年表

```
・社会保障の揺籃期──明治維新以降から第二次大戦まで
    1874年　恤救規則
    1922年　健康保険法成立（1927年施行）
    1929年　救護法成立（1932年施行）
    1938年　国民健康保険法成立
    1941年　労働者年金保険法成立（1942年施行）
    1944年　厚生年金保険法に改称
・社会保障の体制整備期──第二次大戦後から1990年まで
    1946年　旧・生活保護法成立，日本国憲法成立（1947年施行）
    1947年　児童福祉法成立，失業保険法成立，労働者災害補償保険法成立
    1949年　身体障害者福祉法成立
    1950年　新・生活保護法，社会保障制度審議会「社会保障制度に関する勧告」
    1951年　社会福祉事業法
    1958年　国民健康保険法改正（国民皆保険）
    1959年　国民年金法成立（国民皆年金）
    1961年　国民皆保険・皆年金の実施
    1963年　老人福祉法成立，児童扶養手当法
    1964年　母子福祉法成立，特別児童扶養手当法
    1971年　児童手当法成立（1972年施行）
    1973年　福祉元年（老人福祉法改正（老人医療費無料化），健康保険法改正（家族 7 割給付，
            高額療養費），年金制度改正（物価・賃金スライドの導入））
    1974年　雇用保険法（失業保険法改正）
    1982年　老人保健法（老人医療費一部負担の導入）
    1985年　年金制度改正（基礎年金導入）
    1987年　社会福祉士及び介護福祉士法
    1989年　ゴールドプラン策定
・社会保障の抑制・改革期──1990年代〜現在
    1990年　福祉八法改正（在宅福祉サービス，市町村一元化）
    1997年　介護保険法成立（2000年施行），精神保健福祉士法
    1998年　知的障害者福祉法改称，特定非営利活動促進法（NPO 法）成立
            「社会福祉基礎構造改革について（中間まとめ）」
    1999年　ゴールドプラン21策定，地方分権一括法成立
    2000年　介護保険施行，社会福祉法改正
    2002年　ホームレス自立支援法
    2003年　障害者支援費制度，新障害者プラン策定
    2004年　年金制度改革（保険料固定方式，マクロ経済スライドの導入等）
    2005年　障害者自立支援法公布，高齢者虐待防止法公布
    2012年　社会保障制度改革推進法（社会保障と税の一体改革），障害者総合支援法成立
            （2013年施行）
    2013年　生活保護法改正（不正受給対策等），生活困窮者自立支援法成立（2015年施行）
    2021年　全世代対応型社会保障制度構築するための健康保険法等の一部を改正する法
    2022年　全世代型社会保障構築会議報告書
```

出所：筆者作成。

界恐慌，その後の昭和恐慌のため1932年まで実施が延期された。

②　社会保険の制度化と戦時厚生事業

　他方，ドイツの社会保険を参考に，日本で最初の社会保険となる職工であるブルーカラー労働者を対象とした健康保険法が1922年に成立した。ただし，健康保険法はそれまで使用者責任であった業務上の災害も対象にし，労働者が保険料を支払うことに大きな反対もあった。1923年に関東大震災もあり，1927年から実施された。1939年に事務職

員であるホワイトカラー労働者を対象とした職員健康保険法が制定され，1942年に健康保険法と統合された。1939年には労働災害や医療，年金，失業の社会保険を統合した船員保険法も制定された（ただし，現在は医療保険と独自給付のみ）。

1937年から始まった日中戦争により，日本は戦時色が強くなり，日本の社会保障も戦争遂行の一環として整備された。農魚村の貧困化のため，徴兵検査に合格できない若者が多数でていたため，1938年に農漁業者等を対象に任意加入の国民健康保険法が成立した。こうした戦時厚生事業を担うため，同年に厚生省が設置された。

1941年には，軍事労働力を確保し軍事費を調達するため，ブルーカラー労働者を対象とした労働者年金保険法が成立した。1941年末に真珠湾攻撃により太平洋戦争に突入した。ただし，労働者年金保険法は，労働者という言葉が労働運動を想起し，社会主義的だとして，1944年にその名称を現在も使われる厚生年金保険法に改められ，対象者も拡大された。しかしながら，戦争が激化するなかで，社会保障は機能せず，国民生活は荒廃していった。

以上のように，第二次世界大戦の前の社会保障は国民の生活を保障するというよりも，貧困が拡大し社会運動や労働運動等による政治不安を抑制したり，戦争遂行をするのための社会保障であり，社会統制のための社会保障であった。

### ☐ 社会保障の確立——第二次世界大戦後から1990年まで
#### ① 生活保護と福祉六法体制へ

1945年8月に日本は敗戦し，被災者や引揚者等があふれ，国民総飢餓状態といわれる状態になった。日本政府は1945年12月に生活困窮者緊急生活援護要綱を出して，救済にあたったが微力であった。1946年9月に（旧）生活保護法が制定されたが，民生委員を担い手としたり，欠格条項があったり，申請権がなかったりと課題が多かった。しかし，同年11月に日本国憲法が成立し，憲法25条に照らせば国民に申請権があるのではないかと疑問が出され，1950年には今日まで運用されている（新）生活保護法が成立した。これによって国民の申請権が明記され，欠格条項も削除し，不服申立て制度も整備され，権利としての生活保護が整備された。

1951年には生活保護法を運用する福祉事務所や，社会福祉法人，社会福祉協議会等を規定した社会福祉事業法が成立した。

なお，1947年には戦争孤児対策の一環として児童福祉法，1949年には傷病兵対策の一環としての身体障害者福祉法も整備され，生活保護

法，児童福祉法，身体障害者福祉法により「福祉三法」体制となった。また，1960年に精神薄弱者福祉法（現・知的障害者福祉法），1963年に老人福祉法，1964年に母子福祉法（現・母子及び父子並びに寡婦福祉法）ができ，「福祉六法」体制となった。こうして戦後の主要な社会福祉制度が確立した。

② 戦後の社会保障体制の確立

　1947年には労働省が設置され，労働基準法，職業安定法，労働者災害補償保険法，失業保険法が成立した。1948年にはアメリカから社会保障制度調査団がきて「ワンデル勧告」が公表され，日本の社会保障は社会保険を中心に整備していくこと，社会保障制度審議会を設置することなどが提起された。それにより設置された社会保障制度審議会は1950年に「社会保障制度に関する勧告」を公表した。そこで，日本の社会保障は社会保険中心で整備し，公的扶助が補完するという今日的な社会保障の体系を提示した。

　これを受けて，1958年には（新）国民健康保険法ができ，全国の市町村が保険者となり，強制加入となる国民健康保険が1961年から実施されることになった。これにより，被用者向けの健康保険とあわせて，全国民が医療保険に加入することになり，「皆保険」と呼ばれた。

　1959年には国民年金法が成立し，1961年より実施された。労働者のための厚生年金に加入していない自営業者や非正規雇用・無職の人などを国民年金の対象としたため，20歳以上のすべての国民が年金に加入する「皆年金」となった。

　1950年代，60年代は高度経済成長期に入り日本は経済一辺倒で発展させ，国民生活が後回しにされてきた。そこで，1971年に児童手当法が成立し，1973年には政府は「福祉元年」を唱え，老人医療費の無料化，年金給付額を物価上昇に合わせる物価スライド制の導入などにより，社会保障の拡充が図られた。

③ 福祉見直し

　しかし，1973年の秋にはオイルショックにより，「福祉見直し」が叫ばれ，特に1980年代にはいって，社会保障の抑制が強まった。1982年には老人保健法が制定され，老人医療費無料化をやめ，病院から在宅復帰のためのリハビリテーションに力を入れた老人保健施設が創設され，老人医療費の抑制が図られた。

　1985年には，地方から都市部への若者が労働者として働きに出たため，農業などの自営業の加入者が減少し，赤字拡大が進んだ国民年金の救済策として，若者が多く加入する厚生年金との財政調整を図り，国民年金を救済するため基礎年金制度が導入された。

こうして第二次世界大戦後，長年かけて社会保障の基盤づくりがなされ確立し，これらの多くの制度が基本的には現在まで継続している。そして基礎年金の導入等にみられるように，人口の高齢化や核家族化（そして単身世帯化）による社会保障の必要性が高まるなかで，いかに社会保障を抑制，効率化していくのかが重要な社会保障改革の焦点となってきたのである。

### ☐ 社会保障の抑制と改革——1990年代〜現在
#### ①　在宅福祉への転換
　1980年代になると，それまで障害者や高齢者など福祉が必要な人は施設入所させてケアをしてきたが，行政からは施設コストが高いこと，利用者や家族からは家族や身近な地域で暮らしたいと批判があり，在宅福祉が注目されるようになった。1989年に中央社会福祉審議会・身体障害者福祉審議会・中央児童福祉審議会の福祉関係三審議会合同企画分科会が「今後の社会福祉のあり方について（意見具申）」を公表し，社会福祉の新たな展開の方向性として，①市町村の役割重視，②在宅福祉の充実，③民間福祉サービスの健全育成，④福祉と保健・医療の連携強化・総合化などが提起された。
　同じく1989年に高齢化社会に対応するために「高齢者保健福祉推進十か年戦略」（ゴールドプラン）が策定され，高齢者の在宅福祉サービス等の数値目標が定められた。1995年には「新ゴールドプラン」，2000年には「ゴールドプラン21」と計画の進捗状況をみながら，在宅福祉サービスの整備・拡充が進められた。
　こうした在宅福祉の流れのなかで，1990年に老人福祉等の福祉八法改正が行われた。つまり，老人福祉法，身体障害者福祉法，精神薄弱者福祉法（現・知的障害者福祉法），児童福祉法など8法を改正し，それぞれの分野で在宅福祉サービスを推進し，高齢者および身体障害者の入所措置権を都道府県から町村へ移譲し，市町村・都道府県に老人保健福祉計画策定を義務づけた。こうして市町村に社会福祉の権限を移し，都道府県・市町村で在宅福祉サービスの整備を進めた。
#### ②　社会保障体制の再構築と介護保険
　1995年に，社会保障制度審議会が「社会保障体制の再構築（勧告）」を公表した。このなかで社会保障制度の新しい理念は，「広く国民に健やかで安心できる生活を保障すること」としたうえで，社会保障推進の原則として，①普遍性（誰でも利用できる。ただし，負担能力がある人は負担を求める），②公平性（給付に見合った負担を求める），③総合性（保健・医療・福祉の総合化等），④権利性（利用者が選択できるよう

にする），⑤有効性（無駄なく，効率化する）が明記された。

　こうした社会保障の改革に則った大きな改革として1997年に介護保険法が成立した。つまり，それまで税財源で行政責任の措置制度として運営されてきた高齢者福祉を，高齢者や40歳以上の国民に保険料負担を導入し，医療保険をモデルにした利用契約方式に改革した。その結果，介護保険により，①（保険料を支払い，利用者負担を負担すれば）誰でも利用できるが，②応益負担として貧富に関わらず１割負担を求められるようになった。また，③医療サービスと福祉サービスを介護保険の支給対象にして総合化し，④原則行政は介在しないで利用者が事業者を選択できるようにした。その後の運用で，⑤介護の必要性の低いとされた要支援者のサービスは縮小され，施設のホテル・コスト（施設入所者の食費や光熱費等）を引き上げるなどして効率化が進められた。

### ③　社会福祉基礎構造改革

　こうした流れを受けて，社会福祉全体の根本的な改革をしようと，1998年に中央社会福祉審議会の社会福祉構造改革分科会は「社会福祉基礎構造改革について（中間まとめ）」を公表した。それによれば，改革の基本的方向として，①サービス利用者と提供者の対等な関係の確立，②幅広い需要に応える多様な主体の参入促進，③増大する費用の公平かつ公正な負担，④住民の積極的な参加による福祉文化の創造などが提示された。これは，①行政責任が明確な措置制度を廃止して，利用者が民間事業者に直接利用契約をして利用する利用契約方式に変えること，②これまでの行政と社会福祉法人中心の福祉サービスの提供から，企業やNPO等の参入を促進すること，③そのために，利用したサービス量に応じて費用負担をする応益負担とすること，④社会福祉に住民が積極的かつ主体的に参加することを社会福祉制度全体の基本原則にしようということであった。この社会福祉基礎構造改革の提案を受けて，2000年にこれまでの社会福祉事業法から社会福祉法に名称を変え，措置制度から利用契約方式への転換がなされ，在宅福祉を中心とした第２種社会福祉事業に企業やNPO等の民間事業者の参入が進められた。

　2003年に障害者支援費制度が導入され，利用契約方式に改革された。2005年には障害者自立支援法が成立し，2006年以降は，高齢者の介護保険と同様の手続き（行政によるサービスの必要度の認定〔障害程度区分〕や定率負担〔応益負担〕の導入），市町村に一元化したサービス提供体制が展開された。実は，財源確保のため国は将来的に障害者福祉を介護保険に統合し，20歳から保険料を徴収していこうとしていた。し

かし，障害当事者から定率負担により利用者負担が増加したことに反対する障害者自立支援法違憲訴訟が行われた。2010年に厚生労働省は基本合意文書を作成し，障害者自立支援法を廃止することにした。そして，2012年に現在の障害者総合支援法に改正され，利用者負担は所得に応じた負担にするなど改革が行われた。

### ☐ 2000年以降の大きな社会保障改革

#### ① 社会保障と税の一体改革

2004年に年金制度の大きな改革があり，一定期間保険料を引き上げその後は上げないという「保険料固定方式」や年金額を少子高齢化等の動向を反映して切り下げる「マクロ経済スライド」等が導入された。本格的に社会保障の負担増と給付抑制が進められることになった。

こうした流れの中で，社会保障と税の一体改革が行われたのである。つまり，本来所得税や保険料でまかなってきた社会保障の財源のために消費税を引き上げることにしたのである。この結果，消費税はそれまでの5％から2014年に8％，2019年に10％に引き上げられた。消費税5％分の13.5兆円の配分は，子ども・子育て支援が加わり保育園の待機児童対策，その他多くは既存の医療・介護・年金等のために使われることになった[1]。

#### ② 地域共生社会

また，社会保障の負担増と給付抑制の中で，社会福祉法に規定された「地域福祉の推進」の制度化が進められている。2016年に閣議決定された「ニッポン一億総活躍」などで「地域共生社会」が規定され，厚生労働省に「『我が事・丸ごと』地域共生社会実現本部」が設置され，地域共生社会は厚生労働省の社会保障の主要な理念にまで押し上げられた。2020年に社会福祉法が改正され，重層的支援体制整備事業が新設され，複雑化・複合化したニーズに対応する包括的な「相談支援」，社会とのつながりを回復する「参加支援」，住民同士のケア・支え合う関係性を作る「地域づくりに向けた支援」等が進められている。

#### ③ 全世代型社会保障

社会保障としての近年の大きなテーマは「全世代型社会保障」である。国は急速に進む少子化と人口減少に対応するために，子どもや子育て世帯への社会保障を拡充する必要性に迫られ，2019年に総理を議長とした全世代型社会保障検討会議を設置し，少子化対策や子育て世帯への支援をどう進めていくかを大きな焦点にしたのである。こうして厚生年金の適用事業所の拡大，不妊治療への保険適用，一定所得以上の後期高齢者の医療費の窓口負担割合の2割の引き上げ等の改革が

行われた。

　また，2022年に「全世代型社会保障構築会議 報告書」を公表し，目指すべき社会の将来方向として，①「『少子化・人口減少』の流れを変える」，②「これからも続く『超高齢社会』に備える」，③「『地域の支え合い』を強める」が示された。具体的には，「こども・子育て支援の充実」，「働き方に中立的な社会保障制度等の構築」，「医療・介護制度の改革」，「『地域共生社会』の実現」に取り組むとしている。

　このように，少子高齢化のなかで，少子化対策を中心に子育て支援に取り組み，増加する高齢者への給付は保険料や利用者負担を増額させて抑制し，それでは対応できない面を地域住民の相互扶助活動でカバーしていくという方針である。いま，私たちはこうした社会保障改革の真っ只中にいるのである。

#  現状と取り巻く変化

　次に，社会保障を取り巻く環境の変化についてみていこう。本節では，特に①人口動態，②経済環境，③労働環境の 3 つに分けて検討していきたい。

## ☐ 人口動態の変化

　まず，人口動態の変化から見ていこう。図 2 - 1 は1950年から2070年（推計）までの年齢階層別にみた日本の総人口と高齢化率の推移をみたものである。1950年に総人口は8,411万人で高齢化率は4.9％であったが，2010年には日本の人口のピークである 1 億2,806万人にまで増え，高齢化率も23.0％になった。2022年10月 1 日現在の日本の人口は 1 億2,495万人，65歳以上の人口は3,624万人で高齢化率は29.0％となった。また，2070年には人口は8,700万人と現状から約4,000万人も減少し，高齢化率も38.7％になると推計されている。

　さて，人口が減少すると，労働力不足で国内の生産は減少し，消費も低下し，日本の経済活動は低下していくと予想される。また，社会保障についてみると，少子高齢化により，社会保障の財源となる税や保険料収入が減る一方，年金・医療・介護等の支出が増えるため，社会保障の負担の増加と給付の抑制がより強く求められるようになる。また，日本の人口の多くは，東京を筆頭に，神奈川，大阪，愛知，埼玉，千葉などの都市部に集中している（図 2 - 2）。この傾向は，戦後

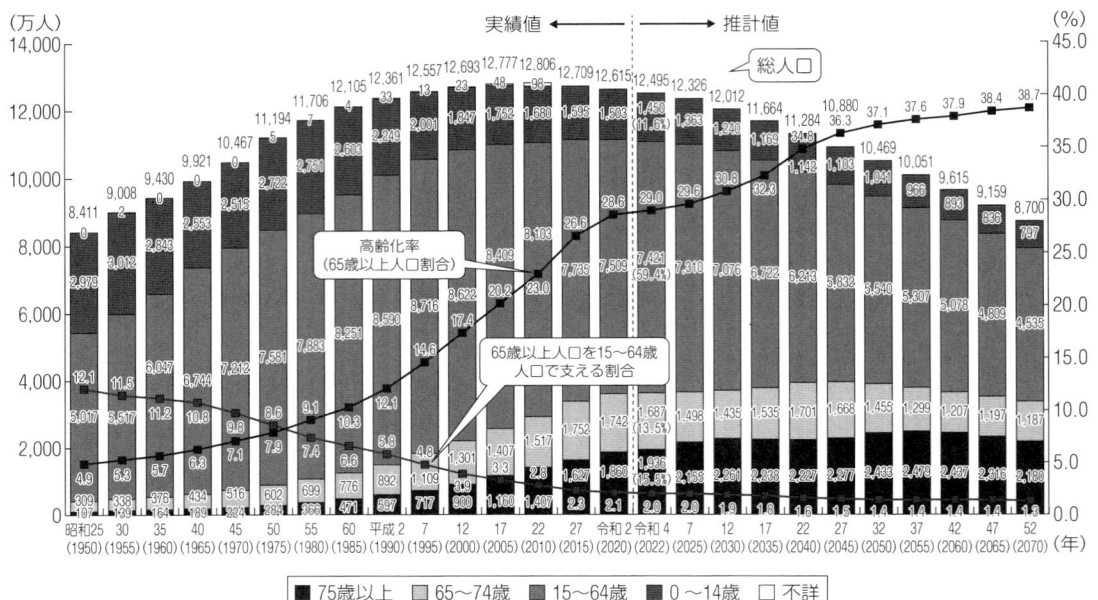

図2-1 年齢階層別にみた日本の人口と高齢化率（1950年～2070年〔推計〕）

注：2020年までは総務省「国勢調査」，2022年は総務省「人口推計」（令和4年10月1日現在（確定値）），2025年以降は国立社会保障・人口問題研究所「日本の将来推計人口（令和5年推計）」。
出所：内閣府『高齢社会白書 令和5年版』4頁。

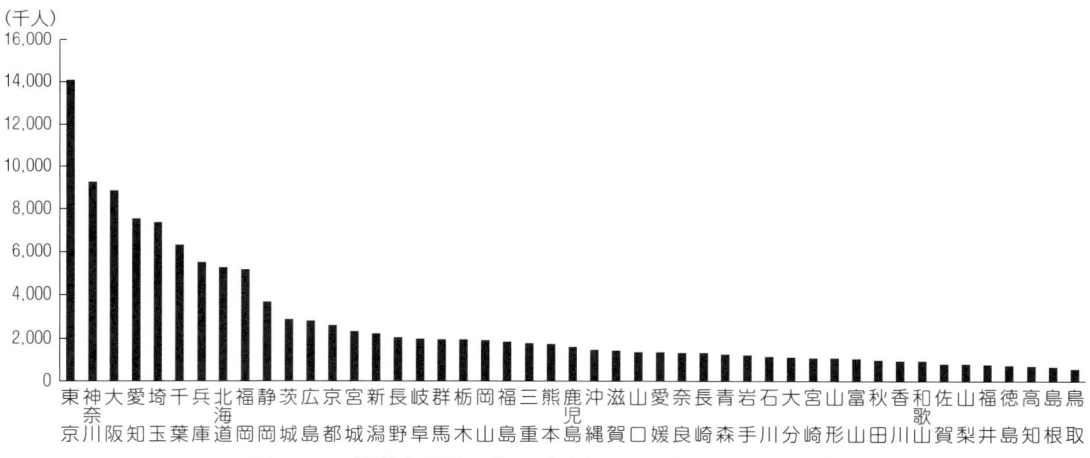

図2-2 都道府県別の人口（千人，2020年10月1日現在）

出所：総務省『日本の統計2024』を基に筆者作成。

の高度経済成長期から地方の過疎化による人口減少と都市部の人口増加は続いており，日本の総人口の人口減少以上に地方の人口減少は深刻な問題をもたらしている。

また，その家族の構成も大きく変化している。図2-3から，1985年の世帯構成は「夫婦と子供」（核家族）が40.0%，「単独」が20.8%，「三世代等」が19.2%，「夫婦のみ」が13.7%となっていた。しかし，2020年には「夫婦と子供」は25.0%，「三世代等」が7.7と減少する一

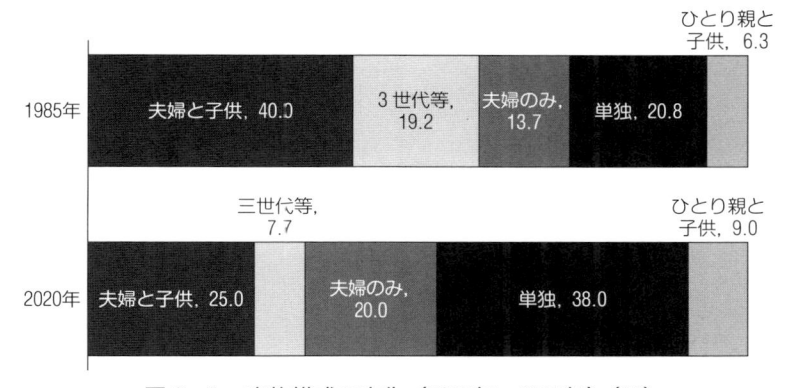

図 2 - 3　家族構成の変化（1985年・2020年）（%）

資料：総務省「国勢調査」より。
出所：内閣府『男女共同参画白書 令和 5 年版』4 頁を基に筆者作成。

方,「単独」が38.0%,「夫婦のみ」が20.0%と増加した。単身世帯が増加するということは, どの年代にとっても家族の支えが得にくくなり, ますます公的福祉サービスが求められることになる。

　図 2 - 4 は, 1985年から2022年の男性雇用者と無業の妻から成る世帯（妻64歳以下）, いわゆる「専業主婦世帯」と, 雇用者の「共働き世帯」（妻64歳以下）の推移をみたものである。1985年には専業主婦世帯は936万世帯, 共働き世帯は718万世帯と, 専業主婦世帯が多かった。2022年には, 専業主婦世帯は430万世帯, 共働き世帯は1,191万世帯と, 圧倒的に共働き世帯が多くなった。その理由には, 税や社会保険料, 通信費, 光熱費, 教育費等の生活コストが増大するなかで, 男性雇用者の賃金だけでは生活が成り立たなくなり女性の収入が求められるようになってきたこと, また女性が働きがいをもって社会に参加してきたことなどがあげられる。

　その結果, 社会保障の観点からいえば, 共働き世帯を支えるための子どもの保育サービスやの親の介護サービスなどの必要性が高くなってきた。さらに, 日本ではこれらのサービスを利用するには, 利用者負担が求められるために, ますます働いて現金収入を得なければならない。しかし, 女性にとっては, 働きに出るにもかかわらず, 家事や子育てなどで女性に大きな負担がかかり, また子育てのコスト, 特に大学までの教育費用をまかなうことが困難になってきているために, いっそう少子化が進む要因になっていると考えられている。

　以上のように, 少子高齢化, 人口減少, 単身世帯化, 共働き世帯の増加などの日本の人口動態の変化が国民生活の困難を促進し, 社会保障の必要性を高めているといえよう。

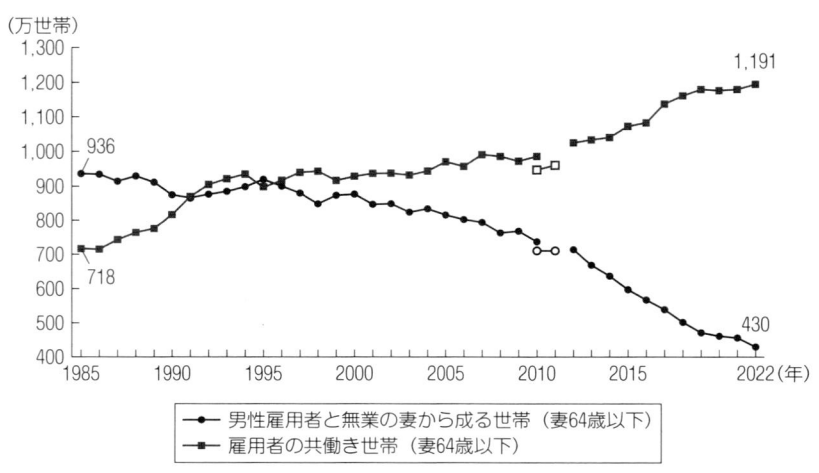

**図2-4 共働き世帯数と専業主婦世帯数の推移（妻が64歳以下の世帯）**

注：1985年から2001年までは総務庁「労働力調査特別調査」（各年2月），2002年以降は総務省
「労働力調査（詳細集計）」より作成。
出所：内閣府『男女共同参画白書 令和5年版』4頁。

## 🔲 経済環境の変化

　次に経済環境の変化についてみていきたい。日本は貧困問題や賃金の低迷，国の借金が大きく報道されるが，実は世界第4位の経済大国である。日本は，戦後の高度経済成長期にすでにアメリカに次いで第2位の経済大国であったが，1990年代のバブル崩壊以降「失われた30年」とも言われる経済低迷に見舞われ，国際的な経済力が低迷した。しかし，2023年の**名目国内総生産**をみると，アメリカが26.95兆ドル，中国が17.70兆ドル，ドイツが4.43兆ドル，日本が4.23兆ドル，インドが3.37兆ドルであった（**図2-5**）。日本は世界第4位の経済力を持つ経済的には豊かな国である。

　ただし，国民一人当たりの経済名目国民総所得的豊かさをみるために，**表2-2**から2022年の**名目国民総所得**の一人当たりの金額をみると，最も高い国からノルウェーが9万5,520ドル，スイスが9万5,490ドル，ルクセンブルクが8万9,200ドルと続き，日本は第24位の4万2,440ドルであった。つまり，国としては世界第4位の経済大国であるが，一人ひとりの国民生活をみると，第24位と低迷していることがわかる。

　ただし，2022年の財務省の「法人企業統計」によれば，金融・保険業を除く全産業の経常利益は過去最高額の95兆2,800億円に達したという。また，企業が生み出した利益から税や配当，人件費等をひいて社内に蓄積された資金等を示す「内部留保」も過去最高を更新し，2022年には554兆7,777億円に及んでいる（「読売新聞」2023年9月1日付）。また，日本銀行の「資金循環統計（速報）」によると，2023年6月末時点の家計の金融資産は過去最高の2,115兆円となった（「日本経

➡ **名目国内総生産**
**（Gross Domestic**
**Product〔GDP〕）**

国内で一定期間内に生産されたモノやサービスの付加価値の合計額で物価を考慮しない値。

➡ **名目国民総所得**
**（Gross National**
**Income〔GNI〕）**

1年間に国民や企業が国内外で得た所得の総額。

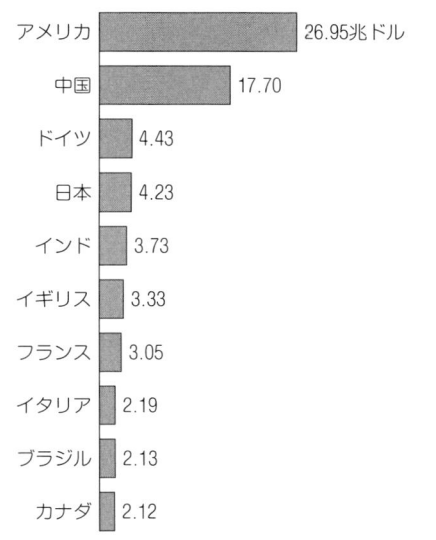

図2-5 2023年の名目GDPの上位
10カ国（IMF推計）
出所：「朝日新聞」2024年1月16日付。

表2-2 2022年一人当たりの名目国
民総所得（GNI）の順位

| | 一人当たり名目GNIの順位 | | |
|---|---|---|---|
| | | （ドル） | （前年差） |
| 1 | ノルウェー | 95,520 | 12,330 |
| 2 | スイス | 95,490 | 4,680 |
| 3 | ルクセンブルク | 89,200 | 1,590 |
| 4 | アイルランド | 79,730 | 3,610 |
| 5 | アメリカ | 76,770 | 5,870 |
| 6 | デンマーク | 73,520 | 3,740 |
| 7 | カタール | 70,120 | 7,720 |
| 8 | アイスランド | 68,660 | 5,480 |
| 9 | シンガポール | 67,200 | 4,200 |
| 10 | スウェーデン | 63,500 | 2,800 |
| 11 | オーストラリア | 60,840 | 3,600 |
| 12 | オランダ | 60,230 | 2,060 |
| 13 | オーストリア | 55,720 | 2,570 |
| 14 | イスラエル | 55,140 | 5,790 |
| 15 | フィンランド | 54,930 | 1,580 |
| 16 | 香港 | 54,370 | 0 |
| 17 | ドイツ | 54,030 | 1,980 |
| 18 | ベルギー | 53,890 | 2,830 |
| 19 | カナダ | 52,960 | 4,240 |
| 20 | イギリス | 49,240 | 3,690 |
| 21 | アラブ首長国連邦 | 49,160 | 5,570 |
| 22 | ニュージーランド | 49,090 | 3,320 |
| 23 | フランス | 45,290 | 1,480 |
| 24 | 日本 | 42,440 | ▲1,010 |

出所：外務省（2024）「主要経済指標」3頁
（https://www.mofa.go.jp/mofaj/
files/100405131.pdf）。

済新聞」2023年9月20日付）。お金はあるところにはあるのである。

　しかしながら，日本の貧困問題は改善が進まず，2021年の相対的貧困率は15.4％であった。相対的貧困率とは，**等価可処分所得**の中央値の半分（127万円）以下の収入しかない人の割合である。他の国と比較してみると，相対的貧困率が低いチェコで6.4％，デンマークが6.5％，フィンランドが6.7％と続き，日本は貧困率が高い国と言える（**図2-6**）。これらにみられるように，日本は30年来の景気低迷に見舞われてきたが，企業や株等を持つ人々は，日本の経済市場，過去最高益を得ている。こうした巨額の資産がある一方，貧困問題や中流崩壊等が大きな政策課題になっており，貧富の格差が広がっていることを示している。

➡等価可処分所得
第7章側注参照。

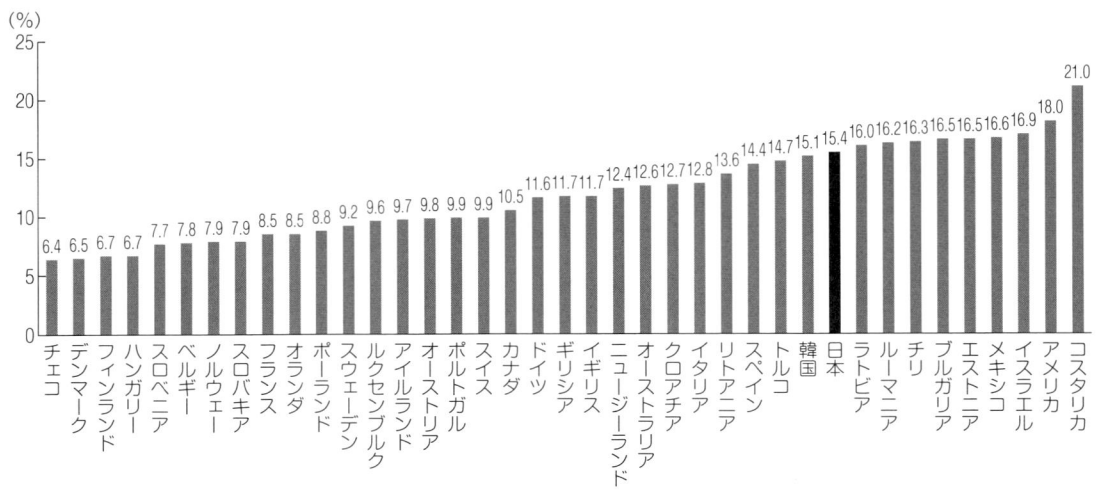

図 2 - 6　相対的貧困率の国際比較──2019〜2022年（%）

注：日本の相対的貧困率データは2021年時点のもの。

出所：OECD "Poverty Rate"（https://data.oecd.org/inequality/poverty-rate.htm）および厚生労働省（2023）『2022年国民生活基礎調査の概況』を基に筆者作成。

## ☐ 労働環境の変化

　さらに，労働環境の変化について見ていきたい。2022年の日本の労働人口（15歳以上の人口のうち就業者と完全失業者を合わせた人数）は6,911万人で，実際に就業している「就業者」は6,713万人，「**完全失業者➡**」は179万人であった。就業者6,713万人のうち，①雇用者（労働者）が6,032万人（正規雇用労働者は3,588万人，非正規労働者が2,101万人），②自営業主・家族従業者が647万人，③役員が343万人であった。[2]

　さて，戦後は日本も農業・漁業等の第一産業，その後，製造業の第二次産業が主流をしめていたが，いまはサービス業の割合が多くなっている。**図 2 - 7** は，2023年の産業別にみた就業者数（6,747万人）である。最も多い産業からみると，製造業が1,055万人（15.6%），卸売業・小売業が1,041万人（15.4%），医療・福祉が910万人（13.5%），建設業が483万人（7.2%），サービス業（他に分類されないもの）458万人（6.8%）と続いた。第一次産業は201万人（3.0%）であった。

　さて，先にみたように，日本の企業等の収益等をみると戦後最高益を更新しており，実は全体としては経済は好調である。しかし，**図 2 - 8** の労働者への賃金をみると，1991年を100とした場合の増減をみると，2020年に名目賃金で100.1%，物価変動を加味した実質賃金では103.1%であった。アメリカやイギリス，ドイツ，フランスでは名目賃金で 2 倍，実質賃金でも1.5倍程であったが，日本では労働者の賃金はこの30年程の間ずっと横ばいで，国民生活は停滞しているのである。

　労働者の賃金が伸びない要因の一つとして，非正規労働者の増加が

**➡ 完全失業者**

完全失業者とは，①仕事がなくて調査週間中に少しも仕事をしなかった（就業者ではない。）。②仕事があればすぐ就くことができる。③調査週間中に，仕事を探す活動や事業を始める準備をしていた（過去の求職活動の結果を待っている場合を含む。）。という 3 つの条件を満たす者をいう。

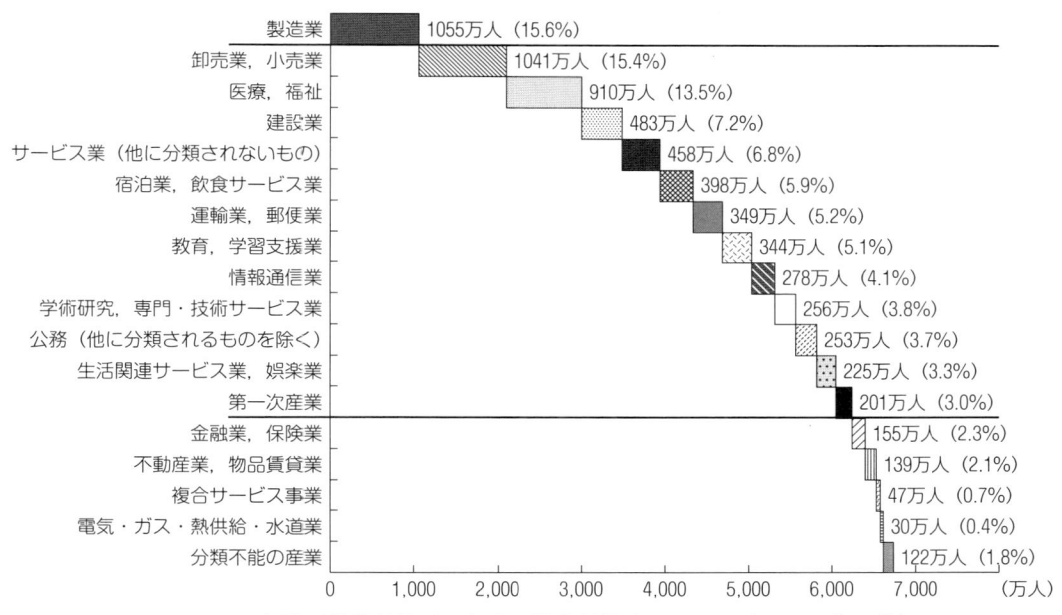

図 2 - 7　産業別就業者数（男女計，就業者数計＝6,747万人，2023年平均）

注：(1)　「第一次産業」は「農業，林業」「漁業」「鉱業，採石業，砂利採取業」の合計。
　　(2)　（　）内の数字は，就業者総数に占める各産業の就業者数の割合。
資料：総務省統計局「労働力調査（基本集計）」。
出所：労働政策研究・研修機構（JILPT）（2024）「早わかり　グラフでみる労働の今」（https://www.jil.go.jp/kokunai/
　　　statistics/chart/html/g0004.html）。

ある。非正規労働者とは　パート，アルバイト，派遣職員，契約社員，
嘱託職員などの正規労働者ではない労働者をいう。図 2 - 9 によれば，
非正規労働者の割合は，1984年に604万人で労働者全体の15.3％であ
ったが，2023年には2,124万人で37.1％を占めるまでに増加した。
　図 2 -10は，男女別にみた年齢階層別の雇用形態を示したものである。
これをみると，女性の正規雇用が25歳から29歳に60％でピークとなり，
その後， 3 ～ 4 割台に落ち込んでいる。これは女性が結婚や出産等を
契機にパートなどの非正規労働になる人が多いことを意味している。
　図 2 -11は，年齢別にみた雇用形態別の時給換算でみた賃金の変化
（賃金カーブ）をみたものである。一般労働者（正社員）は年功序列賃
金が明確であり，60歳になるまでは年齢と共に賃金があがり，「55～
59歳」には時給2,439円であった。しかし，正社員以外の平均賃金は年
齢に関わらず1,400円程度でおよそ横ばいに推移している。これは月
に20万円程の収入である。こうした非正規労働者が増えることによっ
て，貧困に陥りやすくなり，日本の相対的貧困率の増加につながって
いる。また，結婚をしたり，子どもを養ったりすることも難しく，未
婚化，少子化が進む原因にもなっているとも言われている。

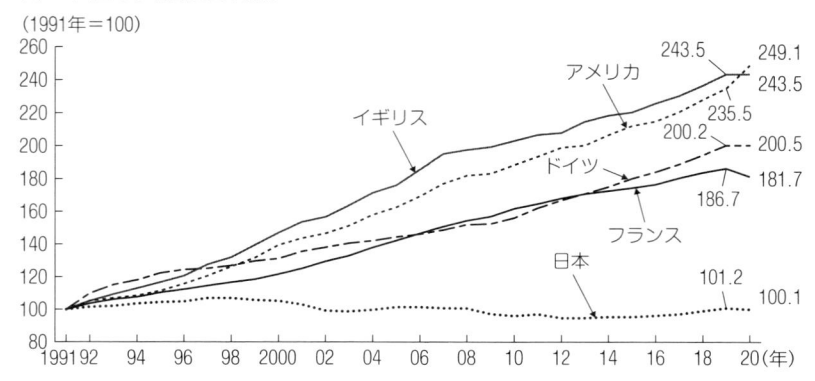

(1) 一人当たり名目賃金の推移

(2) 一人当たり実質賃金の推移

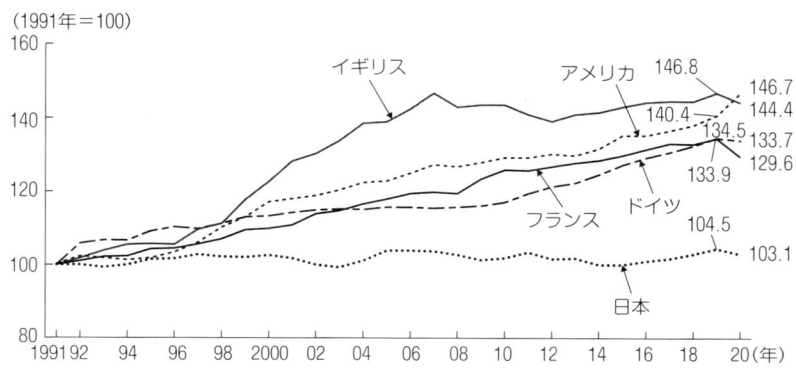

**図2-8　一人当たりの名目賃金・実質賃金の推移の国際比較（1991年を100とした場合）**

資料：OECD. Stat により作成。

出所：内閣府（2022）『令和4年度　年次経済財政報告』106頁。

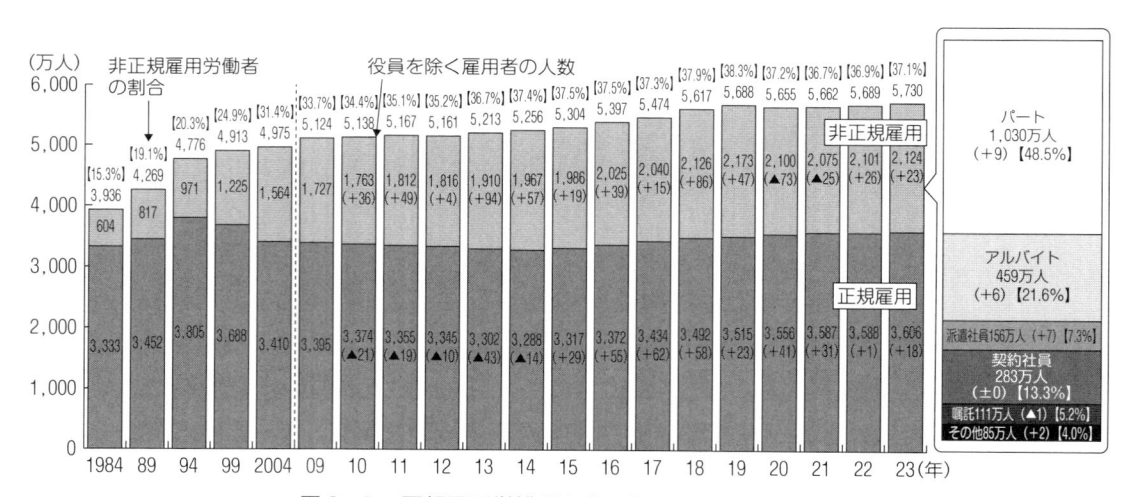

**図2-9　正規雇用労働者と非正規雇用労働者の推移**

資料：1999年までは総務省「労働力調査（特別調査）」（2月調査），2004年以降は総務省「労働力調査（詳細集計）」。

出所：厚生労働省 HP「非正規雇用（有期・パート・派遣労働）」（https://www.mhlw.go.jp/stf/seisakunitsuite/bunya/koyou_roudou/part_haken/index.html）。

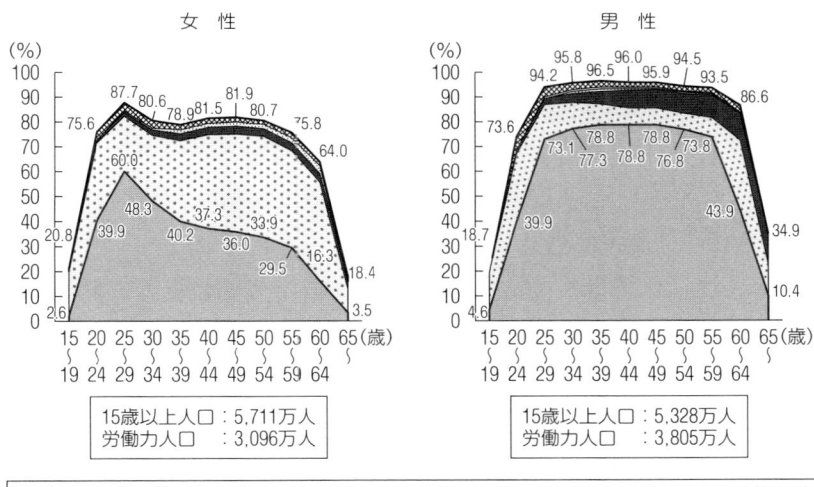

### 図 2-10　年齢階級別労働力人口比率の就業形態別内訳（男女別，令和 4（2022）年）

注：（1）労働力人口比率は，「労働力人口（就業者＋完全失業者）」/「15歳以上人口」×100。
　　（2）正規雇用労働者は「役員」と「正規の職員・従業員」の合計。非正規雇用労働者は「非正規の職員・従業員」。

資料：総務省「労働力調査（基本集計）」より作成。

出所：内閣府『男女共同参画白書　令和 5 年版』24頁。

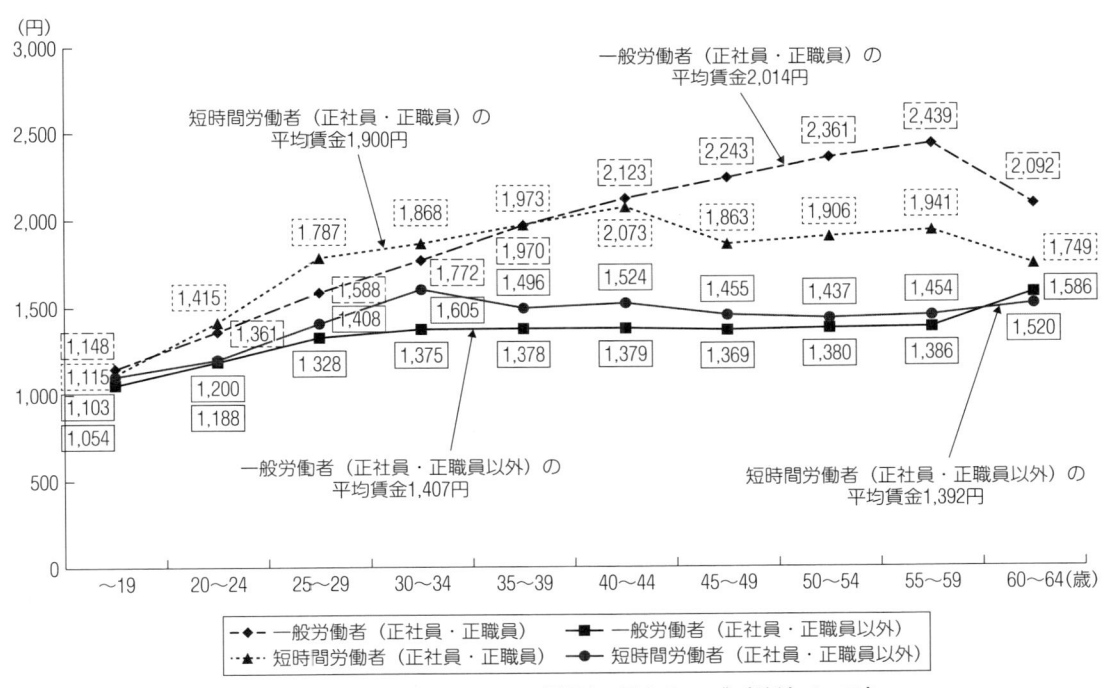

### 図 2-11　年齢別にみた雇用形態別の賃金カーブ（時給ベース）

注：（1）厚生労働省「賃金構造基本統計調査」より雇用環境・均等局作成。
　　（2）賃金は，2023年 6 月分の所定内給与額。

出所：厚生労働省 HP「非正規雇用（有期・パート・派遣労働）」(https://www.mhlw.go.jp/stf/seisakunitsuite/bunya/koyou_roudou/part_haken/index.html)。

# ③ 社会保障の財政

## ☐ 社会保障の負担と給付

　年金や生活保護などで毎月の国民の衣食住その他の生活を支え，また必要であれば，怪我や病気の治療や手術などを行う社会保障を実行するためには巨額の費用が必要である。その費用をどのように集め，どのように支出しているのかを確認しよう。

### ①　社会保障費用の統計

　まず，社会保障の財政に関する統計データを確認しておきたい。社会保障の財政に関する統計データは，国立社会保障・人口問題研究所で「社会保障費用統計」としてまとめられている。この社会保障費用統計には，国際機関が定める基準に則って集計された統計である①社会保障給付費（ILO 基準），②社会支出（経済協力開発機構（OECD）基準）などが示されている。[3] 日本で最もよく使用されているは「社会保障給付費」である。これは次の３つの基準を満たすものを社会保障制度とし，それをカバーする制度の収支を集計したものである。１つ目の基準は，制度の目的が①高齢，②遺族，③障害，④労働災害，⑤保健医療，⑥家族，⑦失業，⑧住宅，⑨生活保護・その他に給付するものであること。２つ目の基準は，制度が法律によって定められ，それによって特定の権利が付与され，あるいは公的，準公的，もしくは独立の機関によって責任が課せられるものであること。３つ目の基準は，制度が法律によって定められた公的，準公的，もしくは独立の機関によって管理されていること。あるいは法的に定められた責務の実行を委任された民間の機関であることである。

　社会支出は「人々の厚生水準が極端に低下した場合にそれを補うために個人や世帯に対して財政支援や給付をする公的あるいは私的供給」とされている。ただし，集計する範囲は，制度による支出のみを社会支出と定義し，人々の直接の財・サービスの購入や，個人単位の契約や移転は含まないとする。社会支出では，社会的目的を，①高齢，②遺族，③障害・業務災害・傷病，④保健，⑤家族，⑥積極的労働市場政策，⑦失業，⑧住宅，⑨他の政策分野の９つの政策分野に分けている。なお，この「社会支出」は次の「社会保障給付費」よりも範囲が広く，施設整備費など直接個人には移転されない費用も計上されている。

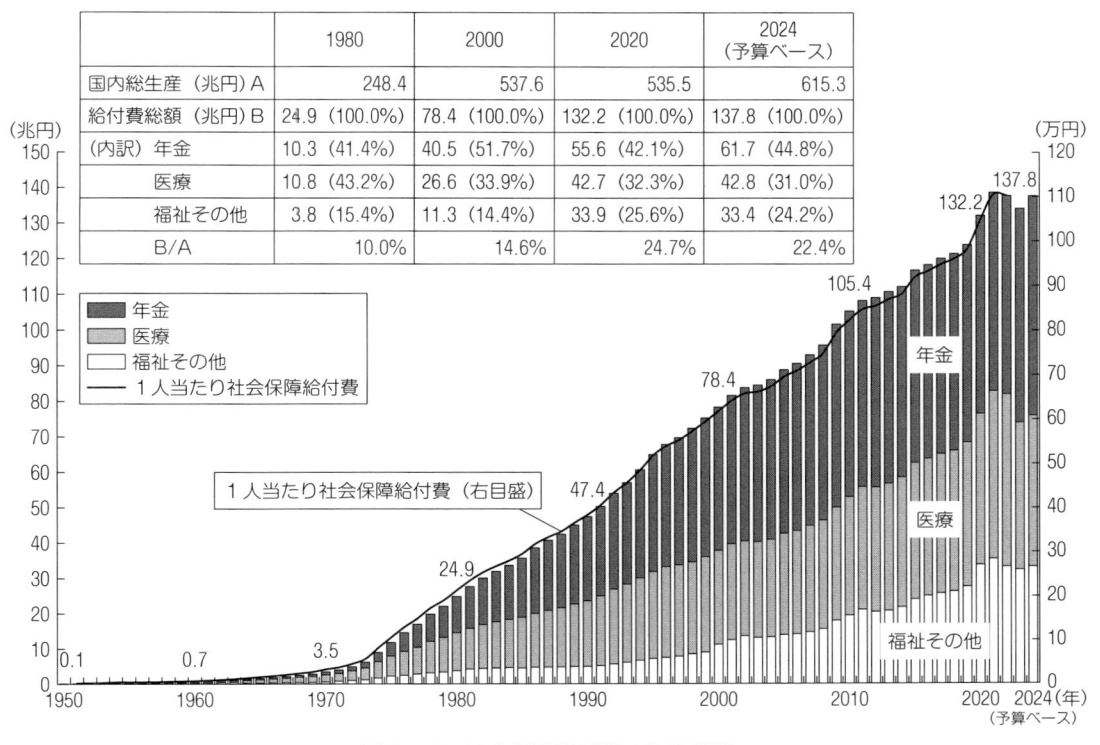

| | 1980 | 2000 | 2020 | 2024<br>（予算ベース） |
|---|---|---|---|---|
| 国内総生産（兆円）A | 248.4 | 537.6 | 535.5 | 615.3 |
| 給付費総額（兆円）B | 24.9 (100.0%) | 78.4 (100.0%) | 132.2 (100.0%) | 137.8 (100.0%) |
| （内訳）年金 | 10.3 (41.4%) | 40.5 (51.7%) | 55.6 (42.1%) | 61.7 (44.8%) |
| 医療 | 10.8 (43.2%) | 26.6 (33.9%) | 42.7 (32.3%) | 42.8 (31.0%) |
| 福祉その他 | 3.8 (15.4%) | 11.3 (14.4%) | 33.9 (25.6%) | 33.4 (24.2%) |
| B/A | 10.0% | 14.6% | 24.7% | 22.4% |

図 2 -12　社会保障給付費の年次推移

注：図中の数値は，1950, 1960, 1970, 1980, 1990, 2000, 2010, 2020及び2024年度（予算ベース）の社会保障給付費（兆円）である。
資料：国立社会保障・人口問題研究所「令和 4 年度社会保障費用統計」，2023〜2024年度（予算ベース）は厚生労働省推計，2024
　　　年度の国内総生産は「令和 6 年度の経済見通しと経済財政運営の基本的態度（令和 6 年 1 月26日閣議決定）」。
出所：厚生労働省「給付と負担について」(https://www.mhlw.go.jp/stf/newpage_21509.html)。

　本節では，日本で主に使われている社会保障給付費を中心にみてい
きたい。

### ②　社会保障給付費の全体像

　国は国民に様々な社会保障の給付を行っているが，それをまとめた
費用を社会保障給付費としている。**図 2 -12**から社会保障給付費をみ
てみると，1980年度には，総額24.9兆円であったが，2024年度（予算）
には137.8兆円へと5.5倍に増加している。特に，年金は10.3兆円から
61.7兆円へと50兆円あまり増加している。医療は10.8兆円から42.8兆
円へ，福祉その他も3.8兆円から33.4兆円へとそれぞれ30兆円程増加
している。また，社会保障といっても，その75.8%を年金と医療で占
めている。福祉その他には，介護保険（13.9兆円），子ども・子育て関
係（10.8兆円），生活保護や障害者福祉などの様々な制度が含まれてい
るにもかかわらず，全体の24.2%でしかない。さらに，年金，医療，
介護は社会保険で運営されているので，日本の社会保障給付の約85%
は社会保険で実施されているといえる。
　**図 2 -13**は，社会保障の給付と負担の現状についてみたものである。

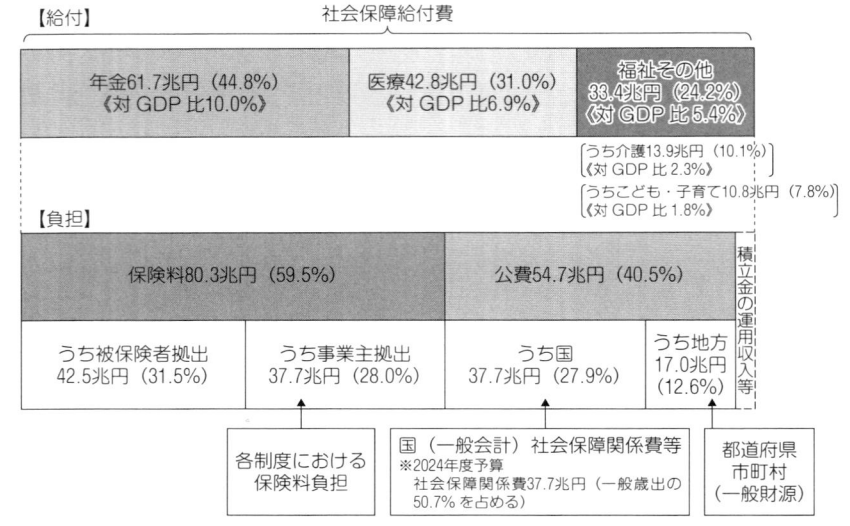

図 2 -13　社会保障の給付と負担の現状（2024年度予算ベース）

出所：厚生労働省「給付と負担について」（https://www.mhlw.go.jp/stf/newpage_21509.html）。

2024年度予算では，先程みた社会保障給付費137.8兆円をまかなうための財政負担として，保険料負担が80.3兆円（全体の59.5%）であり，そのうち国民等の保険料負担である被保険者拠出が42.5兆円，会社等の保険料負担である事業主拠出が37.7兆円であった。この保険料収入については年金特別会計や労働保険特別会計等「特別会計」によって運用されている。

　また，公費負担（税負担）が54.7兆円（40.5%）であり，そのうち国の「一般会計」の社会保障関係費等で負担する分が37.7兆円，都道府県・市町村の地方自治体が一般財源で負担する分が17.0兆円（一般財源）であった。また，一部積立金の運用収入などもある。

　ここで，国の一般会計を確認しておきたい。2024年度の予算ベースで国の歳入は112兆5,717億円であった。そのうち，所得税や法人税，消費税等の税収等が69兆6,080億円（61.8%），国の借金である公債金が35兆4,490億円（31.5%）であった。他方，図 2 -14にあるように，歳出は112兆5,717億円で，そのうち社会保障が37兆7,193億円（33.5%）であった。

　次に，全国の都道府県と市町村の地方自治体全体（自治体間の重複分を除いた純計）の一般財源を確認しておこう。2021年度の地方自治体の歳入をみると，128兆2,911億円であった。図 2 -15で地方自治体の歳出について，目的別にみると，児童，高齢者，障害者への社会福祉，生活保護等のための支出である「民生費」が最も多い31兆3,130億

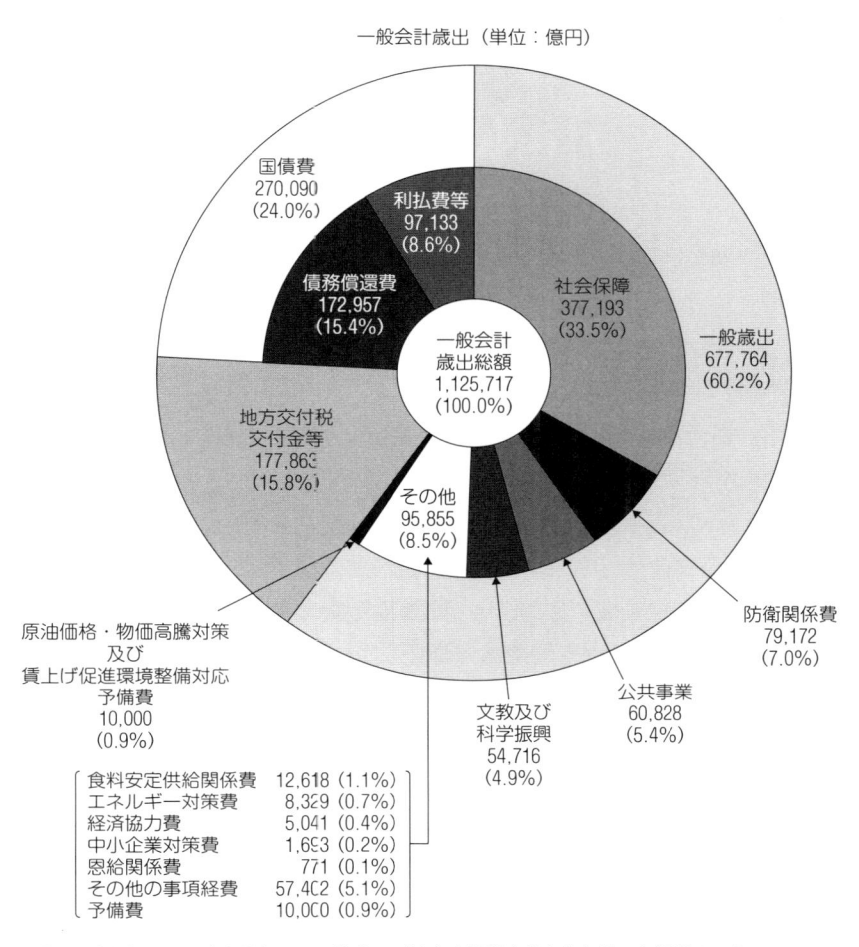

一般会計歳出（単位：億円）

※「一般歳出」とは，歳出総額から国債費及び地方交付税交付金等を除いた経費のこと。
※「基礎的財政収支対象経費」（＝歳出総額のうち国債費の一部を除いた経費のこと。当年度の政
　策的経費を表す指標）は，859,390（76.3%）

（注1）計数については，それぞれ四捨五入によっているので，端数において合計とは合致しな
　　　いものがある。
（注2）一般歳出における社会保障関係費の割合は55.7%。

**図2-14　2024年度の国の一般会計予算における歳出の構成**

出所：財務省（2024）「令和6年度一般会計予算──歳出・歳入の構成」（https://www.mof.go.jp/
　　　tax_policy/summary/condition/002.pdf）。

円（25.4%）を占めていた。つまり，地方自治体にとって，社会保障の
役割はかなり大きいことがわかる。また，この民生費の内訳をみると，
「社会福祉費」が9兆1,049億円（29.1%），「老人福祉費」が6兆8,106
億円（21.8%），「児童福祉費」が11兆4,651億円（36.6%），「生活保護
費」が3兆8,836億円（12.4%），「災害救助費」が488億円（0.2%）であ
った。[6]

　さらに，地方自治体の社会保障制度の一環として支給される現金や
現物・サービスの提供に直接必要な経費である「扶助費」としてみる
と，2021年度では18.6兆円を占めていた。その内訳は，社会福祉費で

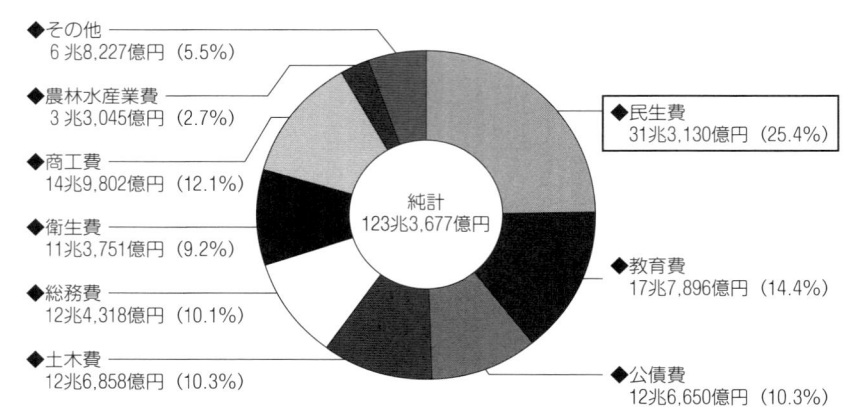

**図2-15 地方自治体（都道府県および市町村の純計）の目的別歳出決算額（2021年決算）**

出所：総務省（2023）「地方財政白書 令和5年版」（ビジュアル版〔令和3年度決算〕）14頁（https://www.soumu.go.jp/iken/zaisei/r05data/chihouzaisei_2023_jp.pdf）。

5.1兆円，老人福祉費で0.2兆円，児童福祉費で8.5兆円，生活保護費で3.6兆円，その他で1.2兆円であった。[7]

　こうして国や自治体の税金等の使われ方をみると，国や地方自治体において社会保障がどのくらい重要な役割を果たしているのかを理解することができよう。また，社会保険料や税金の使われ方を具体的にみることで，社会保障の負担と給付がどのように分担がなされているのか，どのような仕組みになっているのかがより理解できるだろう。

### ☐ 国民の社会保障負担

　先にみたように，社会保障は主に国や地方自治体が実施しているが，そのために社会保険料や税金等を通して財源を確保しなければならない。ここではもう少し具体的にどのように社会保障の負担をしているのかを検討していきたい。

### ① 社会保障の負担と給付

　図2-16は，2018年度の社会保障の年金や医療などの各制度について財源の割合，つまり，社会保険料や国の公費負担，地方自治体の負担などの割合を大まかにイメージとして示したものである。たとえば，厚生年金はほとんど社会保険料で運営されているが，国民年金は社会保険料と国の公費負担は半分ずつ負担することで運営されていることがわかる。具体的な内容はそれぞれの制度を紹介した章で確認をしてもらいたいが，このように制度によって社会保険料や国や地方自治体の負担の度合いが異なっている。

　また，**図2-17**は，ライフステージごと，つまり年齢に応じて，社会保障と教育に関する負担と給付のそれぞれの度合いをイメージ化した

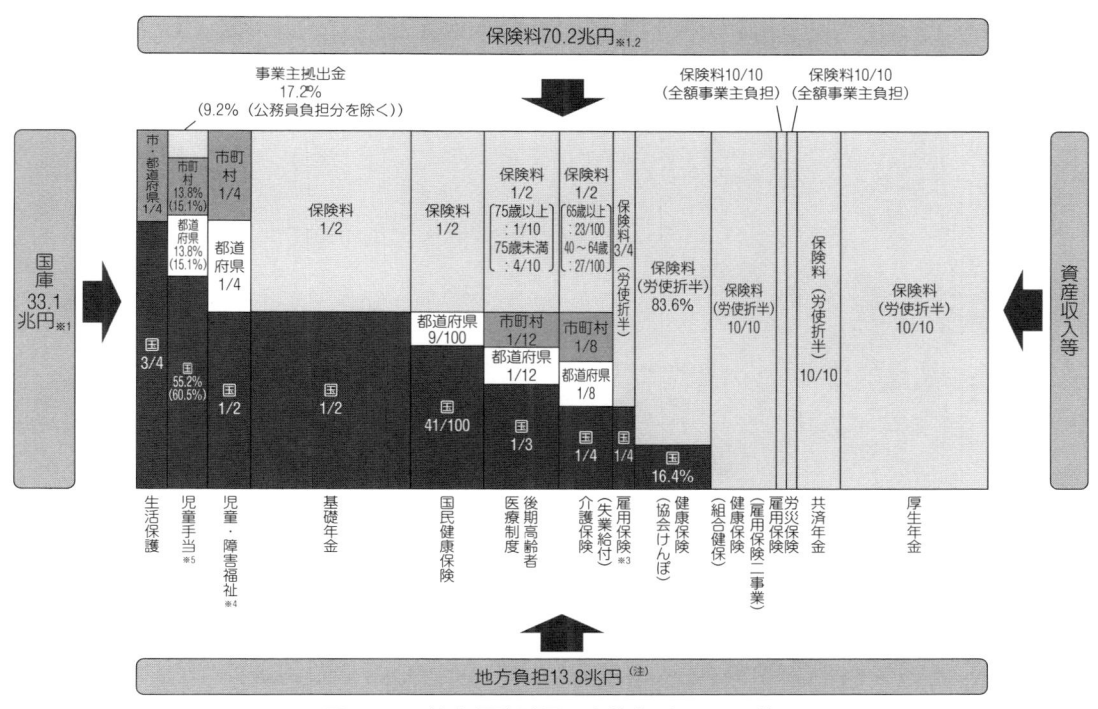

**図 2 -16　社会保障財源の全体像（イメージ）**

注：（1）保険料，国庫，地方負担の額は2018年度当初予算ベース。

（2）保険料は事業主拠出金を含む。

（3）雇用保険（失業給付）については，2017〜2019年度の 3 年間，国庫負担額（1/4）の10％に相当する額を負担。

（4）児童・障害福祉のうち，児童入所施設等の措置費の負担割合は，原則として，国1/2，都道府県・指定都市・中核市・児童相談所設置市1/2等となっている。

（5）児童手当については，2018年度当初予算ベースの割合を示したものであり，括弧書きは公務員負担分を除いた割合である。

出所：財務省・財政制度分科会「社会保障について」（平成31年 4 月23日開催） 5 頁（https://www.mof.go.jp/about_mof/councils/fiscal_system_council/sub-of_fiscal_system/proceedings/material/zaiseia310423/01.pdf）。

ものである。 0 歳から20歳ぐらいまでの子どもの間は，保育所や幼稚園，学校等の給付を受けているが，大学卒業後は主に給付を受けるよりも保険料や税等による負担の度合いが高い。しかし，65歳をすぎて退職すると，医療や年金，介護等により給付を多く受けるようになり，80歳をすぎると一生のなかで社会保障の給付を最も多く受けるようになる。社会保障というのは，能力に応じて負担をし，必要に応じて給付を受けるという仕組みであるということがわかる。

　②　国民負担率

　ただし，20歳から65歳までのいわゆる現役世代というのは，子育てが加わり，子どもの養育や教育などにも大きな支出が必要になってくる時期でもある。そのため，社会保障等の負担には，その世帯の状況によって困難な場合もあるだろう。そこで財務省は「国民負担率」を提示している。国民負担率とは，所得税や消費税などを対国民所得比で示した「租税負担率」に，社会保険料等を対国民所得比で示した

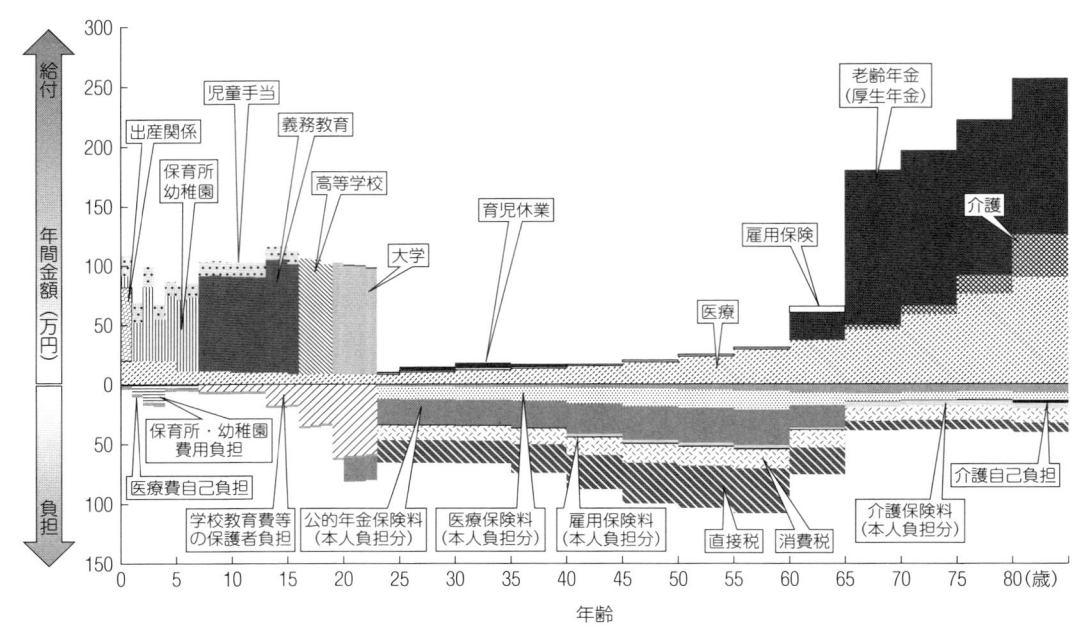

**図2-17 ライフサイクルでみた社会保険及び保育・教育等サービスの給付と負担のイメージ**

注：令和2年度（データがない場合は可能な限り直近）の実績をベースに1人当たりの額を計算している。
資料：各種統計を基に，厚生労働省において推計。
出所：厚生労働省「給付と負担について」（https://www.mhlw.go.jp/stf/newpage_21509.html）。

「社会保障負担率」を加えたものとされている。また，それに財政赤字分を加えた「潜在的国民負担率」もある。**図2-18**から，2024年度の日本の租税負担率は26.7％，社会保障負担率は18.4％で，国民負担率は45.1％であった。それに財政赤字分を加えた潜在的国民負担率をみると50.9％であった。日本の国民負担率は，2021年度のデータだが，アメリカの33.9％よりは高いが，フランスの68.0％，ドイツの54.9％，スウェーデンの55.0％等よりも低い。

　国はこの国民負担率を示して，負担が重くなりすぎると経済を低迷させるとして，社会保障費の抑制を進めている。しかしながら，負担が重いことだけを示すのではなく，これらの負担からどれだけ社会保障や教育等の給付があるかによって，実際の負担感は異なるはずである。例えば，日本では大学等の高等教育の負担がとても高いとして問題になっているが，スウェーデン等いくつかの国では大学の費用を無料，もしくは非常に安く学ぶことができる。つまり，国民が税金や保険料の負担をしていることだけでなく，それにより社会保障や教育等の給付を受けることができているのか，特に，最も貧困等で生活に困っている人をどれだけ減らしているのかとセットで示す必要がある。もし負担が重くても生活に困ることがなくなるなら，国民は税や保険料を支払うのではないか。つまり，生活に困ったときに年金や生活保

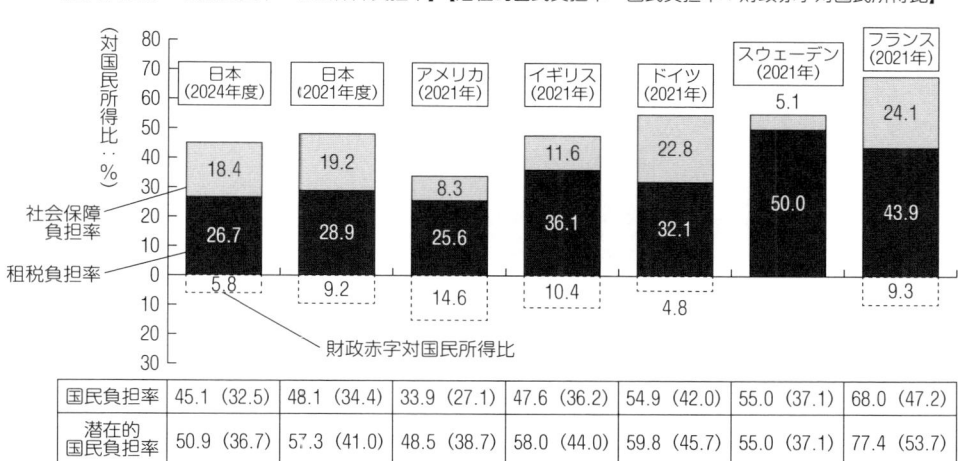

【国民負担率＝租税負担率＋社会保障負担率】【潜在的国民負担率＝国民負担率＋財政赤字対国民所得比】

| | 日本<br>(2024年度) | 日本<br>(2021年度) | アメリカ<br>(2021年) | イギリス<br>(2021年) | ドイツ<br>(2021年) | スウェーデン<br>(2021年) | フランス<br>(2021年) |
|---|---|---|---|---|---|---|---|
| 国民負担率 | 45.1 (32.5) | 48.1 (34.4) | 33.9 (27.1) | 47.6 (36.2) | 54.9 (42.0) | 55.0 (37.1) | 68.0 (47.2) |
| 潜在的<br>国民負担率 | 50.9 (36.7) | 57.3 (41.0) | 48.5 (38.7) | 58.0 (44.0) | 59.8 (45.7) | 55.0 (37.1) | 77.4 (53.7) |

（対国民所得比：％（括弧内は対 GDP 比））

**図 2-18　国民負担率の国際比較**

注：（1）日本の2024年度（令和 6 年度）は見通し，2021年度（令和 3 年度）は実績。ドイツについては推計による2021年暫定値，それ以外の国は実績値。
　　（2）財政収支は，一般政府（中央政府，地方政府，社会保障基金を合わせたもの）ベース。
　　　　ただし，日本については，社会保障基金を含まず，米国については，社会保障年金信託基金を含まない。
資料：日本：内閣府「国民経済計算」等　諸外国：OECD "National Accounts", "Revenue Statistics", "Economic Outlook 114"（2023年11月）
出所：財務省（2024）「令和 6 年度の国民負担率を公表します」（https://www.mof.go.jp/policy/budget/topics/futanritsu/20240209.html）。

護など社会保障に期待が持てないので，税や保険料負担が無意味で負担感しか与えていないのではないだろうか。

### ③　毎年行われる社会保障支出の削減

　しかしながら，社会保障は例年，抑制が図られている。例えば，2018年 6 月に閣議決定された「経済財政運営と改革の基本方針2018」の中で，社会保障関係費について「その実質的な増加を高齢化による増加分に相当する伸びにおさめることを目指す方針」を示している。このため図 2-19からわかるように，2012年からだけでも，例年1,200億円から2,200億円の社会保障関係費を削減するために，年金，医療，介護等を中心に，社会保障給付の削減や社会保険料や利用者負担の増加をもたらす制度改革が行われている。給付削減や負担増は社会保障給付が必要な人，費用負担が困難な人にも及んでおり，こうした改革を続けていくことで，高齢者などの貧困や生活困窮が進み，また家族負担の増加により，介護殺人や児童虐待はますます深刻さを増していく可能性がある。社会保障の給付や負担のあり方を抜本的に考えていく必要がある。

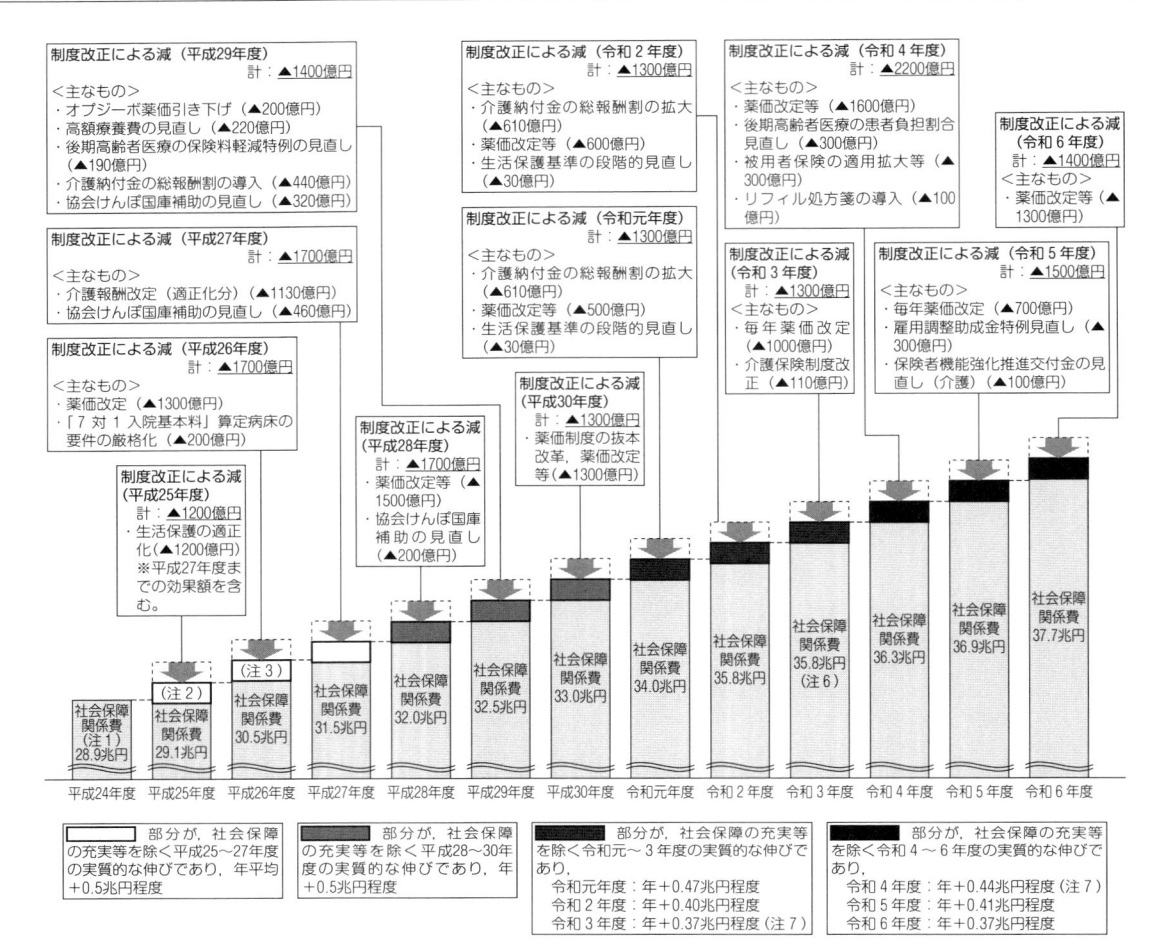

図2−19 国の社会保障関係費の伸びとその抑制（2012年〜2024年）

注：(1) 年金国庫負担2分の1ベースの予算額。
　(2) 基礎年金国庫負担の受入超過による精算（▲0.3兆円）の影響を含めない。
　(3) 高齢者の医療費自己負担軽減措置等に係る経費の当初予算化（＋0.4兆円）の影響を含めない。
　(4) 社会保障関係費の計数には，社会保障の充実等を含む。
　(5) 令和元・2年度の社会保障関係費の計数は，臨時・特別の措置を除く。
　(6) 令和2年度まで社会保障関係費として分類していた1,200億円程度の経費について，経費区分の変更を行ったため，除外している。
　(7) 新型コロナウイルス感染症の影響を受けた足元の医療費動向を踏まえ，医療費に係る国庫負担分を令和3年度においては2000億円，令和4年度においては▲700億円程度減少させたベースと比較している。
　(8) 令和元年度以降の社会保障関係費の実質的な伸びは，年金スライド分を除く。
出所：財務省・財政制度分科会（2024）「こども・高齢化」（令和6年4月16日開催）資料（https://www.mof.go.jp/about_mof/councils/fiscal_system_council/sub-of_fiscal_system/proceedings/material/zaiseia20240416/01.pdf）。

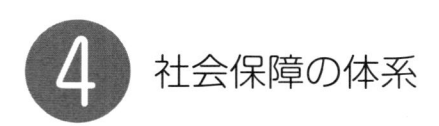 ④ 社会保障の体系

## ❑ 1950年勧告における社会保障の体系

　最後に，社会保障の体系について述べておきたい。社会保障の体系

については，第 1 章でも解説されているように，1950年の社会保障制度審議会による勧告には，次のような社会保障の定義をした。

　　「社会保障制度とは，疾病，負傷，分娩，廃疾，死亡，老齢，失業，多子その他困窮の原因に対し，保険的方法又は直接公の負担において経済保障の途を講じ，生活困窮に陥った者に対しては，国家扶助によって最低限度の生活を保障するとともに，公衆衛生及び社会福祉の向上を図り，もってすべての国民が文化的社会の成員たるに値する生活を営むことができるようにすることをいうのである。」

　ここでいう保険的方法は社会保険のことであり，直接の公の負担というのは税による経済的保障をいう。日本では年金や健康保険，介護保険などの社会保険でも税金が半分ほど投入されているので，全体で社会保険の説明とも言えるし，また例えば児童手当や特別障害者手当などの税による経済的保障を指しているともいえる。国家扶助（National Assistance）は公的扶助（Public Assistance）のことであり，日本では主に生活保護を意味している。公衆衛生は感染対策や保健指導などが含まれ，社会福祉には保育や障害者福祉サービスなどが含まれている。
　これを制度名で整理すると，①社会保険（健康保険法，国民健康保険法，船員保険法，厚生年金保険法，失業保険法，労働者災害補償保険法等），②公的扶助（生活保護の扶助），③公衆衛生（保健所等），④社会福祉（生活保護のケースワーク，障害者福祉，高齢者福祉，児童福祉等）の体系にしようと提案されていたことがわかる。このように，日本では，社会保険中心で社会福祉等が補完する社会保障体系が作り上げられたといえる。現在，ほぼその提案通りの体系になっている。
　「ほぼ」というのは，現在の捉え方として次の 2 点が異なっている。一つは，公的扶助が社会福祉に重なりあうので，公的扶助と社会福祉が同じものに含まれるようになっている。もう一つは，1997年の介護保険法により，高齢者介護の多くの部分が介護保険法の対象となり，社会福祉の中の高齢者福祉は大きくその影響力を減らし，大部分は社会保険の中の介護保険として実施されていることである。

## ☐ 社会保障給付費からみた社会保障の体系
　また，先に社会保障給付費について説明したが，その給付費というのは一つひとつ制度や事業として位置づいているので，この給付費の

## 表2-3 日本の社会保障の基本的な体系

| 種 類 | 具体的な制度 |
|---|---|
| 社会保険 | 健康保険法，国民健康保険法，船員保険法，厚生年金保険法，失業保険法，労働者災害補償保険法，【介護保険法】など |
| 公的扶助 | 生活保護（扶助の給付） |
| 社会福祉 | 生活保護（ケースワーク），障害者福祉，高齢者福祉，児童福祉，母子福祉など |
| 公衆衛生 | 保健所など |

| 社会保障給付費に含まれる社会保障制度（抜粋） | | |
|---|---|---|
| 制度の名称 | 区 分 | 複数の制度や費用が含まれる場合，その内訳 |
| 社会保険 | 医療保険 | 全国健康保険協会管掌健康保険，組合管掌健康保険 国民健康保険（退職者医療制度を含む），後期高齢者医療制度 |
| | 介護保険 | 介護保険 |
| | 年金保険 | 厚生年金保険，厚生年金基金，国民年金，国民年金基金， |
| | その他の保険 | 船員保険 雇用保険 労働者災害補償保険 など |
| 家族手当 | 児童手当 | ― |
| 公務員 | 国家公務員共済組合 | ― |
| | 地方公務員等共済組合 | 地方公務員共済，地方議会議員共済会 |
| | 国家公務員災害補償等 | 国家公務員災害補償（一般職），衆議院，参議院，国立国会図書館，裁判所，外務省，防衛省の特別職の国家公務員に対する災害補償 |
| | 地方公務員等災害補償 など | 地方公務員災害補償，消防団員等公務災害補償 |
| 公衆保健サービス | 公衆衛生 | 医療提供体制確保対策費，医療提供体制基盤整備費，国立ハンセン病療養所施設費，病療養所運営費，感染症対策費，特定疾患等対策費，移植医療推進費，原爆被爆者等援護対策費，地域保健対策費，保健衛生施設整備費，健康増進対策費，健康危機管理推進費，医薬品安全対策等推進費，自殺対策費 など |
| 公的扶助及び社会福祉 | 生活保護 | ― |
| | 社会福祉 | 障害保健福祉費，国立重度知的障害者総合施設のぞみの園運営費，社会福祉施設整備費，国立児童自立支援施設運営費，高齢者日常生活支援等推進費，介護保険制度運営推進費，保育対策費，児童虐待等防止対策費，母子家庭等対策費，子ども・子育て支援対策費，児童福祉施設整備費，生活保護等対策費，子ども・子育て支援推進費，男女共同参画社会形成促進費 など |
| 雇用対策 | 雇用対策 | 緊急雇用創出事業臨時特例交付金，高齢者等雇用安定・促進費，職業能力開発強化費，若年者等職業能力開発支援費，障害者等職業能力開発支援費など |
| 戦争犠牲者 | 戦争犠牲者 | 旧軍人遺族等恩給費，中国残留邦人等支援事業費 など |
| 他の社会保障制度 | 地方単独事業 | 地方公共団体単独実施公費負担医療費給付分，乳幼児健康診査事務費，妊産婦健康診査（地方単独事業分）に要する経費，予防接種に要する経費，結核対策に要する経費，公立養護老人ホーム等管理費（老人保護措置費），児童相談所・一時保護施設管理費，公立幼稚園（地方単独事業分）に要する経費，公立児童福祉施設管理費，障害児入所施設等管理費等，保育料等軽減に要する経費，私立保育所（地方単独事業分）助成に要する経費，認可外保育所・家庭的保育事業・小規模保育事業等助成に要する経費，私立児童福祉施設助成に要する経費，里親支援事業費，保育人材確保に要する経費，福祉事務所管理費 など |
| | 医薬品副作用被害救済制度 | 医薬品副作用被害救済制度，特定C型肝炎ウイルス感染者等救済給付金支給等業務費交付金 |
| | 社会福祉施設職員等退職手当共済制度等 | 社会福祉施設職員等退職手当共済制度，心身障害者扶養保険制度 |
| | 就学援助・就学前教育 | |
| | 住宅 | |
| | 犯罪被害給付制度 | 初等中等教育等振興費（就学援助等）など |
| | 被災者生活再建支援事業 など | 住宅対策諸費，東日本大震災復興事業費 ― |

出所：国立社会保障・人口問題研究所（2024）「令和4年度 社会保障費用統計」53-55頁を基に筆者作成。

体系から主にどのような具体的な制度や事業が含まれるのかをより詳しく示したのが**表2-3**である。こうしてみると，日本の社会保障は**表2-3**の上段で示すような体系で容易に示されるようなものではなく，非常に多くの制度や事業を含んでいることがわかる。特に，注意が必要な点として次の5点を指摘しておきたい。第1に，例えば，年金制度といっても実は，厚生年金や国民年金など複数の制度が含まれていることがわかる。第2に，公務員等の共済組合などは実際として年金や医療など複数の事業を実施しているので，厳密な分類が困難である。第3に，社会福祉には非常に多様な制度や事業が含まれている。たとえば，障害者福祉といえば障害者総合支援法に基づく障害者福祉サービスが想起されるが，国立の障害者施設など様々な給付が行われている。第4に，その他の社会保障制度に示されているように，地方自治体が独自に実施している社会保障の制度があり，それが「地方単独事業」として示されている。多くの場合は，国の制度に上乗せする形で実施しているものであるが，これらは全国共通ではなく，自治体によっては国の制度にない取り組みをしているのである。第5に，同じくその他の社会保障にあるように，住宅や就学援助なども含めて考えられるべきものだということである。本来ならば，住宅施策は国土交通省の管轄であるが，実際には，厚生労働省が所管する生活保護に住宅扶助があり，生活困窮者自立支援制度でも住居確保給付金が支給されている。高齢者施設や障害者施設はバリアフリーの支援付きの住居を整備しているとも言える。社会保障をどの範囲まで捉えるか，それによって，社会保障の支出やまたそれが持つイメージも変わってこよう。

## ◯注

(1) 厚生労働省編（2012）『厚生労働白書 平成24年版』日経印刷，296頁。
(2) 厚生労働省編（2023）『労働経済の分析 令和5年版——持続的な賃上げに向けて』日経印刷，17頁。
(3) 国立社会保障人口問題研究所（2024）「社会保障費用統計」i-ii頁。
(4) 総務省（2023）『地方財政白書 令和5年版』（ビジュアル版〔令和3年度決算〕）7頁。
(5) 同前書，14頁。
(6) 同前書，17頁。
(7) 同前書，20頁。

## ◯参考文献

伊藤周平（1994）『社会保障史——恩恵から権利へ　イギリスと日本の比較研究』青木書店。

伊藤周平（2020）『消費税増税と社会保障改革』ちくま新書。

北場勉（2000）『戦後社会保障の形成──社会福祉基礎構造の成立をめぐって』中央法規出版。

厚生労働省編（2012）『厚生労働白書　平成24年版』日経印刷。

厚生労働省編（2023）『労働経済の分析　令和5年版──持続的な賃上げに向けて』日経印刷。

柴田嘉彦（1998）『日本の社会保障』新日本出版社。

総務省（2023）『地方財政白書　令和5年版』（ビジュアル版〔令和3年度決算〕）。

田多英範（2009）『日本社会保障制度成立史論』光生館。

# ■第3章■
# 医療保険制度

# 1 私たちの生活と医療保険制度

## ☐ 出生から死亡までの関わり

私たちが病気やけがをしたとき，病院等に行って検査や治療を受け，処方箋をもって薬局で薬（処方薬）を受け取るということがある。日本において，これらの医療サービスを受ける際，いわゆる「保険証」を提示することが求められる。正式には「**健康保険被保険者証**」というが，これを提示することで，医療サービスの対価としての医療費支払いに際して，自らの加入する公的医療保険からその医療費の大部分が支払われることとなる。[(1)]

病気やけがのリスクは，ほとんどの人にとって生活する上で不可避なものであり，健康的な生活を心がけていたとしても，思わぬ病気や事故などによるけがを負うリスクをゼロにすることはできない。その際に，医療保険に加入していなければ，個人の資産・所得から支払わねばならないこととなるが，高額な医療費となると個人で支払うことは困難となる。とくに，高齢期においては，退職等による稼得の低下の一方で，病気やけがをした際の治療の長期化のリスクが高く，それに伴う経済的負担も大きい。ゆえに，日本では，病気やけがによる費用保障を目的とする公的医療保険が，**強制加入の原則**のもとに国民皆保険システムとして構築されている。

また後述するように，公的医療保険による給付には，傷病または出産による休業中の所得補償や，出産に係る費用を補填するための給付，加入者が亡くなったときには埋葬にかかった費用を補填する給付も含まれる。つまり，公的医療保険は，生まれる時から亡くなった後までを念頭に置いているのである。

## ☐ 高齢社会の深化と医療

第2章でみたように，人口の高齢化は，医療技術の高度化などとともに，**国民医療費**の増大に結びついている（表3-1）。2022年度の国民医療費は46.7兆円で，そのうち65歳未満が18.6兆円（39.8％），65歳以上が28.1兆円（60.2％）であり，75歳以上の後期高齢者だけで18.2兆円（39.0％）を占めている。さらに，一人当たり医療費をみると，65歳未満が21.0万円であるのに対し，65歳以上では約3.7倍の77.6万円，75歳以上では約4.5倍の94.1万円となっている。2020年度は，新型コロナ

**➡ 健康保険被保険者証**
被保険者証（共済の場合は「加入者証」）は，公的医療保険の保険者から，加入者本人とその扶養家族一人ひとりに対しカード型で発行され，これを医療機関あるいは薬局の窓口で提示することで，保険診療を受けることができる。現在，マイナンバーカードとの統合が進められている。

**➡ 強制加入の原則**
強制加入とは，個人や事業主の意思に関係なく，加入することが義務付けられているということである。反対に，加入が個人や事業主の意思に委ねられている場合は任意加入という。

**➡ 国民医療費**
厚生労働省により毎年度公表される「国民医療費」は，当該年度内における保険診療の対象となり得る傷病の治療費用を推計したもので，診療費や薬剤費などが含まれる。ゆえに，正常分娩費用や予防医療の費用，義眼や義肢等の費用は含まない。

表 3 - 1　国民医療費と一人当たり医療費（2022年度）

| 年齢階級 | 国民医療費（兆円） | 構成割合（%） | 人口一人当たり国民医療費（万円） | 対前年度（2021）人口一人当たり国民医療費 | |
|---|---|---|---|---|---|
| | | | | 増減額（万円） | 増減率（%） |
| 総　数 | 46.7 | 100.0% | 37.4 | 14.9 | 4.2% |
| 65歳未満 | 18.6 | 39.8% | 21.0 | 10.9 | 5.5% |
| 65歳以上 | 28.1 | 60.2% | 77.6 | 21.9 | 2.9% |
| 75歳以上（再掲） | 18.2 | 39.0% | 94.1 | 17.5 | 1.9% |

出所：厚生労働省（2024）「令和 4 年度（2022）国民医療費の概況」を基に筆者作成。

感染拡大による受診控えにより国民医療費は減少したが，2021年度以降再び増加に転じている。

　21世紀前半の日本は，人口全体が減少する中で一層高齢者が増加し，高齢社会の深化が加速することが確実である。そのような中で，医療費の多くを支える公的医療保険の持続可能性やそのあり方が問い直される局面にあるのである。

#  2　医療保険制度の発達

　現在の日本の医療保険制度が確立するに至るまで，どのような経過をたどり，どのような社会経済状況の中で発展してきたのかを，①被用者保険の黎明期（明治時代），②公的医療保険の創成期（大正〜第二次世界大戦まで），③公的医療保険の確立期（第二次世界大戦後〜1961年まで），④国民皆保険システム確立後の 4 つの時期に区分してみてみよう（表 3 - 2 ）[2]。

## ◻ 被用者保険の黎明期——明治以降

　明治維新以降，日本は近代国家としての政治体制を確立する一方，紡績・製糸業や重工業部門が発展し，工場等で雇用されて働く賃金労働者が増えた。これらの労働者は過酷な労働条件の下で低賃金，長時間労働を強いられていた。

　1911年に成立した工場法は，民間の工場労働者の保護を目的とした初めての社会立法で，年少労働者の就業や女子労働者の夜業を禁止すると同時に，労働者の業務上の傷病や死亡について事業主の扶助責任を定めており，のちの健康保険法の前進的性格を持っていた[3]。

　同じ頃，民間の大企業や官営工場では，相互扶助組織として**共済組**

➡ **共済組合**

同種または同一の職業・事業に従事する者を対象にした相互扶助組織であり，疾病・負傷に対する給付（医療給付）や，死亡給付，年金給付（退職に伴う給付）を行う。現在は主に，公的医療保険および年金保険の運営を担う。

表3-2 日本における医療保障に関する制度の歩み

| 年 | 内　容 |
|---|---|
| 1874年 | 医制の発布（近代的医療制度の始まり） |
| 1905年 | 鐘紡共済組合，八幡製鉄所共済組合　設立（官業中心に共済組合設立） |
| 1911年 | 工場法（労働者の業務上の傷病・死亡についての事業主の扶助責任を定める） |
| 1922年 | 健康保険法制定，公布（1927年施行） |
| 1938年 | 国民健康保険法制定 |
| 1939年 | 職員健康保険法制定 |
| 1946年 | 日本国憲法成立（1947年施行） |
| 1947年 | 労働者災害補償保険法制定（健康保険法における業務上の傷病給付を廃止） |
| 1948年 | 国家公務員共済組合法制定 |
| 1953年 | 日雇労働者健康保険法，私立学校教職員共済組合法制定 |
| 1956年 | 公共企業体職員等共済組合法制定 |
| 1958年 | 国民健康保険法全面改正（1961年までに市町村に国保事業の実施を義務づけ） |
| 1961年 | 国民皆保険，皆年金体制の確立 |
| 1962年 | 地方公務員等共済組合法制定 |
| 1963年 | 老人福祉法制定 |
| 1973年 | 老人医療費支給制度の開始（1972年老人福祉法改正による高齢者の患者自己負担の無料化），健康保険法改正（家族給付引き上げ，高額療養費制度の創設等），「福祉元年」と呼ばれる |
| 1982年 | 老人保健法制定（高齢者の患者一部負担に定額負担導入，70歳以上の高齢者医療財源を各保険者からの拠出金で賄う仕組みの導入，老人病院の区分） |
| 1984年 | 健康保険法改正（被保険者本人に1割の患者一部負担導入，退職者医療制度創設等） |
| 1986年 | 老人保健法改正（1987年施行，患者一部負担の引き上げ，老人保健施設創設，加入者按分率100%） |
| 1997年 | 介護保険法成立 |
| 2000年 | 介護保険制度開始 |
| 2006年 | 医療制度改革大綱（2005年）に基づく医療制度改革関連法の成立（現役並み所得を有する70歳以上の高齢者の患者自己負担を2割から3割に引き上げ，高額医療・高額介護合算制度の創設，後期高齢者医療制度の創設，前期高齢者の医療費に係る財政調整制度の創設など） |
| 2015年 | 持続可能な医療保険制度を構築するための国民健康保険法等の一部を改正する法律（国民健康保険の都道府県化（2018年度〜）など） |

出所：筆者作成。

**合**ができはじめた。代表的なものとしては，1905年に作られた鐘紡共済組合，八幡製鉄所共済組合があり，明治の終わりから大正にかけて官業を中心に共済組合が設立されていった。

### □ 公的医療保険制度の創成期──大正〜第二次世界大戦まで

　第一次世界大戦による一時的な好況ののちに訪れた戦後恐慌のもとで，労働者の保護と生活の安定，そして労使関係改善を目的として，1922年健康保険法が成立・公布された（施行は1927年）。

　健康保険法は，工場法や鉱業法の適用を受ける工場，鉱山等の適用事業所で常時雇用される，年収1,200円以下の工場労働者が対象とされた。当初は，常時10人以上の労働者を使用する工場労働者が強制適用とされたが，その後，常時5名以上の規模の工場労働者に対象が拡大され（1934年），年収1,200円以下の会社，商店などの事業所に従事するサラリーマンも対象となった（1939年）。

　一方，1938年に成立した国民健康保険法は，農村の窮乏を救済し，農民の医療費負担を軽減することを目的として，広く一般国民を対象

とし，市町村を単位に「国民健康保険組合」を設立するというもので
あった。ただし，組合の設立もそれへの加入も任意であった。

　第二次世界大戦末期には本土空襲が激しくなり，被災や疎開等によ
る事業所の縮小，人手不足等，戦況悪化によって，健康保険も国民健
康保険も被保険者が激減し，公的医療保険は有名無実化することとな
った。

### ☐ 皆保険体制の確立――第二次世界大戦後

　第二次世界大戦後の国民生活は食糧難とインフレによる混乱，困窮
が著しかった。そうした中，1946年には，戦争放棄，主権在民，国民
の基本的人権の保障を謳った新憲法が制定，翌年施行された。憲法第
25条において，すべての国民は健康で文化的な最低限度の生活を営む
権利を有し（同条1項），国はすべての生活部面について，社会福祉，
社会保障及び公衆衛生の向上及び増進に努めなければならないという
国の責任が規定され（同条2項），生存権が確立した。戦後における医
療保険を含む社会保障制度の再建，再構築は，この憲法の理念に基づ
いて行われることとなった。

　1948年には国民健康保険法が改正され，市町村が国民健康保険組合
を設立した場合は住民の加入を義務化したが，1950年前後でも，いず
れの健康保険にも加入していない未適用者が数多く存在していた。国
民健康保険は強制加入となったが，依然として市町村の設立は任意で
あったため，未実施市町村が全体の4割を占め，さらに東京や大阪と
いった大都市で未実施であった。また，健康保険制度も5人未満の事
業所は任意適用だったため，零細企業の労働者の多くは未加入状態に
おかれていた。1950年代後半でも，国民の3分の1にあたる約3,000
万人が無保険であった。[4]

　1958年に国民健康保険法が全面改正され，すべての市町村に1961年
までに国保事業の実施を義務づけることで，国民皆保険システムが確
立した。既存の被用者保険でカバーされない無職者や自営業者などを，
市町村が運営する国民健康保険でカバーすることとされ，すべての住
民が何らかの公的医療保険への加入を義務付けられた（ただし，生活
保護受給者は例外的に健康保険から脱退）。国民健康保険事業が健全に
行われるよう，国は国庫負担を行うこととされた。

### ☐ 皆保険確立後の改革

　高度経済成長の時代は，社会保障や医療費のかつてない増加の時期
でもあり，年金保険と合わせて，医療保険の給付内容の改善，給付水

準の引き上げが行われた。国民健康保険では，1968年に世帯主，世帯員ともに7割給付となり，健康保険についても1973年に家族の7割給付となった（被保険者本人は定額負担）。同じ1973年には，月3万円（当時）を超える自己負担分を医療保険から給付する高額療養費制度も創設された（1975年国民健康保険にも導入）。70歳以上の高齢者については保険の自己負担分を公費負担することで，「老人医療費無料化」を実現した（老人医療費支給制度の開始。ただし，老人医療費の軽減ないし無料化措置を講ずる多くの府県がすでに存在した）。高度経済成長期には，医療機関の整備と適正配置対策が進められ，医療提供体制が拡充したことと相まって，国民医療費も急増することとなった。

　社会保障制度全般にわたる改善が行われた1973年は「福祉元年」といわれたが，それは同時に低成長経済への入り口でもあった。人口の高齢化を見越した社会保障制度の拡充は，今後も高い経済成長が持続することへの期待を前提としたものであったが，その年の10月に第4次中東戦争を契機としたオイルショックが日本経済に打撃を与え，経済成長率の低下，国の財政悪化をもたらした。以後，社会保障費の膨張とそれに対する抑制策の追求，医療保険においては給付と負担の見直しが行われることとなった。

　人口の高齢化と高度な医療技術の進歩・普及，そして老人医療費無料化により，国民医療費は増大し，高齢者医療費は急増した。とくに高齢者加入率の高い市町村国民健康保険財政に最も大きな負の影響を与えた。過剰受診や過剰投薬・検査等の医療費の無駄の問題も指摘され，また福祉施設などの受け皿がないために病院へ入院せざるをえない「社会的入院」や寝たきり高齢者の問題が明らかとなった。1982年に成立した老人保健法は，分立する医療保険制度間での負担の公平を図る観点から，高齢者医療費については各保険者の70歳以上の加入者に係る医療費と，加入者総数を基準として按分して拠出して支えるという財政調整の仕組みが初めて導入された。これにより老人医療費支給制度は廃止され，高齢者にも定額の患者一部負担が導入された。老人保健制度は，2008年に後期高齢者医療制度が創設されるまで，高齢者医療の要としての役割を果たした。また，1984年には，老人保健制度の適用を受ける前の退職者に係る医療費を被用者保険が負担する退職者医療制度が創設された。

　1980年代後半から90年代前半は，バブル経済とその崩壊に伴う低成長あるいはマイナス成長への転換期となった。人口の急速な高齢化に加え，歯止めの効かない少子化の現状も明らかとなり（1989年の合計特殊出生率が1.57と戦後最低〔当時〕であったことが明らかとなった），ま

た核家族化の進展，共働き世帯の増加に対応した社会保障の在り方が問われることとなった。1997年以降は，戦後の経済社会システムの弊害が日本の発展を妨げているとの認識に基づき，社会保障構造改革を含む「6つの改革」が推進されることとなった。社会保障構造改革の第一歩として介護保険法が成立（1997年）し，その後医療保険制度についても改革に着手されることとなった。

　医療保険制度に関しては，経済状況の悪化に伴う保険料収入の伸び悩みの一方，医療保険からの給付の増大が続いたため，医療保険財政は大幅に悪化した。このため，被用者保険における被保険者本人負担や高齢者の自己負担の引き上げ，さらに老人保健制度の対象年齢を70歳から75歳に引き上げた（公費負担割合は3割から5割に引き上げ）。

　また，新たな高齢者医療制度の創設と，診療報酬改定や医療提供体制の見直しを含む医療費適正化に係る検討が行われ，高齢者医療制度については，2006年の「健康保険法等の一部を改正する法律」により，2008年4月から老人保健制度に代えて，後期高齢者医療制度が実施されることとなった。

　2015年には「持続可能な医療保険制度を構築するための国民健康保険等の一部を改正する法律」が成立し，国民健康保険の都道府県単位化等の改革が行われた。

##  現在の医療保険制度

### ☐ 国民皆保険システムと分立構造

　戦後確立した日本の医療保険制度の特徴は，第1に国民皆保険システムをとっていること，第2にそのシステムが分立する公的医療保険で構成されているということである。**表3-3**は医療保険制度の全体像を示したものであるが，主な公的医療保険は，被用者保険である全国健康保険協会管掌健康保険（協会けんぽ）と健康保険組合管掌健康保険（組合健保）と各種共済，そして地域保険である国民健康保険と後期高齢者医療制度である。これらはすべて法律に基づき，国民皆保険システムを担う公的医療保険である。

　どの公的医療保険に加入するかは，年齢及び働き方によって決まる。まず，75歳以上の後期高齢者は，一律に後期高齢者医療制度に加入する。75歳未満の人は，主にフルタイムで働く被用者とその扶養家族が，勤め先に応じて，協会けんぽや組合健保あるいは各種共済組合といっ

表3-3　医療保険制度の全体像

| | 医療保険 | 保険者（保険者数） | 加入者数（万人） | 加入者構成比 | 被保険者の平均年齢 | 65-74歳の加入者数（万人） | 65-74歳の加入割合 | 国庫補助 |
|---|---|---|---|---|---|---|---|---|
| 被用者保険 | 全国健康保険協会管掌健康保険 | 全国健康保険協会（1） | 4026.5 | 32.2% | 46.0歳 | 332.6 | 8.3% | 給付費等の16.4% |
| | 健康保険組合管掌健康保険 | 健康保険組合（1388） | 2838.2 | 22.7% | 43.3歳 | 100.9 | 3.6% | 後期高齢者支援金の負担が重い組合への補助 |
| | 法第3条第2項被保険者 | 全国健康保険協会（1） | 1.6 | 0.01% | 55.6歳 | 0.4 | 25.0% | 給付費等の一定率 |
| | 船員保険 | 全国健康保険協会（1） | 11.3 | 0.1% | 46.8歳 | 1.3 | 11.5% | 給付費等の一定率 |
| | 国家公務員共済組合 | 国家公務員共済組合（20） | 210.7 | 1.7% | | 2.0 | 0.9% | なし |
| | 地方公務員共済組合 | 地方公務員共済組合（64） | 563.1 | 4.5% | 42.5歳 | 6.3 | 1.1% | なし |
| | 私立学校教職員共済組合 | 日本私立学校振興・共済事業団（1） | 95.2 | 0.8% | | 5.4 | 5.7% | なし |
| 地域保険 | 国民健康保険 | 都道府県及び市町村（1716） | 2536.9 | 20.3% | 54.4歳 | 1207.2 | 47.6% | 前期高齢者支援金分を除く給付費の約50%が公費（国庫41%，都道府県9%）＋保険料軽減分等 |
| | | 国民健康保険組合（161） | 268.3 | 2.1% | 40.2歳 | 34.4 | 12.8% | 給付費等の約40% |
| | 後期高齢者医療制度 | 後期高齢者医療広域連合（47） | 1843.4 | 14.7% | 82.9歳 | 29.1 | 1.6% | 給付費等の約50%が公費（国：都道府県：市町村＝4：1：1）＋保険料軽減分等 |

注：（1）保険者数，加入者数及び構成比は，2021年3月末時点。被保険者平均年齢は，2021年9月末時点。前期高齢者（65-74歳）加入者数は令和3年度平均，同加入割合は，各保険の加入者数で割って算出。

　　（2）法第3条第2項被保険者とは，適用事業所に使用される日雇労働者で，「日雇特例被保険者」として日雇特例被保険者手帳の交付を受けた者のことである。

　　（3）加入者構成比は，公的医療保険適用者を母数としており，生活保護適用者（200.9万人，2021年7月末時点）は除いている。

出所：厚生労働省（2024）「医療保険に関する基礎資料―令和3年度の医療費等の状況」を基に筆者作成。

た被用者保険に加入する。自営業者や農業従事者，パートタイム雇用や非正規雇用などで勤め先の被用者保険に加入できない者，そして無職者等が，地域保険である国民健康保険に加入する。失業や退職等で被用者保険の適用がされなくなれば，国民健康保険に加入しなければならない。国民健康保険法第5条では，「都道府県の区域内に住所を有する者は，当該都道府県が当該都道府県内の市町村とともに行う国民健康保険の被保険者とする」とされており，続く第6条で被保険者にならないものとして，被用者保険の被保険者や後期高齢者医療制度の対象者，そして生活保護受給者などを適用除外として列挙している。つまり，公的医療保険の基盤的な保険は国民健康保険なのである。

### ☐ 保険給付と患者一部負担

　公的医療保険が行う疾病，負傷，出産，死亡についての保険給付の内容は，基本的に共通している（**表3-4**）。保険給付の対象となる医療サービスの公的価格である診療報酬によって計算された医療費と，保険医療で使用できる医薬品の公定価格である薬価基準によって計算された薬剤費については，3歳未満の乳幼児はその額の8割，3歳から69歳の者はその額の7割，70歳以上75歳未満の者は8割（現役並み所得者は7割），75歳以上の者はその額の9割（ただし，現役並み所得者は7割，現役並み所得者以外の一定所得以上の者は8割〔2022年10月から〕）が保険給付される。

　医療費等から保険給付される部分を除いた額が，患者一部負担として，医療サービス等を受けた加入者本人が医療機関等に直接支払うこととなる。患者一部負担が高額となる場合は，所得と年齢に応じて，自己負担を軽減する高額療養費制度がある。

　また，現金給付として，加入者が業務外での病気やケガで働けなくなった場合に給付される傷病手当金，出産に伴い産前・産後休暇を取った際に給付される出産手当金，そして出産した場合に給付される出産育児一時金がある。ただし，国民健康保険及び後期高齢者医療制度では，被用者保険において実施されている傷病手当金，出産手当金については任意給付であり，実際に実施している市町村，後期高齢者広域連合はない。そして，加入者が死亡した後の埋葬に要する費用を補填する埋葬料（葬祭費）がある。[5]

### ☐ 被用者保険——協会けんぽと組合健保，共済組合

　被用者とその扶養家族を対象とした被用者保険には，民間企業に勤務する被用者を対象とした健康保険制度と，国家公務員及び地方公務

表 3 - 4　公的医療保険の給付内容（2024年 6 月現在）

| 給　付 | | 国民健康保険・後期高齢者医療制度 | 健康保険・共済制度 |
|---|---|---|---|
| 医療給付 | 療養の給付<br>訪問看護療養費 | 義務教育就学前：8 割，義務教育就学後から70歳未満：7 割，<br>70歳以上75歳未満：8 割（現役並み所得者：7 割）<br>75歳以上：9 割（現役並み所得者以外の一定所得以上の者：8 割，現役並み所得者：7 割） | |
| | 入院時食事療養費 | 食事療養標準負担額：一食につき490円 | 低所得者：　　　　　　　　　　　　　　　　一食につき230円<br>（低所得者で90日を超える入院：　　　　　一食につき180円）<br>特に所得の低い低所得者（70歳以上）：　一食につき110円 |
| | 入院時生活療養費<br>（65歳〜） | 生活療養標準負担額：一食につき490円（＊）＋370円（居住費）<br>（＊）入院時生活療養（Ⅱ）を算定する保険医療機関では420円 | 低所得者：　　　　　　　　一食につき240円（食費）＋370円（居住費）<br>特に所得の低い低所得者：　一食につき140円（食費）＋370円（居住費）<br>老齢福祉年金受給者：　　　一食につき110円（食費）＋ 0 円（居住費）<br>注：難病等の患者の負担は食事療養標準負担額と同額 |
| | 高額療養費<br>（自己負担限度額） | 70歳未満の者（括弧内の額は，4 ヶ月目以降の多数該当）<br>〈年収約1,160万円〜〉<br>　252,600円＋(医療費−842,000)× 1 ％（140,100円）<br>〈年収約770〜約1,160万円〉<br>　167,400円＋(医療費−558,000)× 1 ％（93,000円）<br>〈年収約370〜約770万円〉<br>　80,100円＋(医療費−267,000)× 1 ％（44,400円）<br>〈〜年収約370万円〉<br>　57,600円（44,400円）<br>〈住民税非課税〉<br>　35,400円（24,600円） | 70歳以上の者（括弧内の額は，4 ヶ月目以降の多数該当）<br>　　　　　　　　　　入院　　　　　　　　外来【個人ごと】<br>〈年収約1,160万円〜〉<br>　252,600円＋(医療費−842,000)× 1 ％（140,100円）<br>〈年収約770〜約1,160万円〉<br>　167,400円＋(医療費−558,000)× 1 ％（93,000円）<br>〈年収約370〜約770万円〉<br>　80,100円＋(医療費−267,000)× 1 ％（44,400円）<br>〈一般〉　　　　　　57,600円　　　　　　　　　　18,000円<br>　　　　　　　　　（44,400円）　　　　　[年間上限144,000円]<br>〈低所得者〉　　　　24,600円　　　　　　　　　　 8,000円<br>〈低所得者のうち特に所得の低い者〉15,000円　　8,000円 |
| 現金給付 | 出産育児一時金[(1)] | 被保険者又はその被扶養者が出産した場合，原則42万円を支給。国民健康保険では，支給額は，条例又は規約の定めるところによる（多くの保険者で原則42万円）。 | |
| | 埋葬料[(2)] | 被保険者又はその被扶養者が死亡した場合，健康保険・共済組合においては埋葬料を定額 5 万円を支給。また，国民健康保険，後期高齢者医療制度においては，条例又は規約の定める額を支給（ほとんどの市町村，後期高齢者医療広域連合で実施。1 〜 5 万円程度を支給）。 | |
| | 傷病手当金 | 任意給付 | 被保険者が業務外の事由による療養のため労務不能となった場合，その期間中，最長で 1 年 6 ヶ月，1 日に付き直近12か月の標準報酬月額を平均した額の30分の 1 に相当する額の 3 分の 2 に相当する金額を支給 |
| | 出産手当金 | | 被保険者本人の産休中（出産日以前42日から出産日後56日まで）の間，1 日に付き直近12か月の標準報酬月額を平均した額の30分の 1 に相当する額の 3 分の 2 に相当する金額 |

注：(1) 後期高齢者医療制度では出産に対する給付がない。また，健康保険の被扶養者については，家族出産育児一時金の名称で給付される。共済制度では出産費，家族出産費の名称で給付。
　　(2) 被扶養者については，家族埋葬料の名称で給付，国民健康保険・後期高齢者医療制度では葬祭費の名称で給付。
出所：厚生労働省「我が国の医療保険について」（https://www.mhlw.go.jp/stf/seisakunitsuite/bunya/kenkou_iryou/iryouhoken/iryouhoken01/index.html）より抜粋。

員，そして私立学校教職員を対象とした共済制度がある。健康保険制度と共済制度では，若干の違いがあるものの，被用者保険としての共通した特徴がある。以下では，健康保険制度を対象に説明する。

### ①　適用事業所と被保険者，保険者

健康保険法第 1 条（目的）では，労働者またはその被扶養者の業務災害以外の疾病，負傷若しくは死亡または出産に関して保険給付を行い，もって国民の生活の安定と福祉の向上に寄与することを目的とする，とされている。

同法第 3 条では，健康保険が適用される事業所が列挙されており，常時 5 人以上の従業員を使用するほぼすべての事業所及び国や地方公共団体，株式会社等の法人事業所（常時 5 人未満も含む）は，事業主や従業員の意思に関係なく，適用事業所として，健康保険が強制適用される。適用事業所に当てはまらない 5 人未満の個人事業所等でも，被保険者となる従業員の 2 分の 1 以上の同意を得ることで，認可を得て，適用事業所とすることができる。

適用事業所に雇用される従業員は，日雇い等臨時雇用の場合を除き，原則として健康保険の被保険者となる。この被保険者の扶養家族は，被扶養者として同じ健康保険に加入することとなる。被扶養者となるものは，被保険者の直系尊属，配偶者（事実上婚姻関係と同様の事情にある者を含む），子，孫及び兄弟姉妹であって，主としてその被保険者により生計を維持するもの，被保険者の三親等内の親族で被保険者と同一の世帯に属し，主としてその被保険者により生計を維持するもの等とされている。また退職後も被保険者の申し出により 2 年間を限度として引き続きそれまでの健康保険の被保険者となることができる制度もある（任意継続被保険者制度）。

健康保険の保険者は，全国健康保険協会と健康保険組合である。全国健康保険協会は，2008年 9 月までは国（社会保険庁）が保険者として運営していた政府管掌健康保険を引き継ぎ，2008年10月に公法人として設立された。全国健康保険協会は，都道府県ごとに支部（47支部）があり，都道府県単位での保険料率を設定するなど，保険者としては 1 つであるが，都道府県単位での財政運営を基本としている。

健康保険組合は，一定規模以上（従業員700人以上〔政令で定める〕）の企業が，国の認可を受けて単独で設立でき（単一健保組合），また従業員3,000人以上の同業種の複数の企業が共同で設立できる（総合健保組合）。健康保険組合の数は，最も多いときで1,827組合（1992年 5 月時点）あったが，2024年 4 月には1,379組合にまで減少している。健保組合が解散した場合は，全国健康保険協会管掌健康保険に加入すること

となる。

### ② 健康保険の財源

　健康保険の主な財源は，保険料収入及び国庫負担である。保険料は，被保険者の標準報酬月額及び標準賞与額に保険料率を乗じた額として算定され，原則労使折半で負担する[6]。標準報酬月額は，給与のほかに諸手当等も含んだ報酬月額（原則4月から6月の3カ月間の報酬の平均額）を，第1級5万8,000円（報酬月額6万3,000円未満）から第50級139万円（報酬月額135万5,000円以上）の幅で区分したもので決定される。標準賞与額は，実際の賞与額の1,000円未満の端数を切り捨てて決定され，その年間上限額は573万円である。

　保険料率は，協会けんぽについては都道府県ごとに，組合健保については組合ごとに決定される。協会けんぽの保険料率は，法律上3％から13％の範囲内で，都道府県ごとに毎年決定される。2024年4月の協会けんぽの平均保険料率は10％であるが，最高10.42％（佐賀県）から最低9.35％（新潟県）まで差がある。それは都道府県ごとの医療費の違いが保険料率に反映されているからであり，その中には全国一律の後期高齢者医療制度への支援金分の保険料率（2024年度3.42％）が含[7]まれる。また，組合健保の保険料率は，組合ごとに規約で定めており，事業主負担の割合を2分の1よりも引き上げることが可能となっている。2022年度の平均保険料率は9.3％であるが，高齢者医療への拠出金の負担割合の増加もあって，年々引き上げられている[8]。

　国庫負担は，毎年度，予算の範囲内に応じて健康保険事業の事務執行に要する費用を負担している。さらに，協会けんぽについては，保険料の抑制や財政安定化の観点から，医療給付費及び後期高齢者支援金分の16.4％の額を国庫で補助している[9]。

### 🔲 国民健康保険──地域保険①

　国民健康保険は，「都道府県の区域内に住所を有する者」を国民健康保険の被保険者とする（国民健康保険法第5条）としており，その被保険者にならない者として，被用者保険と後期高齢者医療制度の加入者，生活保護受給世帯等を適用除外として列挙している（同法第6条）。ほかの公的医療保険に加入しておらず，生活保護（医療扶助）を受給していないすべての住民を対象としており，国民健康保険は，国民皆保険システムを支える基盤（セーフティネット）となっている。

### ① 被保険者と保険者

　国民健康保険法第1条はその目的として，国民健康保険事業の健全な運営を確保し，社会保障及び国民保健の向上に寄与するとしている。

上述のように，被保険者は，ほかの公的医療保険に加入しておらず，生活保護受給世帯以外のすべての住民ということとなり，被用者保険とは異なり，世帯員一人ひとりが被保険者となる。

国民健康保険の保険者は，都道府県及び当該都道府県内の市町村（特別区含む）と国民健康保険組合である。2017年度までは市町村（特別区含む）が国民健康保険事業の実施義務を課された保険者であったが，2015年の国民健康保険改革によって，都道府県及び当該都道府県内の市町村（特別区含む）が，国民健康保険の運営を協力して行うことになった（国民健康保険法第3条）。都道府県は財政運営の責任主体として，安定的な財政運営や事業の効率化を目指すとされ，市町村はこれまで通りの役割として，被保険者証の発行や保険料率の決定・賦課・徴収，保険給付の決定等を行う。

国民健康保険組合は，同種の事業や業務に従事する者300人以上で組織される公法人であり，現在，国民健康保険組合を設立している主な業種は，医師，歯科医師，薬剤師，食品販売業，土木建築業，理容美容業，浴場業，弁護士等である。

② **国民健康保険の財源**

都道府県・市町村国民健康保険を対象に，その財源を見てみよう（図3-1）。都道府県・市町村国保の主な財源は，保険料（税），国庫負担金，そして都道府県繰入金等である。医療給付費等の総額のうち，後述する被用者保険からの前期高齢者医療費負担への財政支援である「前期高齢者交付金」を除く残りの部分については，保険料50％，公費負担50％で賄うことを原則としている。

公費負担についてみてみると，定率国庫負担が給付費等の32％，国による調整交付金が同9％となっている。国による調整交付金は，都道府県間の財政力の不均衡（医療費や所得水準など）を調整するために交付される普通調整交付金（7％）と，画一的な測定方法によって措置できない都道府県・市町村の特別の事情（災害など）を考慮して交付される特別調整交付金（2％）で構成される。2018年度改革実施前は，市町村単位での財政力の不均衡や特別の事情を考慮して交付されていたが，改革後は都道府県単位での調整となった。また，都道府県が負担する都道府県繰入金は，給付費等の9％となっている（2018年度改革以前は財政調整機能の強化と市町村国保財政の共同事業の拡大の円滑な推進等のために調整交付金として支出）。

なお，給付費等の50％を保険料で賄うとされているが，実際には各種共同事業や支援制度によって，国や都道府県，そして市町村からより多くの租税資金が投入されている。主な目的別にみると，①高額な

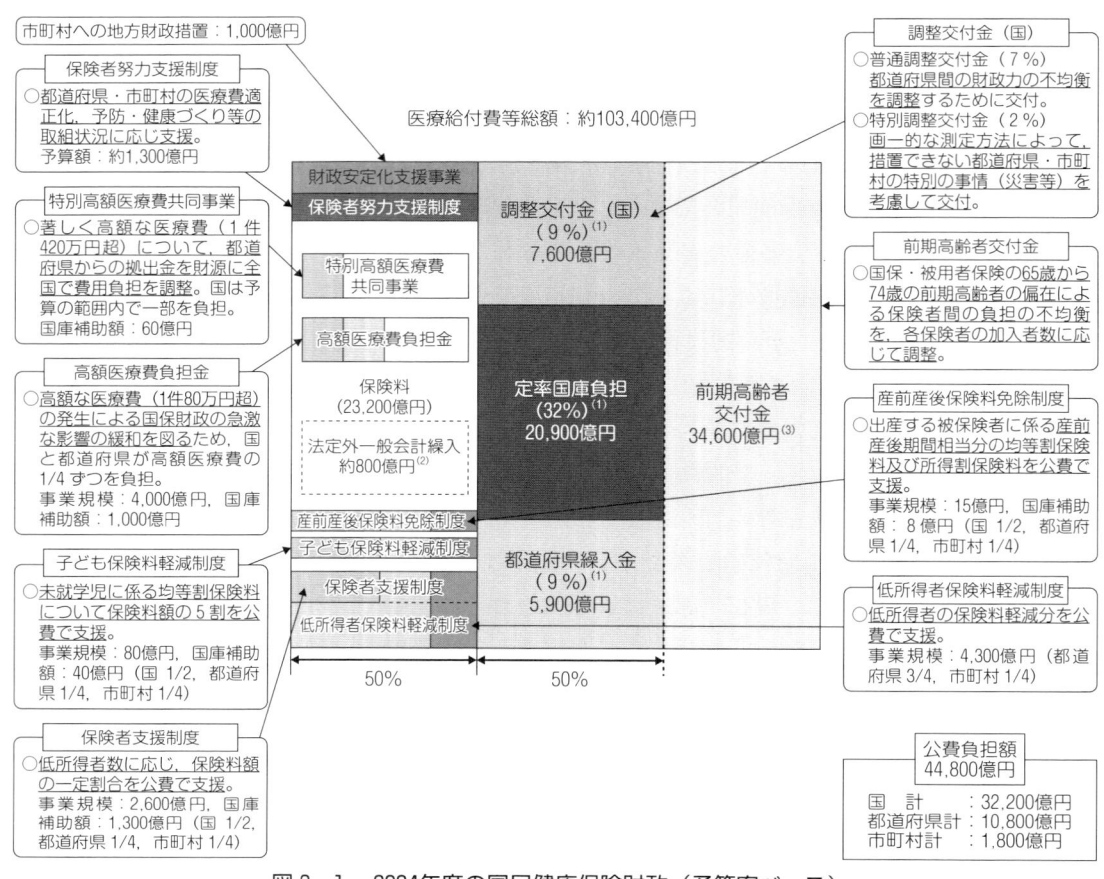

図 3-1 2024年度の国民健康保険財政（予算案ベース）

注：(1) それぞれ保険給付費等の9％，32％，9％の割合を基本とするが，定率国庫負担等のうち一定額について，財政調整機能を強化する観点から国の調整交付金に振りかえる等の法律上の措置がある。
(2) 令和3年度決算における決算補填等の目的の一般会計繰入の額。
(3) 退職被保険者を除いて算定した前期高齢者交付金額であり，実際の交付額とは異なる。

出所：厚生労働省・全国高齢者医療・国民健康保険主管課（部）長及び後期高齢者医療広域連合事務局長会議「保険局国民健康保険課説明資料」2024年3月19日。

➡インセンティブ措置

保険者努力支援制度は，国からの予算配分を，市町村および都道府県における様々な取り組み指標に基づく評価により決定している。2020年度からは，配分適正かつ健全な事業運営の実施状況の指標として「法定外繰入の解消等」が加えられ，マイナス点も設定し，より取り組みを強化した。

医療費発生による国保財政への影響緩和のため（高額医療費負担金及び特別高額医療費共同事業），②法律に基づく保険料軽減による国保財政への影響緩和のため（保険者支援制度及び低所得者保険料軽減制度，子ども保険料軽減制度，産前産後保険料免除制度），③保険料水準を抑制するため（法定外繰入をする市町村への地方財政措置（地方交付税交付金）），④医療費適正化に向けたインセンティブのための諸制度（保険者努力支援制度）がある（国と地方公共団体間での財政負担割合については図3-1参照）。ただし，2018年度の国保改革においては，保険制度としての負担と給付の透明化に加え，国による財政支援を拡充したことからも，市町村による法定外繰入は早期に解消すべき課題とされており，2020年度には市町村による法定外繰入等についても保険者努力支援制度の中で早期解消を図るよう，**インセンティブ措置**➡が付与され

た。

### ③　保険料賦課

　国民健康保険の保険料は，市町村（特別区含む）が世帯主から被保険者となる世帯員全員分を徴収する。地方税法の規定に基づき，国民健康保険税を課すことも可能となっているため，保険料ではなく収納効果が大きいとされる税方式を採用している市町村が多くなっている。その場合，世帯主が国民健康保険以外の公的医療保険の被保険者であったとしても，世帯員に国民健康保険の被保険者がいれば，世帯主宛に保険税の賦課・徴収の通知が届くこととなる（以下では，簡素化のため，保険料とのみ表記する）。

　国民健康保険料は，（a）医療給付費分，（b）後期高齢者支援金分，（c）介護納付金分を合計したものとして世帯ごとに計算される。2018年度から，都道府県が財政運営の責任主体となったことで，都道府県は，都道府県内の統一的な運営方針としての国保運営方針を示し，市町村ごとの医療費水準と所得水準を考慮して国民健康保険事業納付金を決定し，さらに，市町村ごとの標準保険料率を提示する。市町村は，都道府県に対して国民健康保険事業納付金を納めなければならないが，都道府県が提示する標準保険料率を参考にしつつ独自に保険料率を決定し，保険料を賦課・徴収する。

　保険料の算定方法は市町村により異なり，4方式（（ア）所得割，（イ）資産割，（ウ）被保険者均等割，（エ）世帯平等割の賦課方式を組み合わせる方式），3方式（（ア）（ウ）（エ）の組み合わせ），2方式（（ア）（ウ）の組み合わせ）のいずれかの方法で算定される。国は年間保険料の賦課限度額を設定しており，加入者の医療費分が65万円，後期高齢者医療支援分が24万円（いずれも1世帯当たり，2024年度）となっている。賦課限度額は国保財政を改善するためとして引き上げが続いており，2025年度には加入者の医療費分の上限を1万円引き上げ66万円とし，後期高齢者医療支援分については2万円引き上げ26万円とし，今後も上限引き上げを検討するとしている。

　なお，低所得世帯に対しては，法定減額制度があり，適用されると保険料の応益負担部分である均等割と平等割が減額される。また，独自の制度として，退職，廃業，営業不振などにより前年所得より大幅に減少すると見込まれる場合，自然災害などによる被害にあった場合などに，保険料を減額・減免する制度がある市町村もある。

### ❏　高齢者医療制度——地域保険②

　高齢者医療については，1980年代以降老人保健制度と退職者医療制

度によって，高齢者はそれぞれ国保・被用者保険に加入したまま，高齢者医療費については制度間で費用分担するということで運用されてきた。しかし，高齢者の加入率が低い被用者保険の保険者からは，老人医療費拠出金の負担金の増大と現役世代と高齢者との費用負担の関係が不明確であるとの批判が高まっていた。様々な改革案の検討の結果，75歳以上の後期高齢者については独立した医療制度を創設し，65歳から74歳の前期高齢者については，保険者間での負担の不均衡を調整する仕組みを創設するという医療制度改革大綱に基づき，2006年の法改正を受けて，2008年から新たに前期高齢者財政調整制度と，後期高齢者医療制度が実施されている。

### ①　前期高齢者財政調整制度

65歳以上74歳以下の前期高齢者についても，第1節でみたように現役世代と比較するとより多くの医療費がかかることと，前期高齢者の約7割が国民健康保険に加入している状況から，前期高齢者の医療費負担についても新たに保険者間での費用負担の調整の仕組み（前期高齢者財政調整制度）が創設された（図3-2）。

前期高齢者財政調整制度の仕組みは，前期高齢者加入率の全国平均を基準として，国民健康保険と被用者保険における前期高齢者の加入率と比した時に，全国平均を下回る被用者保険は納付金を拠出し，それを上回る国民健康保険は交付金を受け取る，というものである。社会保険診療報酬支払基金は，保険者からの前期高齢者納付金の徴収及び交付の業務を担っている。

なお，国は健康保険組合，共済組合及び私立学校振興・共済事業団を対象に，高齢者医療支援金等負担金助成事業を年度予算の範囲で行っており，拠出金負担が重い保険者に対して助成金を支給し，負担の軽減措置を行っている。

### ②　後期高齢者医療制度の被保険者と保険者

後期高齢者医療制度の被保険者は，75歳以上の高齢者と65歳以上の一部障害者である。ただし，75歳以上であっても生活保護受給世帯は適用除外となる。

後期高齢者医療制度の運営主体（保険者）は，都道府県のごとに設立された後期高齢者医療広域連合である。後期高齢者医療広域連合は，都道府県ではなく，当該都道府県にあるすべての市町村が，後期高齢者医療の事務を処理するために設立し，加入しなければならないものである（高齢者の医療の確保に関する法律第48条）。広域連合は，被保険者の認定，保険証の発行，保険料の決定，医療給付等を行うが，実際の届出などの窓口は市町村となる。市町村は，保険証の引き渡し，加

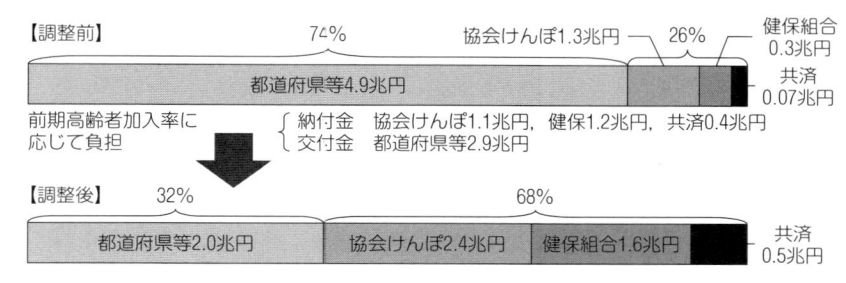

**図 3-2　前期高齢者に係る財政調整（2024年度予算案ベース）**

出所：厚生労働省・全国高齢者医療・国民健康保険主管課（部）長及び後期高齢者医療広域連合
　　　事務局長会議「保険局高齢者医療課説明資料」2024 年 3 月19日。

入・脱退の届出の受付，保険料の徴収，給付申請等を行っている。

### ③　後期高齢者医療制度の財源

　75歳以上の高齢者の医療費については，国民皆保険システムを構成する各公的医療保険がその医療費を分担し，さらにその財政調整の仕組みを国や地方公共団体が租税資金の投入によって支えている（図 3 - 3）。医療給付に係る費用のうち，約 5 割が公費負担（国，都道府県，市町村が 4：1：1 の割合で負担），約 4 割が現役世代の保険料（後期高齢者支援分），残り約 1 割が被保険者である後期高齢者の保険料によって賄うとしている。ただし，後期高齢者の保険料で負担する割合は，現役世代の人口の減少に伴う現役世代一人当たりの後期高齢者交付金の増加分を，後期高齢者と現役世代で折半して負担することとしており，2 年毎に政令で定めている。これにより，2024・2025年度の後期高齢者の保険料負担割合は12.67％と，制度創設以来，徐々に引き上げられている。

　後期高齢者医療制度の保険料は，都道府県単位で 2 年毎に均等割額と所得割率が定められ，この 2 つを足して算出される。均等割額とは，被保険者全員に均一にかかる定額負担部分であり，応益負担といえる。所得割率は，被保険者の所得に乗じる保険料率であり，応能負担といえる。2024・2025年度の均等割額（年額）の全国平均は 5 万0,398円，全国平均所得割率は10.21％（被保険者一人当たり平均月額7,082円）であり，改定ごとに上昇している。世帯の所得が一定以下の場合には，所得に応じて均等割を 7 割，5 割，2 割軽減する制度が設けられており，また他の公的医療保険の元被扶養者については後期高齢者医療制度の被保険者となって 2 年間は均等割を 5 割軽減する制度がある。

　ただし，制度施行にあたっての激変緩和の観点から，創設当初から毎年度予算による特例措置として均等割の上乗せ軽減（7 割軽減の対象者に対して，さらに所得に応じて 9 割ないし8.5割軽減）や所得割の軽減，

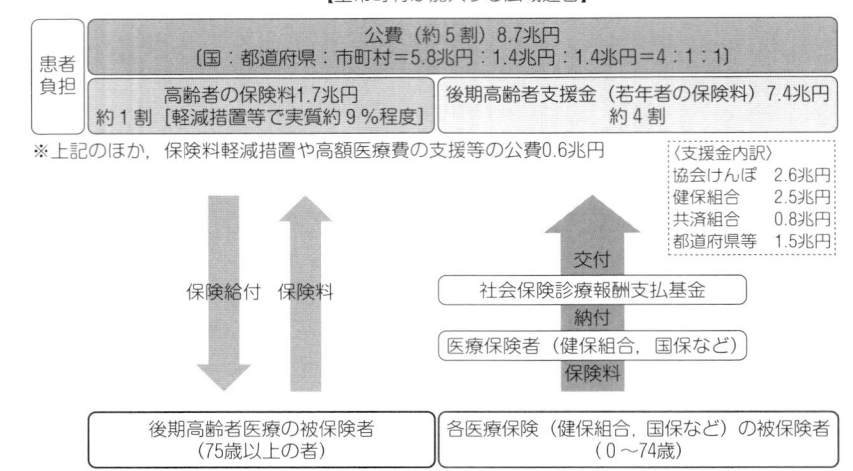

【全市町村が加入する広域連合】

患者
負担

公費（約5割）8.7兆円
〔国：都道府県：市町村＝5.8兆円：1.4兆円：1.4兆円＝4：1：1〕

高齢者の保険料1.7兆円
約1割［軽減措置等で実質約9％程度］

後期高齢者支援金（若年者の保険料）7.4兆円
約4割

※上記のほか，保険料軽減措置や高額医療費の支援等の公費0.6兆円

（支援金内訳）
協会けんぽ　2.6兆円
健保組合　　2.5兆円
共済組合　　0.8兆円
都道府県等　1.5兆円

保険給付　保険料

交付

社会保険診療報酬支払基金

納付

医療保険者（健保組合，国保など）

保険料

後期高齢者医療の被保険者
（75歳以上の者）

各医療保険（健保組合，国保など）の被保険者
（0〜74歳）

※各医療保険者が負担する後期高齢者支援金は，後期高齢者支援金に係る前期財政調整を含む。

**図3-3　後期高齢者医療制度の財源構成（2024年度予算ベース）**

出所：図3-2と同じ。

他の公的医療保険の元被扶養者の資格取得後2年間の均等割額の上乗せ軽減（9割軽減）や3年目以降の5割軽減継続の措置を行ってきた。しかし，2017年度から徐々に特例措置の見直しが行われ，所得割軽減については2018年度から，均等割については2021年度から特例措置がすべて廃止された（ただし，元被扶養者だった人の所得割については引き続き賦課なし）。

## □ 公費医療

　日本の医療保障は，これまで見てきたように公的医療保険による保険給付が中核となっているが，福祉や公衆衛生の観点から，国や地方公共団体が費用を負担して実施する公費医療も存在する。その目的としては，①障害児・障害者への支援（障害者総合支援法等），②児童福祉，母子保健の充実（児童福祉法，母子保健法），③疾病対策（難病法や感染症法等），④戦争に関連する国家補償や公害等による被害救済（原爆被害者援護法等），⑤経済的弱者の救済（生活保護法等），が挙げられる。

　公費医療は法律に基づき，あるいは国の予算措置による事業として実施されている。制度ごとに，国，都道府県，市町村が実施主体として定められ，地方公共団体がその窓口となっている。対象となる患者は，申請することで受給者証等の交付を受け，指定医療機関・契約医療機関で必要な医療を受けることとなる。公費医療の多くは，まずは公的医療保険からの給付が行われ，患者一部負担等を公費が負担する

保険優先で行われている。

　また，地方公共団体は，独自財源で，管轄内に住所のある公的医療保険加入者を対象とした福祉医療費支給制度を実施している。具体的には，住民である公的医療保険加入者の患者一部負担額の全額あるいは一部を，租税資金により助成している。市町村が実施する医療費助成制度に対して，都道府県がその財源を補助していることも多い。例えば，京都府・京都市であれば，①老人医療費支給制度，②重度心身障害者医療費支給制度，③重度障害老人健康管理費支給制度，④ひとり親家庭等医療費支給制度，⑤子ども医療費支給制度の 5 つの福祉医療費支給事業を実施しているが，⑤の子ども医療費支給制度については，府の定めた対象年齢，助成水準までの各市町村の当該事業費について，府がその 2 分の 1 を上限に財政補助している。ただし，全国すべての市町村が実施する子ども医療費支給制度については，対象年齢基準，患者一部負担の軽減水準，所得制限の有無等，市町村により違いがある。[10]

 # 4　医療保険制度の課題

　国は，高齢者医療制度の確立，そして国保改革を通じて，医療保険制度の持続可能性を確保することを旗印に，予防・健康づくりと医療費適正化計画（平均在院日数の短縮，後発医薬品の使用促進，生活習慣病の予防等）を推進する一方，高齢化のさらなる進展に伴う医療費の増加に対しては，租税投入による国家責任の強化ではなく，受益者負担の増加，保険者間での財政調整・財政支援を社会連帯の論理で打ち出している。また，医療サービス提供体制に関しては，団塊の世代が後期高齢者となる2025年を展望して，病床の機能分化・連携，在宅医療・介護の推進，地域包括ケアシステムの構築といった医療・介護サービスの提供体制の改革が急務の課題とされている。

　様々な課題がある中で，医療財政問題の焦点は，高齢者医療費をどう支えるか，そして国保の財政運営である。高齢者医療費の財政負担については，保険者間での財政調整・財政支援，具体的には職域保険から市町村国保及び後期高齢者医療制度への拠出に大きく依存するようになっており，保険料の引き上げが相次いで行われている。特に，協会けんぽは中小企業の労働者やその家族が多く加入しており，保険料率の引き上げは負担が大きい。他方で，後期高齢者の保険料も少子

高齢化の進展とともに引き上げられ，患者一部負担の引き上げも実施されている。高齢者医療費の財政負担については，高齢者への過重な負担と世代間対立を生まないよう，公費の割合を高める必要がある。

　また，国保の都道府県化により，市町村国保の抱える構造的問題（年齢構成の高さ，所得水準の低さ，保険料負担の過重，小規模保険者，市町村間での保険料及び財政力格差）に十全に対応できるのか，注視する必要がある。国保においては，保険料収納率が低下し，滞納世帯数が増加している。未納・滞納期間が長期にわたると短期被保険者証への切り替えや資格証明書への切り替えが行われる[11]。国民皆保険システムの基盤である国保及び後期高齢者医療制度においては，保険料負担可能性を高める方策も必要であろう。

## ○注 ─────────

(1)　2024年12月 2 日以降は，資格異動に伴う被保険者証の新規交付はなされず（つまり被保険者証は廃止），保険証利用登録をしたマイナンバーカード（「マイナ保険証」）を利用する仕組みに移行した（ただし，経過措置あり）。

(2)　日本の医療保険制度の発展については，吉原健二・和田勝（2020）『日本医療保険制度史 第 3 版』東洋経済新報社が詳しい。

(3)　吉原健二・和田勝（2020）『日本医療保険制度史 第 3 版』東洋経済新報社。

(4)　「朝日新聞」1961年 4 月11日付朝刊。

(5)　国民健康保険及び後期高齢者利用制度では，被用者保険において実施されている傷病手当金，出産手当金については任意給付であり，実際に実施している市町村，後期高齢者広域連合はない。

(6)　任意継続被保険者は，全額加入者本人が負担する。また，育児・介護休業法等に基づき，被保険者が育児休業等を取得した場合，育児休業等期間中の健康保険の保険料は，厚生年金保険料とともに，被保険者負担分・事業主負担分とも，事業主の申出により免除される。

(7)　2018年度からは新たにインセンティブ（奨励金）制度が導入され，2020年度から保険料率に反映されることとなった。具体的には，特定検診の受診率や後発医薬品（ジェネリック医薬品）の使用割合等を評価指標として，その実績に応じて得点をつけ，その得点をランキングづけし，47支部中上位23支部に報奨金を充てることによって保険料率（後期高齢者支援金分）を引き下げるとしている。

(8)　健康保険組合連合会（2023）「健康保険組合の現勢（令和 4 年 3 月末現在）」。

(9)　協会けんぽへの国庫補助は，健康保険法において医療給付費分等の13％から20％の範囲で定めた割合を乗じた額とされている。2010年度にそれまでの13％から16.4％に引き上げられた。

(10)　詳しくは，長谷川千春（2024）「市町村と医療福祉」塚谷文武・橋都由加子・長谷川千春・久本貴志・渋谷博史『新版 福祉国家と地方財政──地方公共団体の「現場」を支える財政の仕組み 第 2 版』学文社，参照。

(11)　2020年 6 月 1 日時点の国民健康保険の滞納世帯数は約235.3万世帯で，全体数の13.4％であり，そのうち短期被保険者証交付世帯数は56.9万世帯（滞納世帯の24.2％），資格証明書交付世帯数は12.4万世帯（同5.3％）である

（厚生労働省〔2022〕「令和 2 年度国民健康保険（市町村国保）の財政状況について」）。

## ○参考文献 ─────

健康保険組合連合会（2023）「健康保険組合の現勢（令和 4 年 3 月末現在）」。

厚生労働省（2022）「令和 2 年度（2020）国民医療費の概況」。

厚生労働省（2022）「令和 2 年度国民健康保険（市町村国保）の財政状況について」。

厚生労働省（2023）「医療保険に関する基礎資料──令和 2 年度の医療費等の状況」。

厚生労働省（2023）「全国高齢者医療・国民健康保険主管課（部）長及び後期高齢者医療広域連合事務局長会議資料」（2023年 4 月14日）。

長谷川千春（2024）「市町村と医療福祉」塚谷文武・橋都由加子・長谷川千春・久本貴志・渋谷博史『新版　福祉国家と地方財政──地方公共団体の「現場」を支える財政の仕組み（第 2 版）』学文社。

吉原健二・和田勝（2020）『日本医療保険制度史　第 3 版』東洋経済新報社。

# ■ 第4章 ■
# 介護保険制度

 私たちの生活と介護保険制度

## ☐ 人口構造の変化と家族の介護機能の縮小

　日本は，医療技術の進歩や保健衛生水準の向上等によって平均寿命が伸長する一方で，出生率の低下による若年人口の減少により少子高齢化が進行している。日本は，1970年に高齢化率（総人口に占める65歳以上人口）が7％を，1994年には14％を超え，高齢化が急速に進行した。西欧諸国の高齢化率が7％から14％に至るまでの期間は，フランスでは115年，イギリスでは47年，ドイツでは40年でというなかで，日本は24年間という速さで高齢化社会から高齢社会に至った点が，日本の高齢化の特徴といえる。

　その後，日本は2005年に高齢化率が20％を超え，2024年9月15日現在では高齢化率は29.3％となっている。このように，諸外国が経験したことがない超高齢社会に突入しているが，今後も高齢化の進展は予測され，団塊ジュニア世代が65歳以上になる2040年を視野に入れた対応が求められている。

　また，少子高齢化の下で世帯構造も変化しており，世帯単位が縮小し高齢者世帯が増加している。「2022年国民生活基礎調査」によれば，日本の平均世帯人員は，1953年の5.00人から2018年の2.25人へと減少し，1992年以降，3人を下回っている。また，「65歳以上の者のいる世帯」は全世帯の50.6％（約2,747万4,000世帯）で，その世帯構造をみると，「夫婦のみの世帯」が32.1％（約882万1,000世帯）と最も多く，次いで「単独世帯」が31.8％（約873万世帯），「親と未婚の子のみの世帯」が20.1％（約511万4,000世帯）となっている。

　さらに，女性の雇用機会の拡大や扶養意識の変化等によって，家族の介護機能は縮小しており，医療技術等の進歩による介護の重度化・長期化もあわさって，介護を家族で担っていくことは難しくなっている。そのため，高齢者夫婦の「老老介護」，遠くに住む嫁や娘・息子などが介護を担う「遠距離介護」，子育てと親や親族の介護を同時に行う「ダブルケア」の問題が起こっている。今後は，要介護者だけでなく，要介護者を抱える家族の支援も含めて，高齢者の介護問題を社会全体で解決する必要がある。

### ❏ 老人福祉，老人保健・医療制度の問題

　これまで高齢者の介護は主に家族（特に女性）を中心として行われていたが，介護保険制度導入以前から，政府は高齢者保健福祉施策の充実を目指し政策を実施してきた。高齢者介護及びその関連する公的なサービスは，主に老人福祉，老人保健・医療制度から提供されていた。

　老人福祉制度は，措置制度の下で介護サービス（特別養護老人ホームへの入所，デイサービスの利用やホームヘルパーの派遣）の提供を実施してきた。しかし，措置制度の下では，①利用者によるサービス選択が難しい，②市町村や公的な団体中心のサービス提供により競争原理が働かずサービスが画一的になりやすい，③応能負担により中高所得層にとっては利用者負担が重い，④サービス利用に際して伴う心理的抵抗感，などの問題が残っていた。

　一方で，老人保健・医療制度では，社会的入院等により医療サービスが非効率に利用されていることや病院では長期療養の環境が整っていないことなどが問題となっていた。社会的入院とは，老人福祉制度から提供される在宅・施設サービスの不足から，病状が安定しても自宅へ戻ることや福祉施設へ入所することができず，本来は生活をする場所として位置づけられていない病院に要介護高齢者が長期間入院するということである。

　そして，同じような状態で介護を必要とする高齢者が，これらの別々の制度の利用によって異なる対応がとられ，老人福祉制度と老人保健・医療制度の間で，利用手続きや利用者負担の面における不整合や不均衡が生じていたことも問題であった（図4−1）。そのため，老人福祉，老人保健・医療制度のあり方を見直し，これからの時代に応じた，新しい介護保障システムが求められたのである。

## 2　介護保険制度の発達——明治以降

### ❏ 明治期から1950年代まで——貧困問題から多様な生活問題へ

　明治期は，高齢者の扶養や介護は家族が家庭で行なうものという規範意識が強く，子どもも多かったことや寿命も短く高齢者人口が少なかったことから，社会問題として高齢者問題が取り上げられることはあまりなかった。明治期から昭和初期の公的施策は主に貧困問題で，恤救規則（1874年）では身寄りのない生活困窮者（浮浪者や孤児，孤老

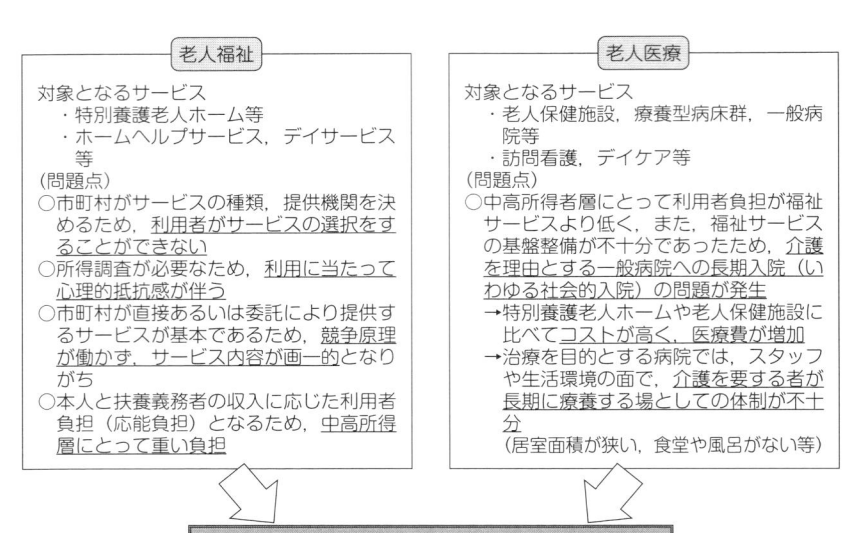

| 老人福祉 | 老人医療 |
|---|---|
| 対象となるサービス<br>　・特別養護老人ホーム等<br>　・ホームヘルプサービス，デイサービス<br>　　等<br>（問題点）<br>○市町村がサービスの種類，提供機関を決<br>　めるため，利用者がサービスの選択をす<br>　ることができない<br>○所得調査が必要なため，利用に当たって<br>　心理的抵抗感が伴う<br>○市町村が直接あるいは委託により提供す<br>　るサービスが基本であるため，競争原理<br>　が働かず，サービス内容が画一的となり<br>　がち<br>○本人と扶養義務者の収入に応じた利用者<br>　負担（応能負担）となるため，中高所得<br>　層にとって重い負担 | 対象となるサービス<br>　・老人保健施設，療養型病床群，一般病<br>　　院等<br>　・訪問看護，デイケア等<br>（問題点）<br>○中高所得者層にとって利用者負担が福祉<br>　サービスより低く，また，福祉サービス<br>　の基盤整備が不十分であったため，介護<br>　を理由とする一般病院への長期入院（い<br>　わゆる社会的入院）の問題が発生<br>　→特別養護老人ホームや老人保健施設に<br>　　比べてコストが高く，医療費が増加<br>　→治療を目的とする病院では，スタッフ<br>　　や生活環境の面で，介護を要する者が<br>　　長期に療養する場としての体制が不十<br>　　分<br>　　（居室面積が狭い，食堂や風呂がない等） |

従来の老人福祉・老人医療制度による対応には限界

**図4-1　介護保険制度創設前の制度の問題点**

出所：厚生労働省老健局「公的介護保険制度の現状と今後の役割（平成30年度）」（https://www.mhlw.go.jp/content/0000213177.pdf）。

➡聖ヒルダ養老院
英国聖公会婦人伝導師エリザベス・ソートン師によって設立された日本初の老人ホーム。

など）を支援対象とした。また，1895年には高齢者を収容保護する日本最初の養老院として**聖ヒルダ養老院**➡が創設され，その後も全国に養老院は広がっていったが，それらは民間の篤志家や宗教家等が中心となって設立されたものが多かった。そして，救護法（1929年）では救護施設の一つとして「養老院」が位置づけられ，公的な制度の枠組みの中で養老事業が実施された。

　第二次世界大戦後も，高齢者問題に対する施策は主に生活困窮者を対象としたものであり，1950年に全面改正された生活保護法において養老院は養老施設となった。また，1950年代後半の高齢者問題は，主に国民年金制度の創設や生活保護制度の対応で行われ，それは所得保障が中心であった。

　そして，高度成長の過程を通じて，高齢者問題は経済的に困窮している高齢者を中心とした施策から，一般の高齢者を含めた施策へと範囲を拡大していくことになる。それは，貧困問題を中心とした高齢者施策に対して，貧困以外の新しい高齢者問題が登場してくることと関係しており，1950年代後半の養老施設での問題からうかがうことができる。この時期の養老施設では，高齢者の貧困以外の問題として，住宅問題（所得が高いため入所資格はないが他に行く場所のない高齢者の入所希望），医療・介護問題（疾病にかかる・体力をなくした高齢者の支援）が徐々に登場しはじめた。1950年代後半には有料老人ホームが誕生したことからもわかるように，高齢者を取り巻く問題が多様化し，貧困問題だけでなくそれ以外の生活問題に対応するための施策が必要にな

ってきたのである。このように，1950年代後半には，高齢者の貧困問題以外の新しい問題が登場しはじめるが，この時期にそれらに対する本格的な対策は国家レベルでは登場していない。

## ☐ 老人福祉法制定

　1950年代半ばから日本は高度成長期に突入し，政府は1960年に「所得倍増計画」を打ち出した。経済の急速な成長によって社会保障制度の給付内容も大幅に改善され，1960年代は国民皆保険・皆年金体制の達成（1961年），社会福祉分野では福祉六法体制が整う時期でもあった。そして，この時期は，福祉サービスが拡大・多様化し，社会福祉が救貧制度から徐々に防貧制度へと移行する時期であった。

　高齢者福祉分野では，社会福祉の救貧制度から防貧制度への移行を示す具体的な事例として「軽費老人ホーム」が登場する。1950年代に登場した有料老人ホームは，要保護層ではない高齢者にとっても割高であった。そのため，有料老人ホームには入れないが，要保護層ではなく貧困以外の問題を抱えた高齢者に対する対策として，軽費老人ホームが発足する。1961年に社会局長通知「軽費老人ホームの設置及び運営について」により，一定基準以上の有料老人ホームに対して国庫補助を行うこととした。

　また，1962年には老人家庭奉仕員制度（現在のホームヘルプサービスの前身）と老人福祉センターの新規事業が厚生省（現・厚生労働省）予算に計上され，従来の施設中心による高齢者問題の対応だけでなく，在宅においても対応しようという流れを生み出す出発点となった。このように，高齢者の貧困以外の問題に対応するための施設・在宅サービスが徐々に登場し始め，これらが高齢者独自の公的な支援制度として老人福祉法制定に結びつくことになる。

　そして，1963年には老人福祉法が「これまでの養老施設に代表された貧困老人対策にかわって，総合的社会福祉サービスを目的としたもの[(1)]」として成立し，住宅，医療・保健対策，介護対策，生きがい対策等のサービスが規定された。具体的には，老人家庭奉仕員制度，特別養護老人ホーム・養護老人ホーム（生活保護法の養老施設を名称変更）・軽費老人ホーム，医療対策としての健康診査，老人クラブや老人福祉センターへの援助，である。

## ☐ 老人医療費支給制度と老人保健制度

　1960年代後半には，高齢者問題への対策を推進する報告書が出されはじめ，その最初は1968年の国民生活審議会調査部会老人問題小委員

**➡ 所得倍増計画**
1960年，池田勇人内閣によって打ち出された。実質国民生産を10年以内に２倍にすることを目標とした。

**➡ 福祉六法体制**
昭和20年代に制定された生活保護法，児童福祉法，身体障害者福祉法に加え，昭和30年代に知的障害者福祉法，老人福祉法，母子福祉法が制定され，「福祉六法体制」が確立した。

表4-1　介護保険制度の創設前の老人福祉・老人医療政策の経緯

| 年　代 | 高齢化率 | | 主な政策 |
|---|---|---|---|
| 1960年代<br>老人福祉政策の始まり | 5.7%<br>(1960) | 1962年<br>1963年 | 訪問介護（ホームヘルプサービス）事業の創設<br>老人福祉法制定<br>◇特別養護老人ホーム創設，訪問介護法制化 |
| 1970年代<br>老人医療費の増大 | 7.1%<br>(1970) | 1972年<br>1973年<br>1978年<br>1979年 | 日常生活用具給付事業<br>老人医療費無料化<br>短期入所生活介護（ショートステイ）事業の創設<br>日帰り介護（デイサービス）事業の創設 |
| 1980年代<br>社会的入院や寝たきり老<br>人の社会的問題化 | 9.1%<br>(1980) | 1982年<br><br>1987年<br>1989年 | 老人保健法の制定<br>◇老人医療費の一定額負担の導入等<br>老人保健法改正（老人保健施設の創設）<br>消費税の創設（3%）<br>ゴールドプラン（高齢者保健福祉推進十か年戦略）の策定<br>◇施設緊急整備と在宅福祉の推進 |
| 1990年代<br>ゴールドプランの推進<br>介護保険制度の導入準備 | 12.0%<br>(1990) | 1990年<br><br>1992年<br>1994年<br><br>1996年<br>1997年 | 福祉8法改正<br>◇福祉サービスの市町村への一元化，老人保健福祉計画<br>老人保健法改正（老人訪問看護制度創設）<br>厚生省に高齢者介護対策本部を設置（介護保険制度の検討）<br>新ゴールドプラン策定（整備目標を上方修正）<br>介護保険制度創設に関する連立与党3党（自社さ）政策合意<br>消費税の引上げ（3%→5%）<br>介護保険法成立 |
| 2000年代<br>介護保険制度の実施 | 17.3%<br>(2000) | 2000年 | 介護保険法施行 |

出所：図4-1と同じ，筆者改変。

会の「深刻化するこれからの老人問題」であった。この報告書では，高齢者支援において，貧困以外の対策として年金，福祉，保健，就労，住宅対策の必要性を述べた。また，1967年には東京都社会福祉協議会の「家庭内ねたきり老人の実態――調査報告」，1968年には全国社会福祉協議会の「居宅寝たきり老人実態調査」が発表され，高齢者に対する所得保障だけでなく，医療や介護問題の必要性が認識されてきたといえる。そのほかにも，1969年「寝たきり老人特殊寝台貸与事業」が拡大され，「日常生活用具給付事業」が1972年に創設された（**表4-1**）。

　1970年には日本の高齢化率は7%を超え，1973年1月にはこれまで懸案事項であった高齢者の医療対策を推進するため，老人福祉法の一部を改正し老人医療費支給制度（老人医療費の一部負担金を公費により肩代わりする制度）が開始された。しかし，その秋に起こったオイルショック以降，日本の高度成長期は終焉を迎えることになり，1980年代に入ると「日本型福祉社会」論に基づく政策が本格的に実施されることになった。

　1981年には第二次臨時行政調査会（第二次臨調）が設置され，「増税なき再建」をスローガンに社会保障・社会福祉の分野をはじめ，行政

の仕組みのスリム化・効率化を目指し行財政改革が断行されていった。一方,「施設ケア」から「在宅ケア」への流れのなかで,1978年にはショートステイが,1979年にはデイサービスが制度化され「在宅福祉の三本柱」が整備されたが,公費節約のもとでの在宅ケア政策において福祉サービスは量的にも質的にも十分なものとはいえなった。

　また,老人医療費支給制度によって,高齢者の医療への受診が容易になり,高齢者人口の増加もあわさって老人医療費が増大した。また,医療機関の病床数が多いこと,応能負担の福祉サービスの利用料よりも医療の利用者負担の方が少ないこと,福祉サービスの不足,福祉サービスに対する心理的抵抗感などから,医療の必要がない高齢者の入院を受け入れる老人病院の存在(社会的入院)も問題とされた。さらに,壮年期からの生活習慣病の予防や早期発見の対策の重要性も認識されはじめ,1982年には老人保健法(現在の「高齢者の医療の確保に関する法律」)が制定,10年間続いた老人医療費支給制度は廃止された。

　このように,高齢者介護対策は老人福祉から老人医療・保健へと広がっていく過程を経て,老人福祉と老人保健・医療における制度間の不整合や矛盾が問題となっていくのである。

　そして,高齢化の進展,核家族化の進行といった家族や地域・社会の変容とともに,国は社会福祉全般の中長期的視点に立った見直しのため,福祉関係三審議会合同企画分科会を設置(1986年)し,その報告書として「今後の社会福祉のあり方について(意見具申)」(1989年)が出され,福祉八法改正へつながっていく。また,1989年には,竹下内閣時に福祉財源にあてるという公約で消費税が導入され,「高齢者保健福祉推進十か年戦略(ゴールドプラン)」の策定も行われた。

## ☐ 介護保険制度創設過程と2005年改正

　少子高齢化の進展や家族の介護機能の縮小等によって,これまでのように家族(特に女性)だけで介護を担うことが難しい状況が生み出され,老人福祉,老人医療・保健制度で引き起こされている問題を解決するためにも,新しい介護保障システムの必要性が叫ばれるようになった。1994年3月には,高齢社会福祉ビジョン懇談会が「21世紀福祉ビジョン」を発表し,新しい介護保障システムについての議論が公に開始されはじめた。この報告書では「国民誰もが,身近に,必要な介護サービスがスムーズに手に入れられるシステム」として新しい介護保障システムの構築を提唱している。同年12月には,厚生省(現・厚生労働省)の高齢者介護対策本部下に設置された高齢者介護・自立支援システム研究会が「新たな高齢者介護システムの構築を目指し

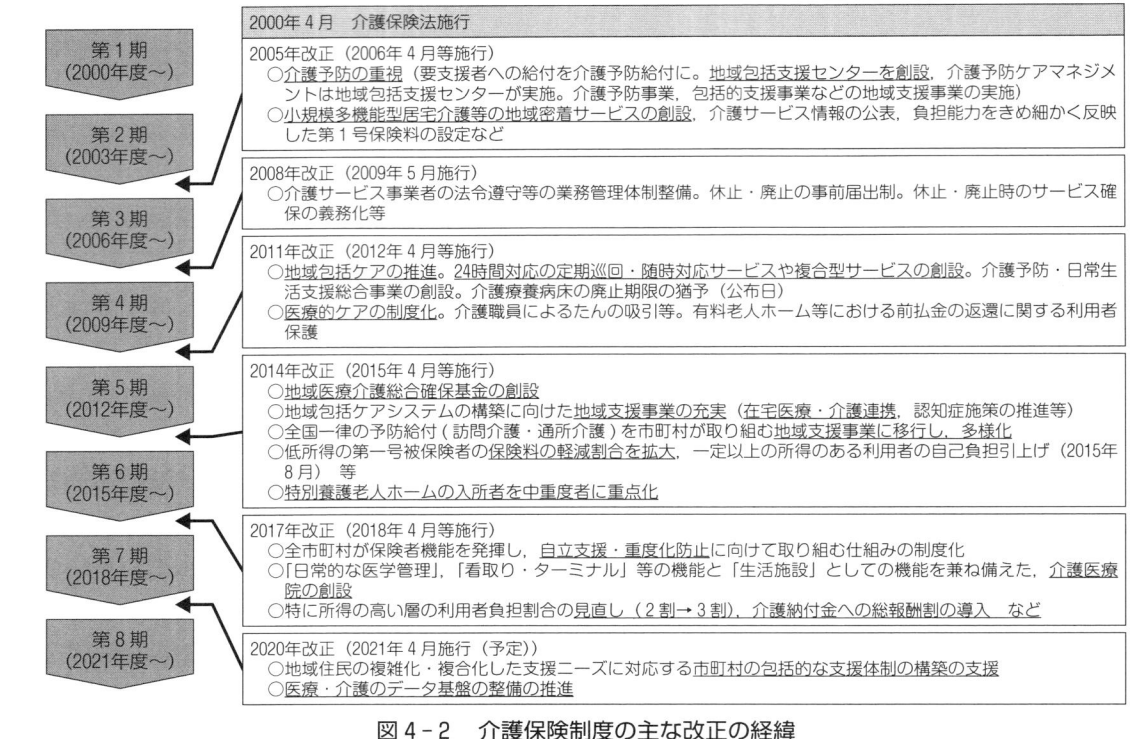

| 第1期<br>(2000年度〜) | 2000年4月　介護保険法施行 |
| | **2005年改正（2006年4月等施行）**<br>○介護予防の重視（要支援者への給付を介護予防給付に。地域包括支援センターを創設，介護予防ケアマネジメントは地域包括支援センターが実施。介護予防事業，包括的支援事業などの地域支援事業の実施）<br>○小規模多機能型居宅介護等の地域密着サービスの創設，介護サービス情報の公表，負担能力をきめ細かく反映した第1号保険料の設定など |
| 第2期<br>(2003年度〜) | |
| | **2008年改正（2009年5月施行）**<br>○介護サービス事業者の法令遵守等の業務管理体制整備。休止・廃止の事前届出制。休止・廃止時のサービス確保の義務化等 |
| 第3期<br>(2006年度〜) | |
| | **2011年改正（2012年4月等施行）**<br>○地域包括ケアの推進。24時間対応の定期巡回・随時対応サービスや複合型サービスの創設。介護予防・日常生活支援総合事業の創設。介護療養病床の廃止期限の猶予（公布日）<br>○医療的ケアの制度化。介護職員によるたんの吸引等。有料老人ホーム等における前払金の返還に関する利用者保護 |
| 第4期<br>(2009年度〜) | |
| | **2014年改正（2015年4月等施行）**<br>○地域医療介護総合確保基金の創設<br>○地域包括ケアシステムの構築に向けた地域支援事業の充実（在宅医療・介護連携，認知症施策の推進等）<br>○全国一律の予防給付（訪問介護・通所介護）を市町村が取り組む地域支援事業に移行し，多様化<br>○低所得の第一号被保険者の保険料の軽減割合を拡大，一定以上の所得のある利用者の自己負担引上げ（2015年8月）　等<br>○特別養護老人ホームの入所者を中重度者に重点化 |
| 第5期<br>(2012年度〜) | |
| 第6期<br>(2015年度〜) | |
| | **2017年改正（2018年4月等施行）**<br>○全市町村が保険者機能を発揮し，自立支援・重度化防止に向けて取り組む仕組みの制度化<br>○「日常的な医学管理」，「看取り・ターミナル」等の機能と「生活施設」としての機能を兼ね備えた，介護医療院の創設<br>○特に所得の高い層の利用者負担割合の見直し（2割→3割），介護納付金への総報酬割の導入　など |
| 第7期<br>(2018年度〜) | |
| 第8期<br>(2021年度〜) | **2020年改正（2021年4月施行（予定））**<br>○地域住民の複雑化・複合化した支援ニーズに対応する市町村の包括的な支援体制の構築の支援<br>○医療・介護のデータ基盤の整備の推進 |

**図4-2　介護保険制度の主な改正の経緯**

出所：厚生労働省老健局「介護保険制度の概要」2021年5月（https://www.mhlw.go.jp/content/000801559.pdf）。

て」をとりまとめ，「高齢者の自立支援」を基本理念とする新たな高齢者介護システム創設の提言を行った。この報告を踏まえ，1995年2月から厚生大臣（現・厚生労働大臣）の諮問機関である老人保健福祉審議会によって新しい介護保障システムの検討が進められ，1996年4月には最終報告を提出し，同年6月には介護保険制度案大綱の諮問，答申が行われた。そして，1996年11月には介護保険法関連三法案が国会に提出された後，1年余りにわたる国会審議が続けられ，1997年12月に法案が成立，2000年4月から介護保険法が施行された（**図4-2**）。

　介護保険制度導入以降，要介護認定者数・サービス利用者数の増大に伴い介護保険財政状況は悪化し，介護サービス事業者の不正受給，介護支援専門員の職務の不明確さや能力格差，サービスの質の問題等も浮き彫りになってきた。このような状況の下，介護保険法附則第2条では，法施行後5年を目途として制度を全般的に検討・見直しを行うことが規定されたことから，2003年5月から社会保障審議会介護保険部会で介護保険制度改正についての議論が開始された。また，同年3月から，厚生労働省内に設置された高齢者介護研究会において，中長期的な介護保険制度の課題や高齢者介護のあり方が検討され，同年6月26日に「2015年の高齢者介護——高齢者の尊厳を支えるケアの確

立に向けて」が取りまとめられた。この報告書では，「地域包括ケア」という考えが示され，それは要介護高齢者の生活をできる限り継続して支えるために，「個々の高齢者の状況やその変化に応じて，介護サービスを中核に，医療サービスをはじめとする様々な支援が継続的かつ包括的に提供される仕組み」と説明された。そして，この報告書や介護保険部会の意見等をもとに2005年改正が行われ，その内容は制度の根本にまで関わる大改正であった。

2005年改正の見直しの視点として，制度の基本理念である「高齢者の自立支援」「尊厳の保持」を基本とし，①明るく活力ある超高齢社会の構築，②制度の持続可能性，③社会保障の総合化，の3点が掲げられた。この3つの見直しの基本視点をもとに，制度の持続可能性を高めていくため，主に5つの改正が行われた。その内容は，①予防重視型システムへの転換（新予防給付，地域支援事業の創設），②施設給付の見直し（居住費・食費の見直し，低所得者に対する配慮），③新たなサービス体系の確立（地域密着型サービス・地域包括支援センターの創設，居住系サービスの充実），④サービスの質の確保・向上（介護サービス情報の公表，事業者規制の見直し，ケアマネジメントの見直し），⑤負担の在り方・制度運営の見直し（第1号保険料の見直し，要介護認定の見直し，市町村の保険者機能の強化）である。

## ❏ 2008年・2011年改正の概要

2008年改正は，コムスンの不正請求や虚偽申請等の問題を受けて，介護サービス事業者の不正事案を防止し，介護事業運営の適正化を図る観点から行われた。2011年改正では，高齢者が地域で自立した生活が営めるよう，日常生活圏域内において医療，介護，予防，住まい，生活支援サービスが切れ目なく，有機的かつ一体的に提供される体制（地域包括ケアシステム）を確立していくことを急務とした。

具体的内容としては，①医療と介護の連携の強化等，②介護人材の確保とサービスの質の向上，③高齢者の住まいの整備等，④認知症対策の推進，⑤保険者による主体的な取組の推進，⑥保険料の上昇の緩和，である。とくに，要介護高齢者の在宅生活を支えるための内容として，地域密着型サービスに24時間対応の定期巡回・随時対応サービスや複合型サービスの創設，保険者の判断による予防給付と生活支援サービスの総合的な実施を可能とする（介護予防・日常生活支援総合事業の創設），地域包括支援センターにおける地域の関係者間での連携を図るネットワーク構築についての努力義務化，市町村のセンター業務委託の際の運営方針提示の義務づけ，があげられる。

また，厚生労働省と国土交通省の連携による「高齢者の居住の安定確保に関する法律等の一部を改正する法律」も2011年 4 月27日に可決・成立した。この法律では，高齢者の居住の安定を確保するため，バリアフリー構造等を有し，介護・医療と連携して高齢者を支援するサービスを提供する「サービス付き高齢者向け住宅」の登録制度の創設や「定期巡回・随時対応型訪問介護看護」とサービス付き高齢者向け住宅を組み合わせた仕組みの構築などを目的としている。

### ❑ 2014年・2017年改正の概要

　2013年10月に成立した社会保障改革プログラム法を具体化するものとして，2014年 6 月25日に，「地域における医療及び介護の総合的な確保を推進するための関係法律の整備等に関する法律（医療介護総合確保推進法）」が可決・成立した。医療介護総合確保推進法は，介護保険法や医療法など19の法律を一括して改正するもので，その目的は地域において効率的かつ質の高い医療提供体制を構築するとともに，地域包括ケアシステムを構築することを通じて，必要な医療及び介護の総合的な確保を推進することである。介護保険法における改正の目的は「地域包括ケアシステムの構築と費用負担の公平化」とされ，主な内容は，①地域包括ケアシステムの構築に向けた地域支援事業の充実，②全国一律の予防給付（訪問介護・通所介護）を地域支援事業に移行し多様化，③特別養護老人ホームの新規入所者を，原則，要介護 3 以上に限定，④低所得者の保険料軽減を拡充，⑤一定以上の所得のある利用者の自己負担を 2 割へ引き上げ（ただし，月額上限あり），⑥低所得の施設利用者の食費・居住費を補塡する「補足給付」の要件に資産などの追加，である。

　そして，2017年 5 月には，高齢者の自立支援と要介護状態の重度化防止，地域共生社会の実現を図るとともに，制度の持続可能性を確保することに配慮し，必要なサービスが提供されることを目的として，「地域包括ケアシステムの強化のための介護保険法等の一部を改正する法律案」が成立した。改正内容は大きく二つの項目があり，「地域包括ケアシステムの深化・推進」と「介護保険制度の持続可能性の確保」である。「地域包括ケアシステムの深化・推進」の主な内容は，①全市町村における自立支援・重度化防止に向けた保険者機能強化等の取り組む仕組みを制度化し，都道府県による市町村への支援事業の実施，②新しい介護保険施設として「介護医療院」（日常的な医学管理や看取り・ターミナルケア等の機能と生活施設としての機能を備える）の創設，③介護保険と障害児者が同一事業所でサービスを受けやすくする

ため，介護保険と障害者福祉制度に「共生型サービス」を位置付ける，である。「介護保険制度の持続可能性の確保」の主な内容は，①利用者負担の引き上げ（利用者負担 2 割負担者のうち，特に所得の高い層の負担割を 3 割とする），②介護納付金への総報酬制の導入，である。

### ☐ 2020年改正の概要

　団塊世代が後期高齢者となる2025年が目前に迫る中，厚生労働省では2018年10月に「2040年を展望した社会保障・働き方改革本部」が設置されるなど，団塊ジュニア世代が65歳上となる「2040年問題」がクローズアップされるようになる。介護保険制度改革においても，2040年には介護サービス需要がさらに増加・多様化する中で，高齢者を支える地域包括支援システムの深化を進め，子供・高齢者・障害者など全ての人々が地域，暮らし，生きがいを共に創り，高め合うことができる「地域共生社会」の実現に向けた改正が必要とされた。

　2020年 6 月に「地域共生社会の実現のための社会福祉法等の一部を改正する法律」が公布され，主な内容は，①地域住民の複雑化・複合化した支援ニーズに対応する市町村の包括的な支援体制の構築の支援，②地域の特性に応じた認知症施策や介護サービス提供体制の整備等の推進，③医療・介護のデータ基盤の整備の推進，④介護人材確保及び業務効率化の取組の強化，⑤**社会福祉連携推進法人制度**の創設，である。特に，この改正では，高齢者をとりまく課題としては，介護だけでなく「8050世帯」（高齢の親と働いていない独身の50代の子とが同居している世帯）への支援等も必要であり，家族が抱える生活課題全体を支援する必要がある。また，2017年介護保険改正では，高齢者と障害児者が同一の事業所でサービスを受けやすくするため，介護保険と障害福祉両方の制度に新たに共生型サービスを位置づける改正を行っており，今回の改正では，地域住民の複合・複雑化した支援ニーズに対応する包括的な支援体制を構築するため，①断らない相談支援，②参加支援，③地域づくりに向けた支援を市町村が一体的に実施し，それに対する国の財政支援を行う新たな事業の創設が盛り込まれた。

➡ **社会福祉連携**
**　推進法人制度**
.....................................
社会福祉法人等が社員となり，福祉サービス事業者間の連携・協働を図るための取組等を行う新しい法人制度。

# ③　現在の介護保険制度

### ☐ 介護保険制度導入のねらいと全体像

　介護保険制度導入のねらいは，①老後の最大の不安要因である介護

を国民皆で支える仕組みの創設（介護の社会化），②社会保険方式により給付と負担の関係を明確にし，国民の理解を得られやすい仕組みの創設，③従来の縦割りの制度を再編し，利用者の選択により，多様な主体から保健医療サービス・福祉サービスを総合的に受けられる仕組みの創設，④介護を医療から切り離し，社会保障構造改革の皮切りとなる制度の創設，の4点とされ，介護保険制度は日本の社会保障制度全体を再編成する第一歩として位置づけられた。

　介護保険制度の目的は，介護保険法第1条において規定されているように，加齢に伴って生じる心身の変化に起因する疾病等により要介護状態となり，入浴，排せつ，食事等の介護，機能訓練並びに看護及び療養上の管理その他の医療を要する者等について，これらの者が尊厳を保持しその有する能力に応じ自立した日常生活を営むことができるよう，必要な保健医療サービス及び福祉サービスに係る給付を行うことである。

　では，介護保険制度の全体像をみてみよう（図4-3）。介護保険制度は日本の第5の社会保険とされ，40歳以上の者が保険料を拠出することで被保険者として制度に加入し，住民に身近な市町村及び特別区が保険者となって制度を運営する。高齢者がサービス利用する際には，要支援認定・要介護認定（以下「要介護認定」）を受け，介護支援専門員（ケアマネジャー）とともに介護サービス計画（ケアプラン）を作成し，サービスの利用はサービス提供機関との契約によって開始される。サービスの種類は，居宅サービス，施設サービス，地域密着型サービス等がある（また，要介護認定において「非該当」と認定された場合でも，市区町村が行っている「地域支援事業」などの生活支援サービスが利用できる場合もある）。サービス提供機関は，居宅サービスには民間営利企業やNPO法人・協同組合などの民間非営利団体も一定の基準を満たせば介護サービス事業者として保険給付サービスを提供できる。介護保険制度の財源構成は，被保険者から拠出される保険料50％と公費50％からなり，サービス利用者は1〜3割の利用者負担を支払う。

### ❑ 保険者と被保険者の範囲

　介護保険制度の保険者は，地方分権の流れの中で地域の実情に応じた制度設計を行うことやこれまでの市町村の老人福祉・保健事業の実績を考慮し，市町村及び特別区（以下，「市町村」とする）とされた。また，複数の市町村が地方自治法上の「広域連合」または「一部事務組合」を設置することができ，この場合は個々の市町村に代わって，広域連合や一部事務組合が保険者となり，介護保険事業を行うことがで

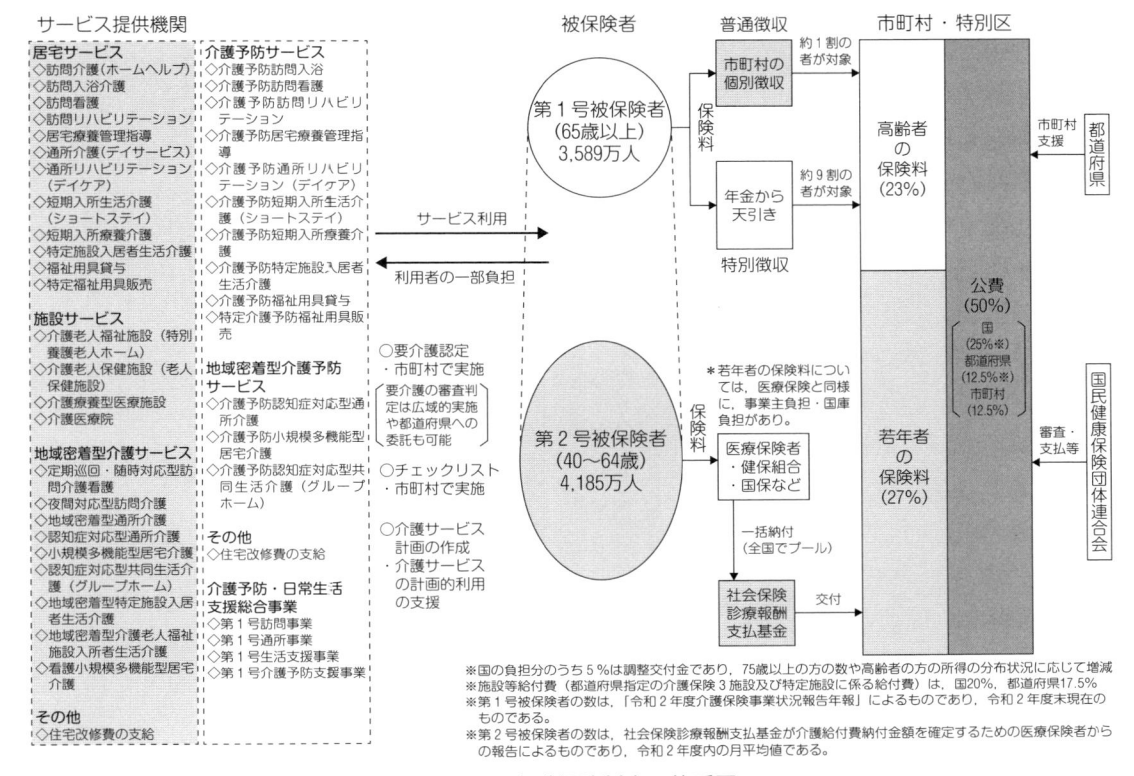

**図 4 - 3　介護保険制度の体系図**

出所：厚生労働省（2024）『厚生労働白書 令和 6 年版——資料編』218頁（https://www.mhlw.go.jp/wp/hakusyo/kousei/23-2/dl/10.pdf）。

きる。さらに，保険財政の安定化と事務負担の軽減を図る等の観点から，国，都道府県，医療保険者，年金保険者が市町村を重層的に支え合うこととされている。

　被保険者は，①第 1 号被保険者（市町村の区域内に住所を有する65歳以上の者）と，②第 2 号被保険者（市町村の区域内に住所を有する40歳以上65歳未満の医療保険加入者）である。住所を有することが要件とされていることから，介護保険法の規定により住所地の市町村が実施する介護保険の被保険者となる。しかし，介護保険施設や特定施設等に入所することにより，施設所在地に住所を変更したと認められる場合には，その施設に住所を移転する前の住所地であった市町村を保険者とする特例措置（住所地特例）が設けられている。

## ☐ 保険料と介護保険財政

　第 1 号被保険者の保険料は，保険者である市町村が条例で定め，能力に応じた負担を求める（応能負担）観点から，所得段階別の定額保険料となっている。2014年改正により保険料及び賦課率の区分は 9 段階を標準としていたが，2024年度から第 1 号被保険者間での所得再分

配機能を強化するため13段階へと変更した。また，市町村ごとにきめ細かな段階数及び賦課率の設定も可能である。保険料は，原則として3年に一度改定する。保険料の徴収は，一定額（年額18万円）以上の老齢退職年金・遺族年金・障害年金の受給者については年金からの特別徴収（天引き），それ以外の者については市町村が個別に徴収する（普通徴収）。

第2号被保険者の保険料は，それぞれ加入している医療保険者が一括して社会保険診療報酬支払基金に介護納付金を納付する。これまで介護納付金は，被保険者一人当たり全国均一の額に各医療保険者の第2号被保険者の加入者数を乗じた額となっていたが，2017年改正から応能負担の要素が強化され，被用者保険者間では報酬額に応じて保険料を負担する「総報酬制」が導入された。

介護保険制度の財政構成をみると，サービス利用時の利用者負担を除く給付費は保険料（50％）と公費（50％）で賄われる。保険料の内訳については，第1号被保険者の保険料が23％，第2号被保険者の保険料が27％となっており（2021年〜2023年），この負担割合は3年間の計画期間ごとに全国ベースの人口比率で定められる。また，公費の内訳は，居宅給付費は，国が全体の25％，都道府県が12.5％，市町村が12.5％である（施設等給付費は，国が全体の25％，都道府県17.5％，市町村12.5％）。国の負担分の25％のうち5％は，①後期高齢者の加入割合の相違，②高齢者の負担能力の相違，③災害時の保険料減免など，保険者間の財政力格差を調整するためにあてられる調整交付金である。そのほかにも，市町村の保険料の収納率の悪化や給付費の増大に対応するため資金の交付・貸付を行う財政安定化基金（国，都道府県，市町村が3分の1ずつ拠出）が都道府県に設置されている。

### □ サービス利用と要介護認定

介護保険制度では，利用者が望むサービスを選択・利用することができ，利用者本位のサービス利用を行っている。介護保険からサービスを利用するためには，原則としてあらかじめ要介護認定を受ける必要がある（図4-4）。

要介護認定は，全国一律の基準を用いて，要介護・要支援状態にあるかどうか，また要介護・要支援の状態（要支援1〜2，要介護1〜5）が確認される。また，第1号被保険者は，その原因に関わらず，要介護状態・要支援状態に該当することで保険給付が行われるが，第2号被保険者は要介護状態・要支援状態が，脳血管疾患，初老期における認知症などの，加齢に伴って生じた16の特定疾病が原因となって

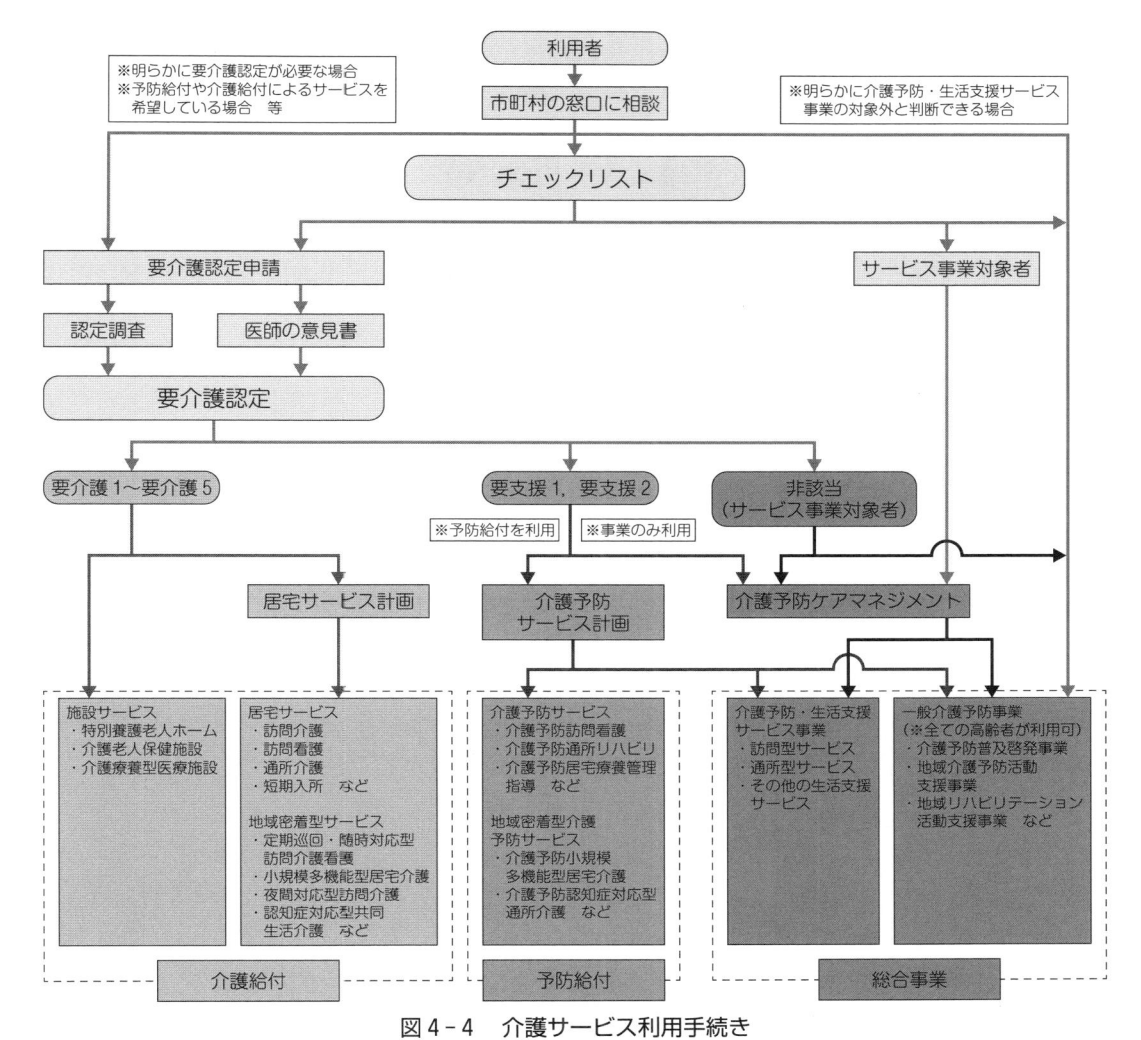

**図 4-4　介護サービス利用手続き**

出所：厚生労働省「介護事業所・生活関連情報検索——介護予防・日常生活支援総合事業のサービス利用の流れ」（https://www.kaigokensaku.mhlw.go.p/commentary/flow_synthesis.html）。

いる場合に保険給付が行われる。

　この要支援度・要介護度に応じて，居宅サービス等を受ける場合は支給限度基準額，施設サービスを受ける場合は保険給付の額が決定される。要介護認定の有効期間は新規申請の場合は 6 カ月間で，市町村が介護認定審査会の意見に基づき，必要と認める場合は 3 〜12カ月の範囲内で定めることがでる。更新の場合は原則として12カ月間で，必要と認める場合は，3 〜11カ月の範囲内で短縮，また上限48カ月まで延長することができる。また，要介護状態に変化があった場合などは，随時，変更の申請が可能である。

　申請を受けた市町村は，被保険者の心身の状況等の調査と主治医に当該被保険者の疾病または負傷の状況等についての意見（主治医意見

書）をもとに，コンピュータで判定（一次判定）を行う。そして，市町村内に設置された介護認定審査会において，一次判定と主治医の意見書・訪問調査の際に調査員が書き込んだ特記事項などの情報を加味しながら，厚生労働大臣が定める認定基準に従い審査及び二次判定を行う。そして，市町村はその結果を申請者に通知する。要介護認定は，原則として申請した日から30日以内に行われ，特別な事情がある場合には30日以内に認定に必要と思われる見込み期間や理由等を記載した文書にて通知することにより延期できる。また，要介護認定の結果や保険料の決定などに不服がある場合は，都道府県に設置されている介護保険審査会へ審査請求することができる。

　そして，要介護認定を受けた利用者は，指定居宅介護支援事業者の介護支援専門員（ケアマネジャー）に対し，利用するサービスやその利用日時等に関する介護サービス計画（ケアプラン）の作成を依頼することができる。施設入所の場合は，施設の介護支援専門員が施設サービス計画を作成し，介護予防サービスの場合は地域包括支援センターが介護予防サービス計画を作成する。

　また，居宅サービスは要介護度ごとに保険給付の限度額（区分支給限度基準額）が定められている。サービス利用が限度額以内であれば7〜9割は保険から給付され（原則として直接事業者に支払われる），利用者は費用の1〜3割を負担する（**法定代理受領方式**による現物給付）。ただし，介護サービス計画作成の費用は全額が保険給付される。支給限度基準額を超えてサービスを利用した場合，超えた部分の費用は全額利用者負担となる。また，利用者負担が高額になる場合のために，高額介護サービス費によって負担上限額を設定している。

## ☐ 保険給付と介護報酬

　保険給付には，介護給付・予防給付・市町村特別給付がある。要介護者に対して行う介護給付には，①居宅サービス，②施設サービス，③居宅介護支援，④地域密着型サービス等がある（**図4-3**）。要支援者に対して行う予防給付には，①介護予防サービス，②地域密着型介護予防サービス，③介護予防支援等があり，施設サービスは利用できない。また，市町村が第一号被保険者の保険料を財源として，要介護者及び要支援に対して，条例に定めて独自のサービスを給付するサービスを市町村特別給付という。

　保険給付は原則として，都道府県知事の指定を受けた事業者及び施設のサービスを利用した場合に行われる（地域密着型サービス事業者，地域密着型介護予防サービス事業者，介護予防支援事業者の指定は市町村

長が行う）。介護保険制度では，利用者のサービス選択を保障するために，競争原理を導入することによって多種多様なサービス提供機関を確保し，サービスの質の向上を目指した。

　また，すべての保険給付サービスには，「介護報酬」というサービスの価格が決められており，事業者が利用者に介護サービスを提供した場合に，介護給付費単位表に基づきその対価が支払われる。施設サービスは要介護度ごとに1日の介護報酬が設定されており，2005年改正によって居住と食事に関する費用は保険給付対象外となった。

### ☐ 地域支援事業と地域包括支援センター

　2005年改正により，要支援・要介護状態等になることを予防し，地域における包括的・継続的なケアマネジメント機能等を強化する観点から地域支援事業が創設された。2011年改正では，予防給付と生活支援サービスを一体化した「介護予防・日常生活支援総合事業」が創設されたが，その実施は市町村の判断に委ねられた。2014年改正では要支援1・2に対する予防給付のうち訪問介護と通所介護については予防給付から切り離して市町村が地域の実情に応じた取り組みができる地域支援事業へ移行し，新しく「介護予防・日常生活支援総合事業」（以下，「総合事業」）が創設され，2017年4月からすべての市町村で実施することになった（図4-5）。

　地域支援事業の実施主体は市町村であり，その内容は①介護予防・日常生活支援総合事業，②包括的支援事業，③任意事業である。①介護予防・日常生活支援総合事業とは，要支援者に対して必要な支援を行う介護予防・生活支援サービス事業と，住民主体の介護予防活動の育成及び支援等を行う一般介護予防事業からなる。②包括的支援事業とは，地域包括支援センターの運営（総合相談支援業務，権利擁護業務，包括的・継続的計ケアマネジメント支援業務）のほかに，在宅医療・介護連携推進事業，生活支援体制整備事業，認知症総合支援事業，地域ケア会議推進事業からなる。そして，③任意事業とは市町村が地域の実情に応じて創意工夫を活かして行う事業で，例えば，介護給付等費用適正化事業や家族介護支援事業などである。

　地域支援事業の財源は，介護予防・日常生活支援総合事業は法定の保険給付（居宅給付費）と同様の構成（第1号・第2号被保険者の保険料および公費），包括的支援事業と任意事業については第1号被保険者の保険料（法定保険給付の居宅給付費と同様の割合）と公費で賄うことになっており，第2号被保険者は負担しない。

　そして，地域包括ケアシステムの構築・深化に向けて中核的役割を

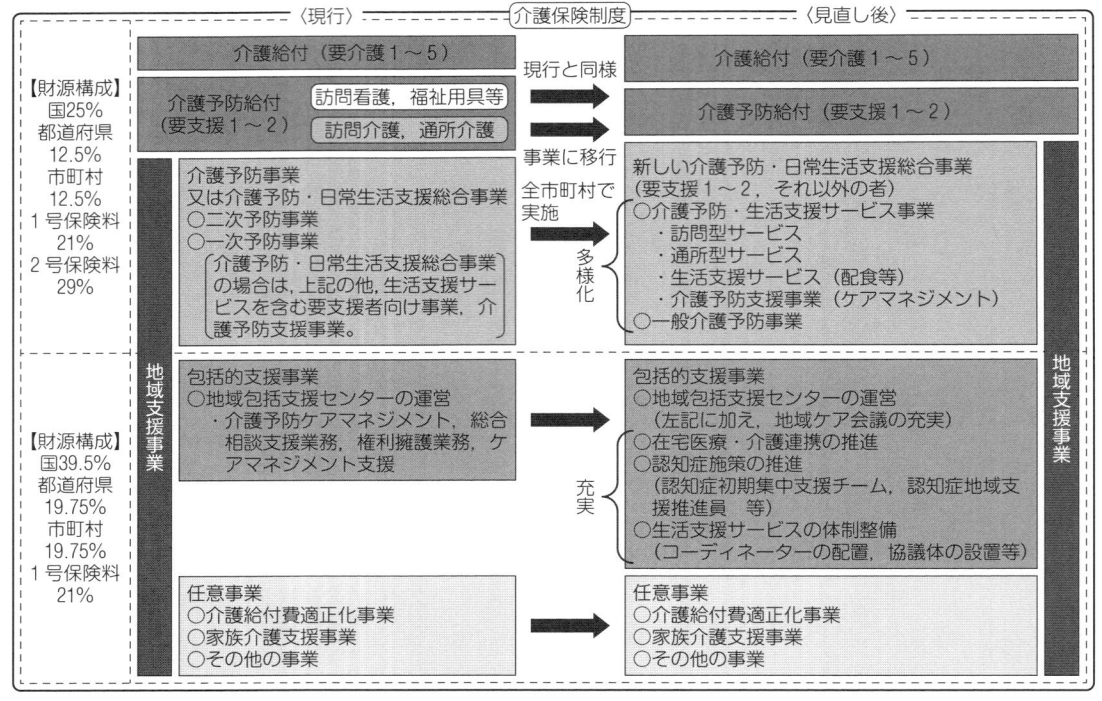

**図4-5　介護予防・日常生活支援総合事業（新しい総合事業の構成）**

出所：厚生労働省老健局（2014）「介護予防・日常生活支援総合事業ガイドライン案（概要）」12頁（http://www.mhlw.go.jp/stf/shingi/0000052337.html）。

果たすのが，地域包括支援センターである。地域包括支援センターは，地域住民の心身の健康の保持及び生活の安定のために必要な援助を行うことにより，その保健医療の向上及び福祉の増進を包括的に支援することを目的とし，概ね人口2～3万人に1箇所を目安に設置される。原則として，保健師，社会福祉士，主任介護支援専門員の3つの専門職種がチームアプローチで支援を行う。また，センター設置の責任主体は市町村であるが，市町村から委託を受けた法人（医療法人・社会福祉法人・NPO法人等）も設置することができる。また，地域包括支援センターの業務は**図4-6**のとおりであるが，2011年改正より地域包括支援センターの機能強化の一環として，地域ケア会議の取り組みを推進することになっている。

 介護保険制度の課題

### ▢ 増加するサービス利用と介護保険財政の悪化

「令和4年度介護保険事業状況報告（年報）」によれば，介護保険制

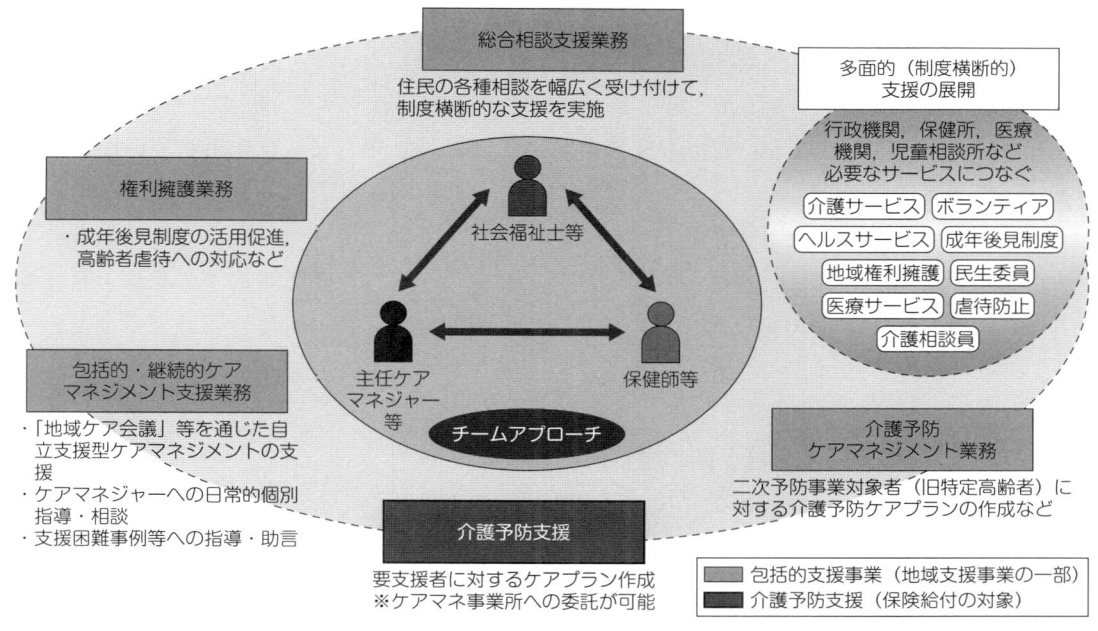

**図4-6 地域包括支援センターの業務**

出所：厚生労働省「地域包括支援センターの概要」（https://www.mhlw.go.jp/seisakunitsuite/bunya/hukushi_kaigo/kaigo_koureisha/chiiki-houkatsu/dl/link2.pdf）。

度が導入された2000年度から2022年度末までの23年間で，第1号被保険者数は約1.6倍（2,242万人から3,585万人へ）であるのに対し，要介護（要支援）認定者数は約2.7倍（256万人から694万人へ）となっている。とくに，軽度者（要支援1・2と要介護1）は約3.3倍となっており，重度者（要介護度4は約2.5倍，要介護度5が約1.7倍）と比べてその増加が著しい。当然，さらに少子高齢化が進展すれば，サービスを必要とする要支援・要介護高齢者も増加するため，今後も介護保険財政の悪化への対策や介護予防の推進が重要となってくる。

　しかし，現在でも介護保険財政を支える保険料は改定ごとに上昇しており，制度導入当初の第1期保険料は2,911円（2000年～2002年，全国平均・月額）であったが，第9期保険料（2024年～2026年）は6,225円で約2.1倍となっている。2025年には団塊の世代が75歳を迎える「2025年問題」や団塊ジュニア世代が65歳以上となる「2040年問題」を考えれば，今後もさらにサービス利用の増加が見込まれ，今後も介護保険料の引き上げは避けられない状況である。

　このように，保険料の上昇に歯止めをかけられない状況であるが，サービス利用の状況を具体的にみていくと，利用者すべてが居宅サービスの支給限度基準額に達するまでサービスを利用しているというわけではない。居宅サービスにおける要介護度別の平均的な利用率

（2024年5月審査分）をみると，支給限度基準額に占める割合は2割から約7割程度となっている（最も低いのは要支援2の21.2%，最も高いのは要介護5の65.5%[(2)]）。つまり，利用者すべてが（平均的な利用率ではあるが）支給限度基準額に達するまでサービスを利用していないにもかかわらず，もうすでに介護保険財政が非常に厳しい状況にあるということが示されているのである。そのため，今後の要介護高齢者数の増大によるサービス利用の拡大，少子化によるさらなる家族の介護機能の縮小等を考えると，介護保険制度の持続可能性の確保や制度の根本的な仕組みの変更を踏まえての再検討が必要であるといえる。

## ☐ 介護予防の重要性とその意味

　2005年改正で「予防重視型システムへの転換」がその一つの柱として位置づけられているように，介護保険制度は利用者へ単にサービスを提供するだけでない。地域包括ケアシステムを基盤として，要介護状態等になることを予防し，また要介護状態等の回復・維持ができるように支援することが基本である。しかし，この介護予防の取り組みも介護保険財政悪化を防ぐことと絡めて考えると，本来の目的からずれてしまいかねない危険も含んでいる。たとえば，2017年改正では，自立支援・重度化防止に向けた保険者機能の強化等の取り組みの一つとして，**財政的インセンティブの仕組み**➡が導入された。この仕組みでは，要介護度や健康度合いの変化といった数値で表しやすいものは非常に評価しやすい。しかし，要介護状態の変化があまり期待できない中重度の要介護者に対する支援，高齢者が社会とつながり生きがいをもって生活を送るような支援，要介護者の生活の質の向上への支援，というような数値化が難しい内容は評価されにくくなる。そのため，介護予防では成果が出やすい軽度者への取り組みが重点化されたり，支援は必要であるが成果が見えにくい取り組みなどには力が注がれない，また後回しにされる状況も懸念される。

　介護予防は重要な取り組みであるが，それは介護保険財政悪化を防ぐという目的ではなく，介護予防の推進により平均寿命だけでなく健康年齢も伸ばし，高齢者が充実した高齢期を過ごすために必要なのである。そして，介護保険制度における高齢者の自立支援とは，介護予防によってその状態の維持・軽度化が可能となりやすい軽度者だけを対象とするものではなく，たとえ重度の要介護状態であったとしても，その尊厳を保持しその人が望む日常生活を送る支援を行うことなのである。介護保険財政悪化の問題は解決すべき重要課題であるが，その点のみを目的として行き過ぎた効率化・重点化を進めることは避けな

➡**財政的インセンティ　ブの仕組み**

高齢者の自立支援や重度化防止等の取り組みに対して，創意工夫により効果をあげた自治体に交付金を交付する仕組み。

ければならないことを再度認識する必要がある。

### ☐ 介護者の確保と家族支援

　介護保険制度導入のねらいの一つとして，これまでどおり家族（特に女性）だけでは担うことが難しくなった状況を克服するために「介護の社会化」が掲げられた。そのため，家族の代わりに介護を担う介護従事者の人材不足は非常に大きな問題であり，介護従事者の確保が喫緊の課題である。介護人材の確保について，政府はこれまでも対策を打ち出している。介護保険制度に関わる部分では，2009年の介護報酬改定で介護従事者の処遇改善に重点をおいた改定が行われ，2009年度補正予算において処遇改善交付金を措置（1.5万円相当）した。2012年には処遇改善交付金を

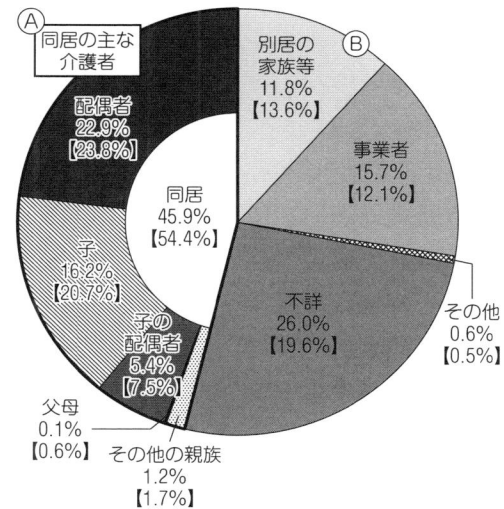

注：【　】は2019（令和元）年の数値である。

**図4-7　「要介護者等」からみた「主な介護者」
　　　　の続柄別構成割合**

出所：厚生労働省「2022（令和4）年　国民生活基礎調査の概況」（https://www.mhlw.go.jp/toukei/saikin/hw/k-tyosa/k-tyosa22/dl/05.pdf）。

処遇改善加算として介護報酬に組み込み，2015年には介護職員処遇改善加算が拡充（1.2万円相当）された。また，2014年には社会保障審議会福祉部会に福祉人材確保専門委員会が設置され，2016年3月には福祉人材確保指針の対象拡大等の事項が社会福祉法等の一部を改正する法律に盛り込まれ成立した。その後，2015年11月には一億総活躍社会の実現に向けた緊急対策が発表され，地域医療介護総合確保基金を活用した介護人材の「参入促進」「資質の向上」「労働環境・処遇の改善」を図るための各種取り組み等が行われている。

　しかし，依然として，介護人材の不足は続いており，「令和4年度介護労働実態調査」の結果をみると，介護サービスに従事する従業員の不足感（「大いに不足」＋「不足」＋「やや不足」）は66.3％となっており，「不足感」を職種別にみてみると，「訪問介護員」が83.5％で最も多くなっている。政府は外国人介護人材の受け入れにも取り組んでいるが，さらに介護従事者の労働環境を整え，その質を高めるための取り組みが必要である。

　一方で，「2022（令和4）年国民生活基礎調査」での「介護者の主な続柄」をみてみると，「同居」は45.9％で2019（令和元）年調査の54.4％より約1割減少しているが，「別居の家族等」（11.8％）を加えると57.7％となり，家族の介護機能は縮小したといわれる中でも，依然として介護の多くの部分を家族が担っている現実がうかがえる（図4

－7）。また，「2022（令和4）年就業構造基本調査」によれば，過去5年間に「介護・看護のため」に前職を離職した者は47万人であった。過去15年間の推移をみると，2007年から2017年にかけては減少を続けていたが，2017年から2022年にかけては増加に転じていることからも，その事情が理解できよう。

　このように，介護保険制度導入後も介護においては家族が大きな役割を果たしているが，介護保険制度は要介護者に対してサービスを提供することが中心で，在宅で介護を行う家族介護者に対する支援は抜け落ちている。今後，未婚者の増加や非正規雇用の問題など，家族形態の変化や労働環境の悪化が進むなかで，家族介護者の介護離職を防ぐだけでなく，肉体的・精神的・金銭的負担に対する支援，介護終了後の仕事への復帰なども含めた視点からのワークライフバランス政策に積極的に取り組む必要がある。

### ☐ 保険者の果たす役割と公的責任

　介護保険制度は，地域の独自性を考慮してその地域の住民の特徴にあった制度設計を行うことが一つの目玉であった。しかし，制度導入時から，サービス提供機関やサービス種類の数において地域間格差が生まれており，それは利用者のサービス選択を保障できないことにもつながっている。サービス提供機関は，利益がでない地域やサービスに関わることは経営上難しく，またサービスを提供する介護従事者が見つかりにくい地域にはサービス提供自体が難しいという根本的課題を抱えている。

　このような問題を抱えたまま，2005年改正では，地域包括ケアシステムの構築を打ち出し，地域密着型サービスや地域支援事業などが創設された。2014年改正では予防給付（訪問介護と通所介護）を市町村が取り組む地域支援事業へと組み込み，2017年改正では保険者機能の強化の取り組みが行われることになった。このように，改正を重ねるごとに地域の状況に応じた取り組みの重要性は再認識され，保険者である市町村の果たす役割はさらに重要度を増している。しかし，地域支援事業の取り組みなどにおいても，市町村の「独自性」が市町村間の「格差」につながることも懸念されるため，積極的な都道府県及び国全体としての支援が求められる。

　そして，もう一つは制度導入時からの問題であるが，保険者である市町村の要介護者への自立支援に対する公的責任の希薄化である。これまで介護保険制度の改正を重ねる度に，保険者である市町村は相談業務から距離を置き，利用者や家族のニーズや状況を直接把握するこ

とから遠ざかっていった。しかし，介護支援専門員だけでなく，要介護者が自らの望む生活を営むことが可能となっているかを把握し，その実現に向けて支援を行うということも市町村の役割である。介護保険制度において今後さらに重要な役割を果たす市町村は制度の運営・維持といった保険者としての機能に集中するだけでなく，要介護高齢者やその家族が地域のなかで自らが望む生活を維持することができているのかを把握し，介護支援において最終的な公的責任（**ナショナルミニマム**の保障）を担うことが重要な役目であることを忘れてはならない。

　そして，「地域共生社会」の実現に向けて，日本の社会福祉制度のあり方を見直す必要がある。高齢者福祉だけでなく，障害者福祉，児童福祉，母子福祉など，これまでの「縦割り」「対象別」の支援体制ではなく，地域包括ケアシステムのもとでの総合的な支援体制の構築が求められているのである。

**➡ナショナルミニマム**

国家が国民に対して保障すべき最低限の生活水準。

## ◯注 ────────

(1)　右田紀久恵編（2001）『社会福祉の歴史──政策と運動の展開』有斐閣，316頁。

(2)　「居宅サービス給付単位数・受給者数，要介護（要支援）状態区分別」『介護給付費等実態統計（2024年5月審査分）』（https://www.e-stat.go.jp/stat-search/files?page=1&layout=datalist&toukei=00450049&tstat=000001123535&cycle=1&tclass1=000001123536&tclass2=000001224460&tclass3val=0）。

## ◯参考文献 ────────

井岡勉（2002）「在宅福祉サービスの政策的展開」三浦文夫・高橋紘士・田端光美・古川考順編『戦後社会福祉の総括と二一世紀への展望Ⅲ　政策と制度』ドメス出版。

右田紀久恵編（2001）『社会福祉の歴史──政策と運動の展開』有斐閣。

厚生労働統計協会（2022）『国民の福祉と介護の動向2022/2023』69（10），厚生労働統計協会。

森詩恵（2008）『現代日本の介護保険改革』法律文化社。

森詩恵（2016）「高齢者の生活支援サービスからみた介護保険改正とその変遷──介護保険制度導入時から2014年介護保険改正まで」『大阪経大論集』67（2）。

■ 第5章 ■

# 年金制度

# ① 私たちの生活と年金制度

## ☐ 年金とは

年金とは，高齢になったり，病気やけがで障害が残ったり，一家の働き手が家族を残して亡くなったりした場合に支給される現金給付である。かつては，高齢になって働けなくなった場合には家族や親族による私的扶養が大きな役割を果たしていた。しかし，都市化や核家族化が進んで親と同居する子ども世代が減るとともに，少子高齢社会の進展のなかで，親の長い老後を子どもの負担だけで養うことが極めて困難となってきた。

また，障害を負ったり，一家の働き手が死亡するリスクもいつ誰に起こるか予測することができないため，個人だけで備えるには限界がある。そこで，「老齢」「障害」「死亡」といった，誰にでも起こりうる生活上のリスクに対して，働ける現役のうちに各自が保険料を払って備えておき，リスクが現実のものとなった場合に，本人や家族の生活を金銭的に支える仕組みを作った。それが，年金保険である。

今日では，公的年金は国民の生活になくてはならない制度となっている。国民生活基礎調査（2022年）によると，高齢者世帯の総所得に占める公的年金・**恩給**の割合は62.8%を占めている（**図5-1**）。また，高齢者世帯の44.0%が公的年金による収入だけで生活している。高齢化社会において社会福祉士として人々の生活を支援していくにあたっては，年金についての知識が欠かせない。

**➡ 恩給**

明治時代に軍人や官吏を対象として設けられた国家補償の性格を有する年金制度。2023年3月末現在における恩給受給者の98.4%は旧軍人関係である。旧軍人の恩給以外は，1950年後半から60年代前半にかけて創設された共済組合制度へ移行したが，移行前からの受給権者やその遺族に対して経過的に存在している。

## ☐ 年金制度の体系

公的年金制度は，20歳以上60歳未満の全国民が加入し基礎的給付を行う国民年金を1階部分とし，それに上乗せして報酬比例の年金を支給する厚生年金保険を2階部分とする2階建ての構造となっている（**図5-2**）。さらに，3階部分として公的年金に上乗せして給付を行う企業年金等の私的年金がある。高齢期の所得保障でみると，公的年金は生涯にわたって支給する終身年金であり老後の生活の

**図5-1 高齢者世帯の1世帯当たり平均所得年額の構成割合**

出所：厚生労働省『国民生活基礎調査（2023年）』より筆者作成。

仕送り・企業年金・個人年金・その他の所得 17万円 5.6%
財産所得 14万円 4.6%
年金以外の社会保障給付金 2.5万円 0.8%
稼働所得 80万円 26.1%
公的年金・恩給 192万円 62.9%
高齢者世帯の平均所得年額305万円

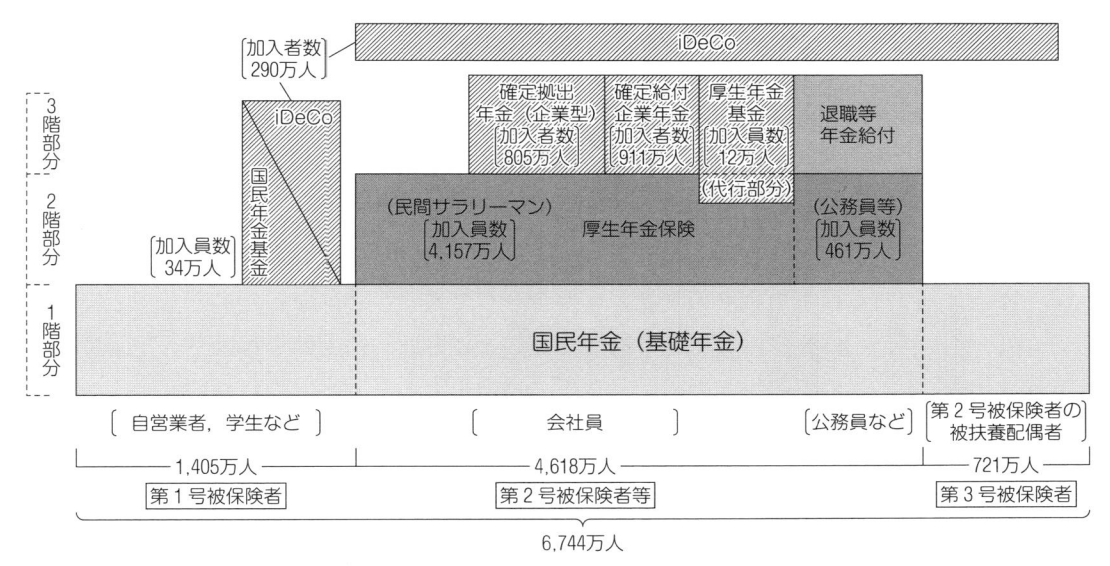

**図 5-2　年金制度の体系**

注：数値は2023年 3 月末時点。
出所：厚生労働省『厚生労働白書 令和 6 年版 資料編』228頁（https://www.mhlw.go.jp/wp/hakusyo/kousei/23-2/dl/11.pdf）
　　　を一部修正。

基本的部分を支える役割を担っているのに対し，私的年金は任意で個々の自主的な努力によって高齢期の所得保障をより充実させる役割を果たしている。

　日本の公的年金制度は，社会保険方式をとっており，保険料を主要財源としているが，国民年金では給付費の 2 分の 1 に相当する国庫負担（税金）を組み合わせて運営している。税方式による年金としては，恩給や**老齢福祉年金**が経過的に設けられている。

## ☐ 財政方式

　年金の財政方式には，大別すると，短期の計画で収支の均衡を図る賦課方式と，長期の計画で収支の均衡を図る積立方式がある。

　賦課方式は世代間扶養の仕組みであり，年金給付に必要な費用をその時々の現役世代が負担する保険料を財源として賄う。インフレや賃金変動の影響を受けにくく年金額の価値を維持することができることがメリットだが，少子高齢化が進行すると，保険料を負担する現役世代の人数が減り，後世代ほど保険料負担が大きくなるというデメリットがある。

　一方，積立方式では，将来の年金給付に必要な原資をあらかじめ積み立て，その積立金と運用益で賄う。少子高齢化による人口変動の影響を受けにくいが，想定以上のインフレや賃金上昇があった場合に年金の価値を維持することが困難となる。

**➡ 老齢福祉年金**

1961年 4 月に拠出制の国民年金制度が発足した当時にすでに高年齢に達していて，拠出年金を受けるための受給資格期間を満たせない人々を救済するために設けられた無拠出制の老齢年金制度。1911年 4 月 1 日以前に生まれた人（国民年金制度発足当時に50歳以上の者）が70歳に達したときから，本人，配偶者，扶養義務者の所得制限を条件に租税を財源として支給される。

多くの先進諸国で，公的年金制度の財政は積立方式でスタートしたが，しだいに賦課方式を基本とする財政運営へ移行してきた。日本も今日では，賦課方式を基本としつつ，将来の保険料負担を緩和するため一定の積立金を保有する方式が採用されている。2004年の年金改正において有限均衡方式が導入され，100年程度の間に積立金を一部取り崩しながら給付と負担の均衡を図り，100年後には積立金を給付費の1年程度の支払い準備金として残すことになった。そして，定期的に行う年金制度の財政検証ごとに財政均衡期間を移動させ，常に一定の将来までの給付と負担の均衡を考えることになった。

## ☐ 財政検証

2024年に，5年に1度の財政検証が実施された。財政検証とは，年金の「財政見通し」と「給付水準の自動調整の開始・終了年度の見通し」の作成を行い，年金財政の健全性を検証することである。今回の財政検証では，将来推計人口と4つの経済前提の設定に基づき試算を行ったほか，一定の制度改革を実施した場合を仮定したオプション試算を実施した。また，世代ごとの65歳時点における老齢年金の平均額や分布の将来見通しを初めて発表した。

今回の財政検証結果によると，2019年の前回の財政検証に比べ，高齢者や女性の労働参加の増加や好調な年金積立金の運用等を主な要因として将来の給付水準が上昇した。65歳時点の夫婦の年金額が現役世代の平均的手取り収入の何％に当たるかを示す所得代替率は，1人当たり成長率をゼロと見込んだ経済前提のケースを除き，50％の給付水準を今後概ね100年間にわたり確保できることが確認された。一方で，基礎年金の調整期間は長期化し，将来的な基礎年金の給付水準が低下する見通しとなった。

一定の制度改正を仮定したオプション試算では，「被用者保険の更なる適用拡大」，「基礎年金の**マクロ経済スライド**➡の早期終了」を実施した場合には，いずれも基礎年金の給付水準を確保する上でプラスの効果があることが確認された。また，各世代の65歳時点における老齢年金額の分布推計によると，若年世代ほど労働参加の進展や被用者保険の適用拡大により厚生年金の被保険者期間が延伸し，将来的な年金額の増加に寄与することが確認された。

➡マクロ経済スライド
将来の現役世代の負担が過重なものとならないよう，加入者数の減少や平均余命の伸びといったマクロ経済の変化を公的年金の給付水準に反映させる仕組み。

## ② 年金制度の沿革

### 制度の創成

　日本の年金制度はいつごろ誕生し、どのように発展してきたのだろうか。

　明治時代初期に軍人や官吏に対し、租税を財源として、退職・障害・遺族等の年金給付を支給する恩給制度が創設された。また、明治時代末頃から大正時代初頭にかけて、恩給制度が適用されない官業の労働者を対象として、専売、印刷、逓信、運輸等の現業官庁に共済組合が設立され、年金給付が導入された。共済制度では、恩給制度と異なり**社会保険方式**が採用された。恩給は、「国家のために尽くした軍人や官吏に対する恩賞」という性格が強く、社会保障の理念との間にはズレがあるが、公的年金制度の歴史的起源の一つであったと言える。

　民間企業の**被用者**を対象とした年金制度の創成期は1940〜50年代である。1941年に被用者の老齢、障害、死亡等を保険給付の対象とした労働者年金保険法が制定され、翌年から施行された。当初の適用対象は、常時10人以上の労働者を使用する事業所の男性工場労働者のみだったが、1944年に対象を常時5人以上の労働者を使用する事業所に拡大するとともに、事務職員と女性労働者をも被保険者とする改正が行われ、名称も厚生年金保険法と改められた（図5-3）。

　このように、終戦までに公務員や民間被用者のための年金制度が整備されたが、その背景には、民間購買力の吸収によるインフレの抑制、勤労意欲の高揚、労働移動の防止などの目的のために、政府が年金制度を利用したという事情がある。積立方式による年金制度は、老齢年金の支給が始まらない発足当初においては、国民に貯蓄を強制するのと同じ効果をもつからである。

### 戦後の再建と国民皆年金体制の成立

　戦後の経済社会の混乱によって、厚生年金は一時機能停止に陥った。すでに給付が始まっていた障害年金や遺族年金はインフレにより購買力を失っていたが、制度の立て直しを図ろうにも労使とも年金保険料の負担増に耐えうる体力がなかった。そこで、政府は、1947年に労働者災害補償保険制度が創設されたことにともない、厚生年金から労災部分を分離した。さらに、翌年には、まだ受給者のいなかった老齢年

**➡ 社会保険方式**

一定期間の保険料拠出を要件とし、保険料を主要財源として年金給付を行う方式。社会保険方式は、保険料負担の見返りとして給付を受けるため、租税を財源とする税方式の場合よりも、給付の権利性が強い。給付を受けるのに気兼ねや後ろめたさがないため、業績主義的な社会通念が強い社会でも負担を得やすい。

**➡ 被用者**

民間企業や官公庁等に雇われて働いている人。

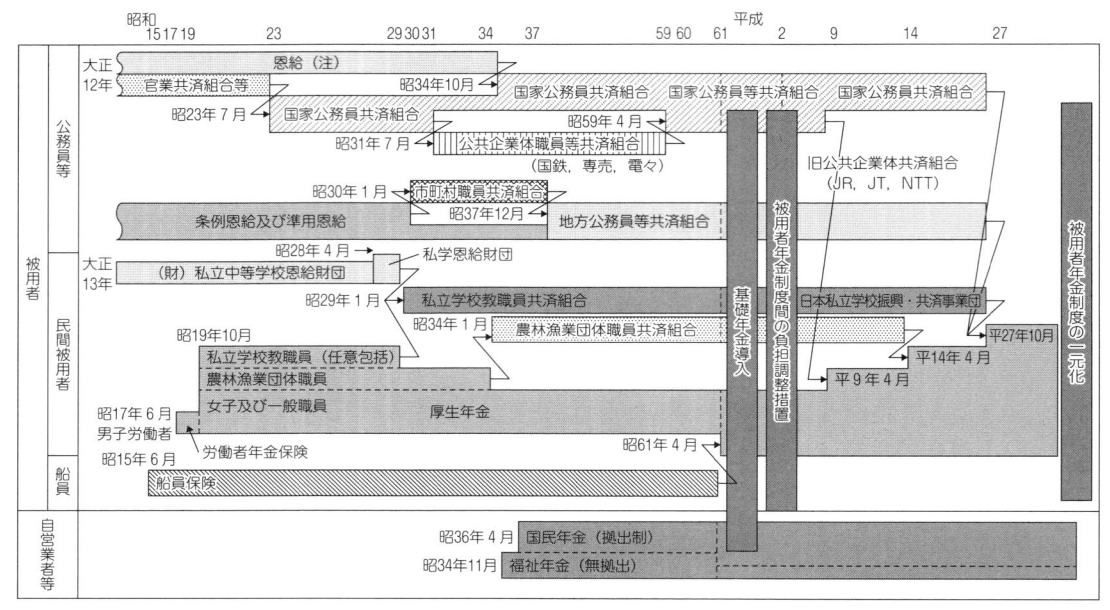

**図5-3 公的年金制度の変遷**

注：明治8年に海軍退隠令，同9年陸軍恩給令，同17年に官吏恩給令が公布され，これが明治23年，軍人恩給法，官吏恩給法に集成され，これが大正12年恩給法に統一された。

出所：厚生労働省「年金制度のポイント 2023年版」（https://www.mhlw.go.jp/content/12500000/20220928.pdf）。

金の年金額を低水準に凍結し，これに合わせて保険料率を大幅に引き下げる非常措置をとった。こうした措置により，厚生年金はようやくインフレを切り抜けた。

その後，1954年には厚生年金保険法の全面改正が行われた。この改正では，従来の報酬比例制を改めて定額部分と報酬比例部分の2階建てとしたほか，老齢年金の支給開始年齢を男性60歳，女性55歳へ引き上げる改正が行われ，給付水準も大幅に改善された。また，公務員に対する年金制度は，1950年代後半から恩給が順次廃止され，共済組合の共済年金に統合一本化された。

このように，被用者については厚生年金や共済年金が整備されてきたが，それでも昭和30年代初頭の年金制度適用者は全就業者の約3割に過ぎなかった。そこで，自営業者，農業従事者，零細事業所の被用者など，長く年金制度の適用外に置かれてきた人々を対象として，1959年に国民年金法が制定され，1961年4月に全面実施された。これにより，すべての国民がいずれかの公的年金制度の適用を受ける国民皆年金体制が実現した。また，同年，職場を移動した場合に老齢年金の資格期間を満たせなくなることによる無年金者の発生を避けるため，通算年金制度が創設された。

国民皆年金体制の実現から1970年代前半までは，年金の給付水準の改善に焦点を当てた改革が行われた。中でも「年金の年」といわれた

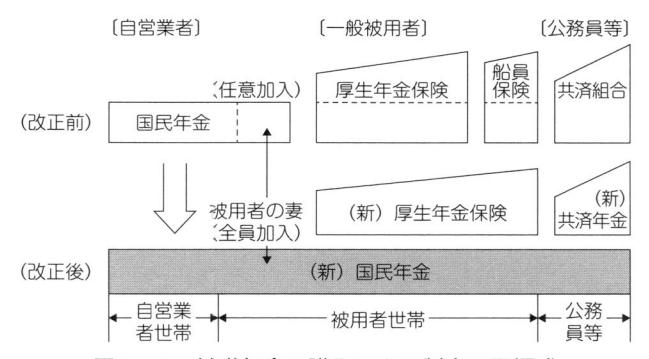

**図5-4　基礎年金の購入による制度の再編成**
出所：厚生労働統計協会編（2019）『保険と年金の動向2022/2023』厚生労
働統計協会，167頁。

1973年には，年金額算定の基準となる過去の報酬の再評価，**物価スライド制**による年金額の自動改定等が導入された。また，標準的な年金水準を現役世代の平均標準報酬の6割程度とするという方針が打ち出された。国民年金についても厚生年金の改正に連動して給付の改善が行われてきた。

　しかし，1973年の秋に起こったオイルショックを契機として日本経済は低成長へと移行し，1980年代に入って高齢化社会の到来が明らかになる中で，年金制度においても，制度の分立に伴う制度間の不合理な格差，国民年金の財政的危機，被用者年金の給付水準の見直し等の問題が指摘されるようになり，1985年の年金制度の抜本改正へと繋がっていった。

### ☐ 基礎年金の導入と制度の再編成

#### ①　1985年改正

　1985年の改正では，国民年金をすべての年金制度の土台の「基礎年金」として位置づけ，厚生年金や共済年金は基礎年金に上乗せする報酬比例年金となった。これにより，日本の公的年金制度は，従来の縦割りから2階建て構造へ再編成された（**図5-4**）。また，この改正では，被用者の被扶養配偶者への国民年金の適用を，従来の任意加入から強制加入へ改めた。

　1985年改正により，基礎年金とそれに上乗せする所得比例年金で構成される年金体制が構築され現在に至っているが，その後も急速な少子高齢化の下で制度の長期的・安定的な維持のため，さまざまな改正が積み重ねられてきた。主な改正の動向は，「支給開始年齢の引き上げ」「給付水準の引き下げ」「保険料水準の固定化」「多様な生き方・働き方への対応」などである。

**➡物価スライド制**
年金額の実質価値を維持するため，物価の変動に応じて年金額を1年ごとに改定する制度。具体的には，前年（1～12月）の消費者物価指数の変動に応じ，翌年4月から自動的に年金額が改定される。

## ② 支給開始年齢の引き上げ

60歳代前半の厚生年金のあり方が見直され，1994年改正で厚生年金の定額部分の支給開始年齢を65歳へ段階的に引上げることとし，2000年改正で厚生年金の報酬比例部分もまた65歳へ引き上げることとした。

## ③ 給付水準の引き下げ

給付水準については，2000年改正で，厚生年金の給付総額の伸びを調整する目的で，厚生年金の報酬比例部分の給付を算定するための給付乗率を5％引き下げることになった。また，世代間の公平性を確保する観点から，年金額の改定のルールの変更が行われ，1994年改正では，**賃金スライド**の基準を従来の被用者の名目賃金から可処分所得の上昇率を用いるネット所得スライド制が導入された。2000年改正では，65歳以降の基礎年金・厚生年金の改定方式についても，賃金再評価や政策改定を行わず物価スライドのみとすることとした。さらに，2004年の改正では，給付水準の自動調整（マクロ経済スライド）の採用が行われた。マクロ経済スライドとは，年金給付額に経済全体の負担能力を反映させる仕組みで，賃金や物価による改定率から現役の被保険者数の減少分と平均余命の伸びに応じて算出した「スライド調整率」を差し引くことによって，年金の給付水準を調整するものである（**図5-5**）。ただし，標準的な年金受給世帯（**モデル世帯**）における**所得代替率**は50％を上回るものとし，50％を下回ることが予想されるときは，給付水準調整の終了等の措置を講じ，給付と負担のあり方について再検討することとした。

## ④ 保険料水準の固定化

保険料水準については，2004年の改正で，国民年金と厚生年金について，保険料の引上げを極力抑制しつつ将来の保険料負担の上限を固定し，その保険料上限による収入の範囲内で給付水準を自動的に調整

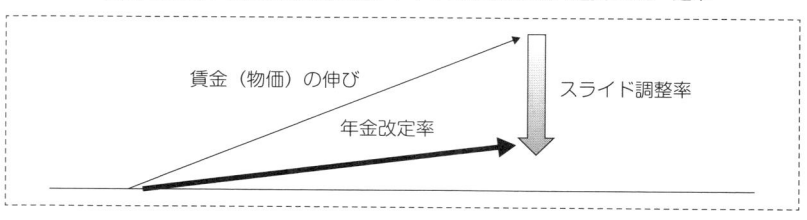

年金を初めてもらうとき（新規裁定者）：賃金の伸び率　－　スライド調整率※
年金をもらっている人（既裁定者）　　：物価の伸び率　－　スライド調整率※

※　スライド調整率：
　　公的年金全体の被保険者数の減少率＋平均余命の延びを勘案した一定率

賃金（物価）の伸び　　　　スライド調整率
年金改定率

**図5-5　マクロ経済スライド**

出所：厚生労働省『厚生労働白書 令和6年版 資料編』229頁（https://www.mhlw.go.jp/wp/hakusyo/kousei/23-2/dl/11.pdf）。

---

**→賃金スライド**
年金額を現役世代の賃金水準の変動に応じて改定すること。65歳になって受け取り始める新規裁定の年金額は，賃金スライドを用いて改定する。

**→モデル世帯**
公的年金を設計するにあたって基準となる標準的な被保険者世帯のこと。具体的には，夫が現役男子の平均的な標準報酬月額を得ている被用者で厚生年金に概ね40年間加入しており，妻は厚生年金にまったく加入したことがないという夫婦世帯を標準的なモデル世帯として設定している。しかし，夫婦共働き世帯の一般化や単身世帯の増加等を受けて，モデル世帯の見直しを求める声がある。

**→所得代替率**
65歳時点のモデル世帯の年金額（夫婦の基礎年金と夫の厚生年金の合計金額）が，男性現役世代の平均手取り収入（賞与込）に対する比率。

するという，新しい給付と負担の見直しの方法（保険料水準固定方式）を導入した。これにより，2017年以降は，厚生年金の保険料率は18.3％，国民年金の保険料は月額１万6,900円に固定されることになった。

⑤　多様な生き方，働き方への対応

　高齢期の就労拡大や離婚への対応，年金制度を通じた子育て支援として，在職老齢年金制度の見直し，子育て支援措置の導入，離婚時の年金分割などが行われた。

　在職老齢年金については，2000年改正で60代後半の在職老齢年金制度を新たに導入し，65〜69歳の在職者について厚生年金の保険料の納付を求めるとともに，収入の多い者については賃金に応じて厚生年金の報酬比例部分の一部または全部を支給停止することとした。2004年の改正ではさらに，70歳以上の在職者に対しても，保険料負担は求めないが，給付に関しては同様の措置が適用されるようになった。

　一方，少子化対策の一環として，働きながらの子育てを支援する仕組みが年金制度に導入されるようになった。**育児休業**中の厚生年金・健康保険の保険料負担については，1994年改正により本人負担分の保険料が免除になっていたが，2000年改正では事業主負担分も免除されることとなった。さらに，2004年の改正では，保険料免除期間を３歳まで延長するほか，勤務時間短縮等により標準報酬月額が低下した場合には，子どもの養育開始前の標準報酬で年金額を算定する仕組みが導入された。また，2012年改正では，産前産後休業期間における厚生年金保険料が免除されることになったほか，国民年金についても，2019年度より，第１号被保険者の産前産後期間について保険料が免除されることになった。

　また，2004年の改正では，離婚時等の年金分割制度の導入などが行われた。離婚時等の年金分割とは，厚生年金において，夫婦が離婚した場合等に婚姻期間中の保険料納付記録を，第３号被保険者期間については２分の１に分割できるとする（第３号分割）とともに，第３号被保険者期間以外の共働き期間等についても半分を限度として分割できる（合意分割）制度である。

### ☐ 持続可能な年金制度への取り組み

　2012年の社会保障・税一体改革の一環として被用者年金制度一元化法，年金機能強化法が制定された。被用者年金制度の一元化に向けた取り組みとしては，1997年の旧三公社（JR, JT, NTT）共済，2002年の農林共済の厚生年金へ統合などが行われてきたが，2012年の改正によ

**➡️ 育児休業**

育児・介護休業法に基づき，労働者は事業主に申し出ることにより，子どもが１歳に達するまでの間，養育のために休業をすることができる。ただし，両親がともに育児休業を取得した場合は１歳２か月まで延長できるほか，保育所に入所を希望しているが入所できない場合などは２歳まで延長できる。原則として同一の子について２回まで分割して取得することができる。育児休業を理由とする解雇，その他の不利益な取り扱いは禁止されている。

表 5 - 1　2020年度年金制度改正の概要

| 1　被用者保険の適用拡大 | ①短時間労働者を被用者保険の適用対象とすべき事業所の企業規模要件について，段階的に引き下げる（現行500人超→100人超→50人超）<br>②5人以上の個人事業所に係る適用業種に，弁護士，税理士等の資格を有する者が行う法律又は会計に係る業務を行う事業を追加する<br>③厚生年金・健康保険の適用対象である国・自治体等で勤務する短時間労働者に対して，公務員共済の短期給付を適用する |
|---|---|
| 2　在職中の年金受給のあり方の見直し | ①高齢期の就労継続を早期に年金額に反映するため，在職中の老齢厚生年金受給者（65歳以上）の年金額を毎年定時に改定することとする<br>②60歳から64歳に支給される特別支給の老齢厚生年金を対象とした在職老齢年金制度について，支給停止とならない範囲を拡大する（支給停止が開始される賃金と年金の合計額の基準を，現行の28万円から47万円（令和2年度額）に引き上げる） |
| 3　受給開始時期の選択肢の拡大 | 現在60歳から70歳の間となっている年金の受給開始時期の選択肢を，60歳から75歳の間に拡大する |
| 4　確定拠出年金の加入可能要件の見直し等 | ①確定拠出年金の加入可能年齢を引き上げる（※）とともに，受給開始時期等の選択肢を拡大する。<br>　※企業型DC：厚生年金被保険者のうち65歳未満→70歳未満<br>　※個人型DC（iDeCo）：公的年金の被保険者のうち60歳未満→65歳未満<br>②確定拠出年金における中小企業向け制度の対象範囲の拡大（100人以下→300人以下），企業型DC加入者の個人型DC（iDeCo）加入の要件緩和など，制度面・手続面の改善を図る |
| 5　その他 | ①国民年金手帳から基礎年金番号通知書への切替え<br>②未婚のひとり親等を寡婦と同様に国民年金保険料の申請全額免除基準等に追加<br>③短期滞在の外国人に対する脱退一時金の支給上限年数を3年から5年に引上げ（具体の年数は政令で規定）<br>④年金生活者支援給付金制度における所得・世帯情報の照会の対象者の見直し<br>⑤児童扶養手当と障害年金の併給調整の見直し　等 |
| 施行期日 | 令和4（2022）年4月1日<br>（ただし，1①は令和4（2022）年10月1日・令和6（2024）年10月1日，1②・③は令和4（2022）年10月1日，4①は令和4（2022）年4月1日・同年5月1日等，4②は公布日から6月を超えない範囲で政令で定める日・令和4（2022）年10月1日等，5②・③は令和3（2021）年4月1日，5④は公布日，5⑤は令和3（2021）年3月1日　等） |

出所：厚生労働省「年金制度の機能強化のための国民年金法等の一部を改正する法律案（2020年6月5日公布）の概要」（https://www.mhlw.go.jp/content/12500000/000718593.pdf）。

り，国家公務員共済組合，地方公務員等共済組合，私立学校教職員共済が2015年10月に厚生年金へ統合された（**図5-3**）。これに伴い，共済年金と厚生年金の制度的な差異については基本的に厚生年金に揃えて解消することになり，被用者年金制度の一元化が実現した。

　また，2012年の改正では，年金機能強化法の制定を受けて，①基礎年金国庫負担割合2分の1の恒久化，②短時間労働者への厚生年金の適用拡大，③老齢年金の**受給資格期間**の10年への短縮，④産前産後休業期間中の厚生年金保険料の免除，⑤父子家庭への遺族基礎年金の支給拡大などの改正が行われた。

　このうち，短時間労働者への厚生年金の適用では，2016年10月以降，①1週間の所定労働時間20時間以上，②月額賃金が8.8万円以上，③勤務期間1年以上の見込み，④学生でないこと，⑤従業員501人以上の企業，の5つを満たす場合は，厚生年金保険が適用されるようになった。さらに，2020年の改正により，③の要件が削除され，フルタイ

**➡ 受給資格期間**
年金を受給するために必要な公的年金への加入期間のこと。老齢基礎年金の受給資格期間は10年である。受給資格期間には，保険料を納付した期間，保険料を免除・猶予された期間のほか，合算対象期間（海外在住期間や1986年3月までの国民年金任意加入の対象者が加入していなかった期間など）を含む。

表 5 - 2　　国民年金の被保険者の種類と保険料負担

|  | 第 1 号被保険者 | 第 2 号被保険者 | 第 3 号被保険者 |
|---|---|---|---|
| 年齢・職業等 | 20歳以上60歳未満の自営業者，農業者，無職の者等 | 70歳未満の民間企業被用者，公務員 | 第 2 号被保険者の被扶養配偶者で，20歳以上60歳未満の者 |
| 保険料負担 | 保険料は定額で，個別に負担する | 厚生年金の保険料と一緒に負担する<br>加入している被用者年金制度の実施機関がまとめて国民年金に拠出金を支払う | 本人は保険料を負担しない<br>配偶者の加入している被用者年金制度の実施機関がまとめて国民年金に拠出金を支払う |

出所：厚生労働省資料を基に筆者作成。

ム労働者と同様の「勤続期間 2 カ月以上の見込み」となったほか，⑤の要件は，2022年10月から「従業員101人以上」，2024年10月から「従業員51人以上」の企業へ，加入要件がさらに緩和されることになった（表 5 - 1 ）。

　また，2016年には，年金額の改定ルールの見直しが行われた。マクロ経済スライドについて，デフレ経済下では年金財政安定化機能を発揮できないことを踏まえ，世代間公平の確保の観点から，年金の名目額が前年度を下回らない措置を維持しつつ，賃金・物価の上昇の範囲内で前年度までの未調整分を含めて調整する措置（キャリーオーバー制）を導入した。

　賃金・物価スライドについて，支え手である現役世代の負担能力に応じた給付とする観点から，2021年 4 月以降，賃金変動が物価変動を下回る場合には賃金変動に合わせて改定する考え方が徹底された。

 現在の年金制度

☐ 被保険者と保険料

　①　国民年金の被保険者と保険料

　国民年金の被保険者は，加入の仕方や保険料支払い方法の違いから，3 種類に区分されている（表 5 - 2 ，図 5 - 2 ）。第 1 号被保険者は，日本国内に住所のある20歳以上60歳未満の者であって，第 2 号・第 3 号被保険者でない者である。かつては自営業者や農業者が中心だったが，今日では無職の者の割合が最も高くなっている。第 1 号被保険者は，定額の保険料（2024年度月額 1 万6,980円）を個別に負担する。負担能力のない者については保険料の免除制度が設けられている。

表5-3　老齢基礎年金における保険料免除期間の取り扱い

| 免除・猶予の種類 | | 受給資格期間への算入 | 老齢基礎年金への反映 |
|---|---|---|---|
| 法定免除 | | 算入される | 8分の4が反映 |
| 申請免除 | 全額免除 | | |
| | 4分の3免除 | | 8分の5が反映 |
| | 半額免除 | | 8分の6が反映 |
| | 4分の1免除 | | 8分の7が反映 |
| 学生納付特例 | | | 反映されない |
| 納付猶予 | | | |
| 未　納 | | 算入されない | |

出所：表5-2と同じ。

➡被扶養配偶者

国民年金の加入者のうち，厚生年金に加入している第2号被保険者に扶養されている20歳以上60歳未満の配偶者が被扶養配偶者（第3号被保険者）と認定されるかどうかの基準は，その者の年収が130万円未満（障害者の時は180万円未満）で，かつ配偶者である第2号被保険者の年収の2分の1未満であることである。

➡追納

老齢基礎年金の年金額を計算するときに，保険料の免除や納付猶予の承認を受けた期間がある場合は，保険料を全額納付した場合と比べて年金額が低くなる。そこで，学生納付特例や保険料の免除または納付猶予を受けた期間から10年以内であれば保険料をさかのぼって納付（追納）して，老齢基礎年金の年金額を増やすことができる。

第2号被保険者は厚生年金保険の被保険者であり，第2号被保険者の**被扶養配偶者**は第3号被保険者となる。第2号被保険者と第3号被保険者の保険料は各被用者年金制度が被保険者数に応じて，基礎年金拠出金として一括して負担する。

国民年金（基礎年金）の給付費は，すべての被保険者が負担する保険料と国庫負担により賄われる。国庫負担は基礎年金給付費の2分の1である。

② 　国民年金の保険料免除制度

国民年金の第1号被保険者には無職の者や所得の低い者が多いため，保険料の免除制度が設けられている。免除制度には，法定免除と申請免除の2種類がある。法定免除は，生活保護の生活扶助を受けている場合や障害基礎年金等の障害給付を受けている場合に，届出により自動的に全額が免除される。申請免除は，低所得で保険料の納付が困難であるときに申請し，承認されると保険料の納付が免除になる。免除される額は，全額，4分の3，半額，4分の1の4段階がある。

また，50歳未満で，本人と配偶者の前年所得が一定額以下の場合には申請により保険料の納付が猶予される納付猶予制度がある。学生の場合は，本人の所得が一定額（前年の所得：128万円＋扶養親族等の人数×38万円）以下の場合に申請により保険料納付が全額猶予され，社会人になってから保険料を**追納**できる学生納付特例制度が設けられている。学生納付特例制度では，親の所得は判断の対象外で，学生本人の所得状況のみにより判断される。

保険料の免除や猶予を受けていた期間は老齢・障害・遺族年金を受給するための資格期間に算入される。ただし，老齢基礎年金額については，保険料を全額納付した場合と比較して**表5-3**のような割合で反映される。

### ③　厚生年金の被保険者と保険料

厚生年金は，民間企業の被用者や公務員を対象とする公的年金である。株式会社などの法人の事業所と，従業員が常時 5 人以上いる個人の事業所は厚生年金保険の強制適用事業所となり，そこに使用される70歳未満の者は一括して被保険者となる。

一方，短時間労働者については，1 週間の所定労働時間がおおむね30時間以上の場合に厚生年金保険の適用対象となる。ただし，短時間労働者への厚生年金の適用拡大により，2024年10月以降従業員51人以上の企業等で週20時間以上働く短時間労働者は，厚生年金保険の加入対象となっている。

厚生年金保険の保険料は，毎月の給与（標準報酬月額）と賞与（標準賞与額）に共通の保険料率（18.3％）をかけて計算され，これを事業主と被保険者とが半分ずつ負担する。標準報酬月額は，加入者が受け取る給与（基本給のほか残業手当や通勤手当などを含めた税引き前の給与）を，一定の幅で区分した報酬月額に当てはめて決定され，現在の標準報酬月額は，第 1 級（ 8 万8,000円）から第32級（65万円）までの32等級に分かれている。

国庫負担は，事務費の他は基礎年金拠出金に要する費用の 2 分の 1 に限定されており，報酬比例の厚生年金部分に対しては行われない。

### □ 老齢年金
#### ①　老齢年金とは

高齢者の生活を社会全体で支える社会的扶養の仕組みとして支給されているのが老齢年金である。このうち，国民年金から支給される年金が「老齢基礎年金」であり，老齢基礎年金に上乗せして厚生年金保険から支給される年金が「老齢厚生年金」である。いずれも終身にわたって支給される。受給できる年金額は保険料を納めた期間が長いほど多くなる仕組みとなっている。

#### ②　老齢基礎年金の支給要件・支給開始年齢・年金額

老齢基礎年金は，原則として，(1) 保険料納付済期間，(2) 保険料免除期間，(3) **合算対象期間** の 3 つを合計した資格期間が10年以上ある者が65歳に達したときに支給される。

支給開始年齢は原則として65歳だが，本人の希望によって，60歳から64歳の間で繰上げて，または66歳以降75歳になるまでの間に繰下げて受給することができる。繰上げて受給すると年金額は減額され，繰下げて受給すると年金額は増額される。支給率は一生変わらない。繰上げ支給を選択した場合の請求時の年齢に応じた減額率，繰下げ支給

**➡ 合算対象期間**
老齢基礎年金の年金額には反映されないが，受給資格期間には算入される期間のことで，「カラ期間」ともいう。具体的には，海外在住期間，被用者年金の加入期間のうち20歳前および60歳以後の期間，1986年 3 月以前の国民年金任意加入の対象者（被用者の妻など）が加入しなかった期間，1991年 3 月以前の学生が任意加入しなかった期間などである。

表5-4　繰上げ支給の減額率／繰下げ支給の増額率

| 繰上げ支給 | | 繰下げ支給 | |
|---|---|---|---|
| 請求時の年齢 | 減額率 | 申出時の年齢 | 増額率 |
| 60歳0カ月～60歳11カ月 | 24.0～19.6% | 66歳0カ月～66歳11カ月 | 8.4～16.1% |
| 61歳0カ月～61歳11カ月 | 19.2～14.8% | 67歳0カ月～67歳11カ月 | 16.8～24.5% |
| 62歳0カ月～62歳11カ月 | 14.4～10.0% | 68歳0カ月～68歳11カ月 | 25.2～32.9% |
| 63歳0カ月～63歳11カ月 | 9.6～5.2% | 69歳0カ月～69歳11カ月 | 33.6～41.3% |
| 64歳0カ月～64歳11カ月 | 4.8～0.4% | 70歳0カ月～70歳11カ月 | 42.0%～49.7% |
| | | 71歳0カ月～71歳11カ月 | 50.4%～58.1% |
| | | 72歳0カ月～72歳11カ月 | 58.8%～66.5% |
| | | 73歳0カ月～73歳11カ月 | 67.2%～74.9% |
| | | 74歳0カ月～74歳11カ月 | 75.6%～83.3% |
| | | 75歳0カ月～ | 84.0% |

注：繰上げた場合の減額率は「0.4％（1962年4月1日以前生まれの人は0.5％）×繰上げた月数」，
　　繰下げた場合の増額率は「0.7％×繰下げた月数」で算出する。
出所：表5-2と同じ。

表5-5　老齢基礎年金額の計算式（2024年度）

$$\text{年金額}＝816{,}000\text{円}\times\frac{\text{保険料を納めた月数＋保険料を免除された月数}\times(4/8\sim7/8)^{(注1)}}{480\ (40\text{年}^{(注2)}\times12\text{カ月})}$$

注(1)：保険料を免除された期間がある者は，免除の割合と基礎年金の国庫負担割合に応
　　　じて計算式が以下のように変わる。
　　　保険料全額免除月数×4/8（2009年3月以前の期間は2/6）
　　　保険料3/4免除月数×5/8（同3/6）
　　　保険料半額免除月数×6/8（同4/6）
　　　保険料1/4免除月数×7/8（同5/6）
　注(2)：1941年4月1日以前生まれの者は，生年月日に応じて短縮。
　出所：厚生労働省「年金制度のポイント　2023年版」を基に筆者作成。

を選択した場合の申出時の年齢に応じた増額率は，**表5-4**のように
なる。

　加入できる期間を通して完全に保険料を支払った場合の老齢基礎年
金の年金額（2024年度，年額）は81万6,000円である。保険料の未納期
間がある場合は，**表5-5**の式のとおりその分減額されるが，保険料
を免除されていた期間は，国庫負担割合分の年金が支給される。

### ③　老齢厚生年金の支給要件・支給開始年齢・年金額

　老齢厚生年金は，厚生年金保険の被保険者期間がある者が老齢基礎
年金の資格期間を満たした場合に，原則として65歳から支給される。

　1985年の改正により，老齢厚生年金は基礎年金に上乗せする報酬比
例部分を構成する年金となり，老齢基礎年金と同様に65歳から支給さ
れることになった。現在65歳未満に支給されている特別支給の老齢厚
生年金は，段階的に支給開始年齢が引き上げられており，男性は2025

表 5 - 6　老齢厚生年金（報酬比例部分）の計算式

| 報酬比例部分の年金額＝①総報酬制導入前の期間の年金額＋②総報酬制導入後の期間の年金額 |
| --- |
| ①：平均標準報酬月額×7.125/1000×2003年 3 月以前の被保険者期間の月数 |
| ②：平均標準報酬額×5.481/1000×2003年 4 月以降の被保険者期間の月数 |

注：1946年 4 月 2 日以降に生まれた人の場合。
出所：日本年金機構「老齢年金ガイド 令和 6 年度版」を一部修正。

年度に，女性は2030年度に完全に65歳へ引き上げられる予定である。なお，65歳からの老齢厚生年金も，老齢基礎年金と同様，本人の希望によって，60歳から64歳の間で繰上げ減額支給，66歳以降75歳になるまでの間で繰下げ増額支給を選択することができる。仕組みは老齢基礎年金と同様である。

　老齢基礎年金に上乗せして65歳から支給される老齢厚生年金の年金額は，働いていたときの給与・賞与と被保険者期間に比例する。年金額は，報酬比例の年金額に**経過的加算額**➡や加給年金額を加算したものとなる。年金額の算定の仕方は，2003年の総報酬制の導入の前と後で異なる。総報酬制が導入される前の2003年 3 月分までは，毎月の給与（標準報酬月額）からの保険料のみを基に年金額が算出されるが，総報酬制の導入後は，賞与からの保険料も年金額に反映される。

　平均標準報酬月額の算出に際しては，平均賃金の上昇に応じて過去の報酬を再評価する賃金スライドが行われるが，65歳以後の年金額の改定については原則として物価スライドのみとなる。また，賃金や物価の変動率に加え，公的年金制度への加入者数の減少率や平均余命の動向といったマクロ経済の変化を給付水準に反映させるマクロ経済スライドが適用される。給付乗率は被保険者の生年月日により異なる。報酬比例部分の年金額の計算式は**表 5 - 6** のとおりである。

　報酬比例の年金額に加算される加給年金額は，被保険者期間が20年以上ある者が受給権を得たとき，その者と生計維持関係にある配偶者や子どもがいる場合に支給される。支給額（2024年度，年額）は，配偶者と第 1 子・第 2 子は 1 人につき23万4,800円，第 3 子以降は 7 万8,300円である。加給年金額は配偶者が65歳になるまで支給され，65歳以後は配偶者の老齢基礎年金に対する振替加算が経過的に支給される。

　④　在職老齢年金

　在職老齢年金とは，就労し一定以上の賃金を得ている60歳以上の老齢厚生年金受給者を対象に，当該老齢厚生年金の一部又は全部の支給を停止する仕組みである。賃金と年金の額との合計が支給停止調整額（2024年度50万円）を超えると，賃金 2 に対し，年金を 1 停止する。在職老齢年金制度は，1965年の制度導入以来，高齢期の就労のあり方，

➡ 経過的加算額

基礎年金を導入した1985年の年金改正の経過措置としての加算給付。基礎年金を導入した際，旧厚生年金保険法の老齢年金の定額部分は老齢基礎年金よりも高額だったため，経過的な措置として，差額分の年金額を老齢厚生年金に加算して支給することとしたのが経過的加算である。また，老齢基礎年金の年金額に反映しない「20歳前および60歳以後の厚生年金の被保険者期間」に対応する定額部分相当額を老齢厚生年金に加算する。

表5-7　障害等級の概要

| | 障害の状態 |
|---|---|
| 1級 | 他人の介助を受けなければ，ほとんど自らのことができない程度の状態<br>（具体例）<br>① 両眼の視力がそれぞれ0.03以下の場合<br>② 両手のすべての指を失った場合<br>③ 両足を足関節以上で失った場合　など |
| 2級 | 必ずしも他人の助けを借りる必要はないが，日常生活は極めて困難で，就労ができない程度の状態<br>（具体例）<br>① 両眼の視力がそれぞれ0.07以下の場合<br>② 片手のすべての指を失った場合<br>③ 片足を足関節以上で失った場合　など |
| 3級<br>（障害厚生年金のみ） | 就労に著しい制限を受ける程度の状態<br>（具体例）<br>① 両眼の視力がそれぞれ0.1以下に低下した場合<br>② 一上肢の3大関節（肩関節，肘関節，手関節）のうち，2関節に著しい障害を残す場合<br>③ 一下肢の3大関節（股関節，膝関節，足関節）のうち，2関節に著しい障害を残す場合　など |

出所：厚生労働省「年金制度のポイント 2023年度版」（https://roumu.com/pdf/2024090265.pdf）。

年金の支給開始年齢や給付水準等を加味して数次にわたる改正が行われてきているが，2020年改正では，60代前半に支給される特別支給の老齢厚生年金を対象とした在職老齢年金の支給停止基準が65歳以上の人に対する在職老齢年金に揃えられ，60代前半の支給停止が緩和されることとなり，より就労に中立的な制度となった。

　なお，老齢厚生年金が支給停止されても，老齢基礎年金は全額支給される。

### ☐ 障害年金

#### ① 障害年金とは

　病気やけがで障害が残った場合の生活を支えるために支給されるのが障害年金である。支給要件に該当する場合，障害の軽重に基づく障害等級に応じた年金を受給できる。国民年金から支給されるのが「障害基礎年金」で，厚生年金に加入している場合は「障害厚生年金」が上乗せされる。

#### ② 障害基礎年金の支給要件・年金額

　障害基礎年金は次の条件のすべてに該当する場合に受給できる。第1に，障害の原因となった病気やけがの初診日が，①国民年金加入期間，②日本国内に住所がある60歳以上65歳未満の年金未加入期間，のいずれかの間にあることである。第2に，障害の原因となった病気やけがによる障害の程度が**障害認定日**に障害等級（**表5-7**）の1級また

**➡障害認定日**

障害の程度を判定する日。障害の原因となった傷病についての初診日から起算して1年6カ月を経過した日，または1年6カ月以内にその傷病が治った場合（症状が固定した場合）はその日をいう。障害認定日において障害等級に該当しなかった場合でも，その後65歳に達する前に該当する障害の状態になったとき（事後重症）には，障害年金を請求することができる。

表5-8　障害厚生年金・障害手当金の計算方法と年金額（2024年4月現在，年額）

| 障害等級 | 計算方法・年金額 |
|---|---|
| 1級の障害厚生年金 | 報酬比例の年金額[1]×1.25＋〔配偶者の加給年金額[2]（23万4,800円）〕 |
| 2級の障害厚生年金 | 報酬比例の年金額＋〔配偶者の加給年金額（23万4,800円）〕 |
| 3級の障害厚生年金 | 報酬比例の年金額（最低保証額：61万2,000円） |
| 障害手当金（一時金） | 報酬比例の年金額×2（最低保証額：122万4,000円） |

注：(1) 報酬比例の年金額の計算式は老齢厚生年金の報酬比例の年金額の計算式と同じだが，被保険者期間が300月に満たない場合は300月とみなして計算する。
　　(2) その人に生計を維持されている65歳未満の配偶者がいる場合に加算される。
出所：日本年金機構「障害年金ガイド　令和6年度版」を基に筆者作成。

は2級の状態に該当することである。第3に，初診日の月の前々月までに被保険者期間があり，かつ，保険料の納付済期間と免除期間を合わせた期間が被保険者期間の3分の2以上あることである。ただし，2026年4月1日前に初診日のある傷病による障害については，初診日において65歳未満であり初診日前の1年間に保険料滞納期間がない場合も支給される。障害の認定は初診日から1年6カ月を経過した日をもって行う。

　20歳前の年金制度に加入していない期間に初診日がある場合は，保険料の納付要件はなく，障害の状態にあって20歳に達したとき，または20歳に達した後に障害の状態になったときから，所得制限を条件に障害基礎年金が支給される。

　障害基礎年金の年金額は，被保険者期間による額の差はなく定額である。2024年度の年額は，2級障害が81万6,000円，1級障害はその1.25倍の102万円である。18歳の年度末まで（1級・2級の障害がある場合は20歳未満）の子どもがいる場合は，第1子と第2子には23万4,800円，第3子以降は7万8,300円が加算される。

### ③　障害厚生年金・障害手当金の支給要件・年金額

　厚生年金保険の障害給付には，1～3級の障害厚生年金と，それより軽い障害の場合に支給される一時金としての障害手当金がある。

　障害厚生年金（1級・2級）は，厚生年金保険の被保険者期間中に初診日がある傷病が原因で，障害基礎年金（1級・2級）に該当する障害が生じたときに，障害基礎年金に上乗せして支給される。障害基礎年金に該当しない程度の障害であっても，厚生年金保険の障害等級に該当する場合は，3級の障害厚生年金または障害手当金が支給される（**表5-7**）。障害手当金は，厚生年金保険の被保険者期間中に初診日のある傷病が5年以内に治り，3級の障害よりやや程度の軽い障害が残った場合に支給される。

　障害厚生年金および障害手当金の計算方法と年金額は**表5-8**の通

りである。

## ☐ 遺族年金

### ① 遺族年金とは

一家の稼ぎ手が死亡したとき，残された家族の生活の安定のために支給されるのが遺族年金である。遺族基礎年金と遺族厚生年金では，支給される遺族の範囲が異なるほか，年金額は，遺族基礎年金が定額であるのに対し，遺族厚生年金は死亡した被保険者が保険料を納めた期間等によって決まる。

### ② 遺族基礎年金の支給要件・遺族の範囲・年金額

遺族基礎年金は，次のいずれかの場合に遺族に支給される。

① 国民年金の被保険者期間中に死亡したとき
② 国民年金の被保険者であった60歳以上65歳未満の者で，日本国内に住んでいた者が死亡したとき
③ 老齢基礎年金の受給権者であった者（保険料納付済期間，保険料免除期間および合算対象期間を合算した資格期間が25年以上ある者に限る）が死亡したとき
④ 保険料納付済期間，保険料免除期間および合算対象期間を合算した期間が25年以上ある者が死亡したとき

ただし，①②の場合，死亡日の前日において，国民年金の保険料納付済期間（厚生年金保険の被保険者期間，共済組合の組合員期間を含む）と保険料免除期間を合わせた期間が加入期間の3分の2以上あることが必要である。ただし，2026年4月1日前については，死亡日に65歳未満であれば，死亡日の属する月の前々月までの1年間に保険料滞納期間がない場合にも遺族基礎年金が支給される。

遺族基礎年金の支給の対象となる遺族とは，死亡した被保険者によって生計を維持されていた，子のある配偶者，または子である。なお，「子」とは，18歳の年度末まで（1級・2級の障害がある場合は20歳未満）の婚姻していない子を言う。また，生計維持関係の認定基準は，原則として遺族の収入が将来にわたって年額850万円を超えないことである。

年金額（2024年度，年額）は定額で，配偶者に支給するときは，満額の老齢基礎年金と同額の81万6,000円に，生計を同一にしている第1子と第2子は1人につき22万8,700円，第3子以降は7万6,200円が加算される。子に支給する場合は，第1子に対する支給分が老齢基礎年

金と同額の81万6,000円で，第2子は23万4,800円，第3子以降は1人につき7万8,300円を加算した額となる。

### ③　遺族厚生年金の支給要件・遺族の範囲・年金額

遺族厚生年金は次のいずれかの場合に，遺族に支給される。

① 厚生年金保険の被保険者期間中に死亡したとき
② 厚生年金保険の被保険者期間に初診日がある傷病が原因で，初診日から5年以内に死亡したとき
③ 1級・2級の障害厚生（共済）年金を受け取っている者が死亡したとき
④ 老齢厚生年金の受給権者であった者（保険料納付済期間，保険料免除期間および合算対象期間を合算した期間が25年以上ある者に限る）が死亡したとき
⑤ 保険料納付済期間，保険料免除期間および合算対象期間を合算した期間が25年以上ある者が死亡したとき

ただし，①と②の場合は，遺族基礎年金の保険料納付要件を満たしていることが必要である。

遺族厚生年金を受給できる遺族とは，死亡した者によって生計を維持されていた次の者である。

(1) 遺族基礎年金の支給対象となる遺族
(2) 子のない妻（「子」とは18歳の年度末まで，または1級・2級の障がいがある場合は20歳未満の子）
(3) 55歳以上の夫，父母，祖父母（支給開始は60歳から），孫（年齢要件は（2）の子と同じ）

(1) の場合，すなわち遺族が子のある配偶者または子である場合のみ，遺族基礎年金と遺族厚生年金の二つの年金が支給される。(2) のうち子のない30歳未満の妻への支給は5年間の有期給付となる。支給の優先順位は，配偶者または子，父母，孫，祖父母の順となり，先の順位の者が支給を受けたときは，後の順位の者には支給されない。また，生計維持関係の認定基準は，遺族基礎年金と同様である。

遺族厚生年金の年金額は，報酬比例の年金額の4分の3を基本として，子のいない中高齢の妻が受給する場合にはこれに**中高齢寡婦加算**や**経過的寡婦加算**を加えた額となる。

支給対象者別にみた遺族年金の支給の類型は**図5-6**のようになる。

**➡ 中高齢寡婦加算**

遺族厚生年金の加算給付の一つ。厚生年金の被保険者期間が20年以上ある夫が死亡したときに，①40歳以上で子のない妻，②遺族厚生年金と遺族基礎年金を受けていた子のある妻で，子が18歳到達年度の末日（障害の状態にある場合は20歳）に達したため遺族基礎年金を受給できなくなった妻，が受ける遺族厚生年金には，40歳から65歳になるまでの間，中高齢寡婦加算（2024年度 年額61万2,000円）が加算される。

**➡ 経過的寡婦加算**

遺族厚生年金の加算給付の一つ。1956年4月1日以前生まれで，遺族厚生年金を受けている妻が65歳になり，自分の老齢基礎年金を受けるようになったときに，65歳までの中高齢寡婦加算に代わり，経過的寡婦加算が加算される。老齢基礎年金の額が中高齢寡婦加算の額に満たない場合が生ずるときに，65歳到達前後における年金額の低下を防止するために設けられたものである。

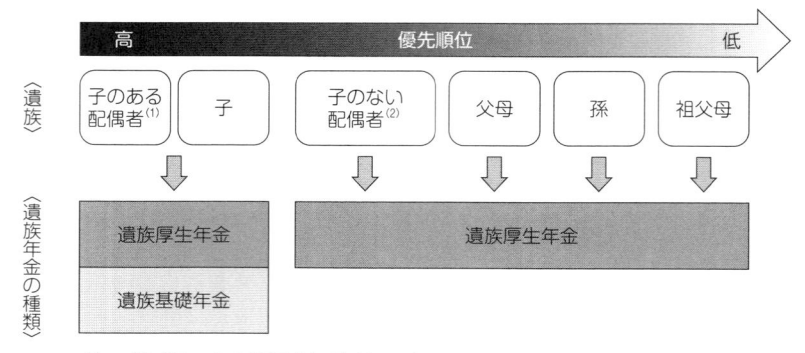

注：(1)「子のある配偶者」が遺族年金を受け取っている間は,「子」に遺族
　　　年金は支給されません。

(2) 30歳未満の子のない妻は, 5 年間の有期給付となります。一定の条
　件を満たす妻には中高齢の寡婦加算があります。

**図 5 - 6　遺族年金を受け取ることができる遺族と年金の種類**

出所：日本年金機構「遺族年金ガイド　令和 6 年度版」(https://www.nenkin.go.jp/service/
pamphlet/kyufu.files/LK03-3.pdf)。

 私的年金

## ☐ 私的年金とは

　長期化する老後生活をより豊かなものにするため, 公的年金を補完
する企業年金・個人年金などの私的年金の役割が増している。私的年
金は, 公的老齢年金の給付水準を補う上乗せ機能と, 定年年齢と老齢
年金の支給開始年齢までの間の所得をつなげるためのつなぎ機能を果
たす。

　私的年金は, 給付建てと拠出建ての 2 種類に分類される。給付建て
とは, 加入期間などに基づいてあらかじめ給付の算定方式が定められ
ている仕組みである。老後に受け取る年金額が確定するため加入者が
高齢期の生活設計を立てやすい反面, 運用状況の悪化などで資産の積
立不足が発生した場合には企業が追加で掛金を拠出することが必要と
なる。給付建てには, 企業年金である確定給付企業年金 (Defined
Benefit, DB), 個人年金である国民年金基金が該当する。

　一方, 拠出建ては, 拠出された掛金が加入者ごとに区分され, その
掛金と加入者の指図による運用の運用益との合計額をもとに, 給付額
が決定される仕組みである。企業が追加拠出をする必要は生じないが,
投資リスクを各加入者が負い, 将来の給付額が運用結果に左右される
ため高齢期の生活設計を立てにくい。拠出建てには, 確定拠出年金

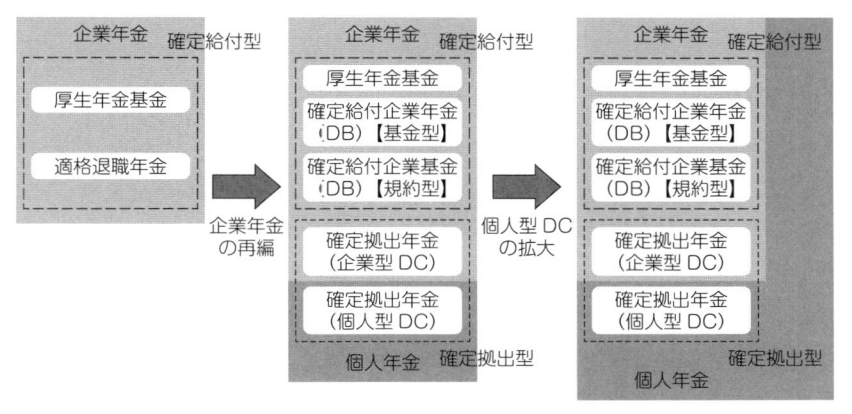

**図 5-7　企業年金・個人年金制度の変遷**

出所：厚生労働省「年金制度の仕組みと考え方 第15　私的年金（企業年金・個人年金）制度」
（https://www.mhlw.go.jp/content/12500000/001021210.pdf）。

（Defined Contribution, DC）が該当し，確定拠出年金はさらに企業型DC と個人型 DC（iDeCo）とに分類される。

### ☐ 確定給付企業年金

確定給付企業年金は2002年 4 月に，従来の**適格退職年金**➡️や厚生年金基金を承継した給付建ての制度として創設された（**図 5-7**）。労使の合意による年金規約に基づき外部機関で積み立てる「規約型」と，母体企業とは別の法人格をもった基金を設立し基金において年金資金を管理・運用を行う「基金型」の 2 つの形態がある。確定給付企業年金は近年減少傾向にあるものの，加入者数は2023年 3 月末現在で911万人で企業年金の加入者の中で最も多い（**図 5-8**）。

### ☐ 厚生年金基金

厚生年金基金は，老齢厚生年金の一部を国に代わって支給するとともに，企業の実情に応じて独自の上乗せ給付を行うことにより，公的年金を補完して手厚い老後保障を行うことを目的として1966年に創設された。しかし，資産運用環境の悪化等により財政状況が大変厳しいものとなったことから，解散や確定給付企業年金への移行が進められ，2014年 4 月 1 日以降は厚生年金基金の新設を認めないことになった。

### ☐ 確定拠出年金

確定拠出年金は，あらかじめ給付額を確約せず，個人ごとに区分された掛金を自己の責任において運用し，その運用結果に基づいた給付を受け取る仕組みである。従来の確定給付型の企業年金は，中小零細企業や自営業者に普及していないこと，転職時の年金資産の移換が不

➡️ **適格退職年金**
企業が生命保険会社や信託銀行等と契約し，年金原資を外部機関に積み立てるなどの法人税法で定める一定の条件を満たし，国税庁長官に承認を受けた企業年金。事業主が負担する掛金は全額損金として扱われるなどの税制上の優遇措置を受けられた。しかし，2002年の確定給付企業年金法の成立により新規の契約は認められなくなり，確定給付企業年金など他制度への移行が進められ，実質的に適格退職年金制度は廃止となった。

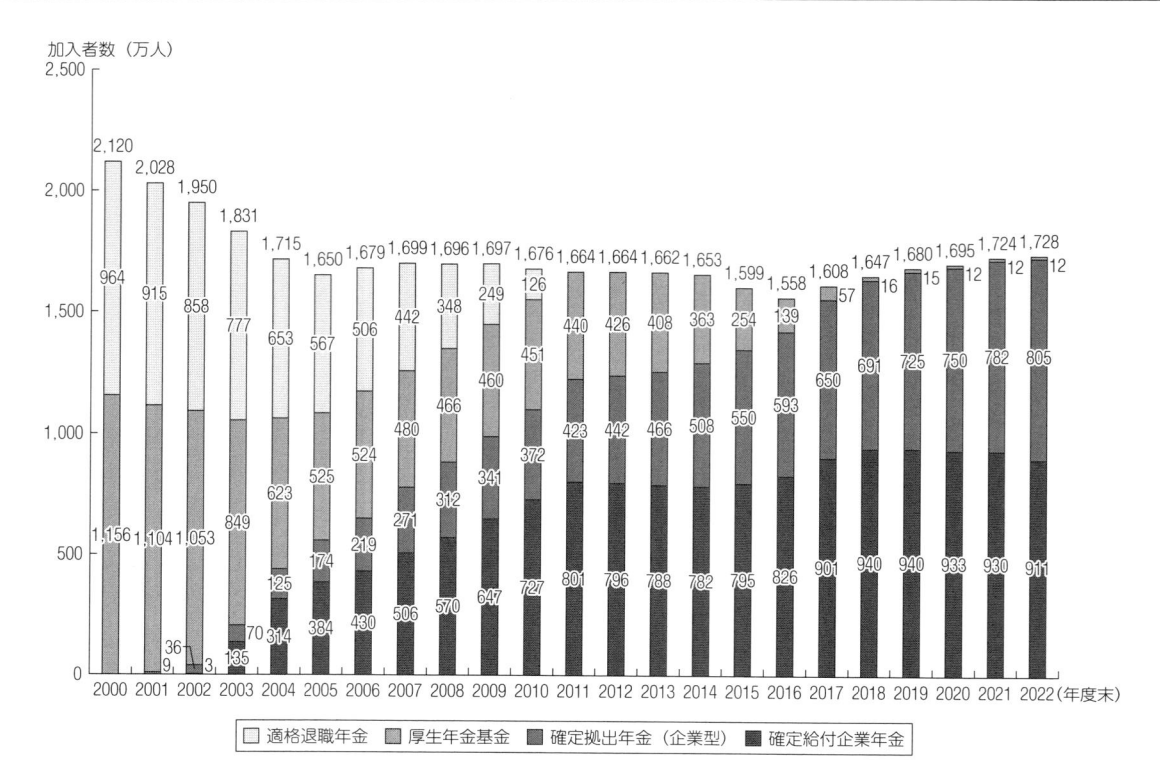

図 5-8　企業年金の加入者数の推移（重複は排除していない）

出所：厚生労働省「私的年金制度（企業年金・個人年金）の現状等」(https://www.mhlw.go.jp/content/10600000/001105570.pdf)。

十分であること等の問題が指摘されていたことから，これらの問題に対処するため，2001年に拠出建ての新たな企業年金の制度として創設された。

　実施形態としては，事業主が従業員のために掛金を拠出して行う「企業型 DC」と，国民年金基金連合会が管理運営し個人が加入して拠出する「個人型 DC（iDeCo）」の 2 つがある。2016年の法改正では，従来は「個人型 DC（iDeCo）」に加入できなかった，企業年金等を導入している企業の会社員，公務員，国民年金第 3 号被保険者にも加入を拡大する対象者範囲の見直しが行われた。これにより，個人型 DC（iDeCo）は，被保険者種別にかかわらず国民年金被保険者を包括する制度となった。さらに，2020年の法改正では，加入可能年齢の引き上げが行われ，企業型 DC は厚生年金被保険者（原則70歳未満），個人型 DC（iDeCo）は国民年金被保険者（原則65歳未満）であれば加入できることとなった。

　企業型 DC は増加傾向にあり，2023年 3 月末の加入者数は805万人である（図 5-8）。また，個人型 DC（iDeCo）の加入者数も増加しており，2023年 3 月末現在で290万人となっている（図 5-9）。

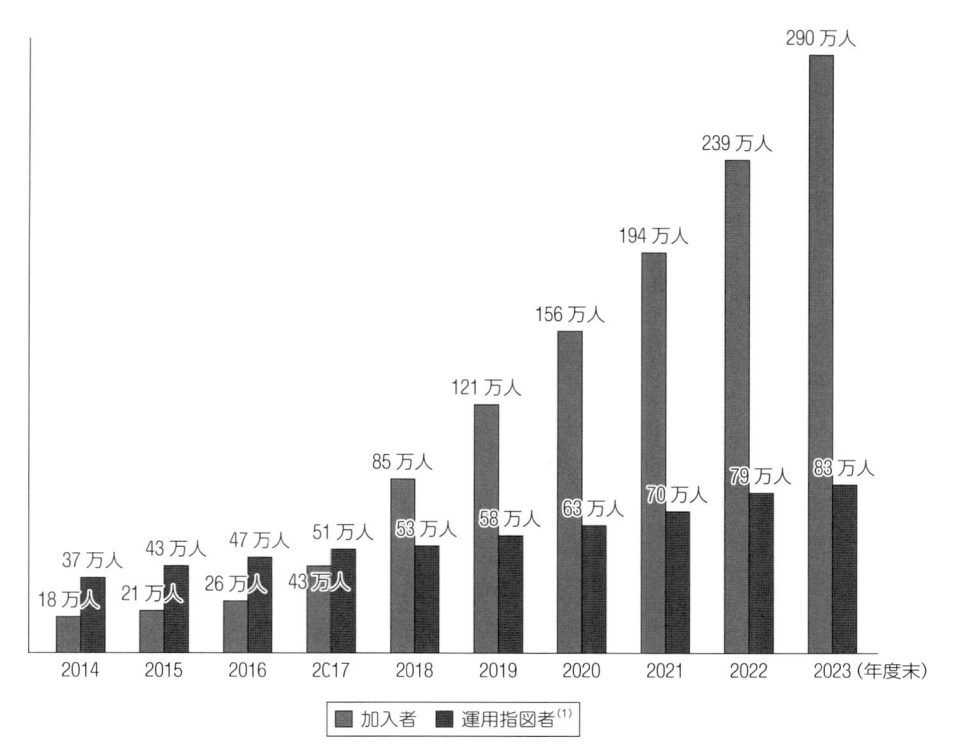

図 5 - 9　個人型確定拠出年金（iDeCo）の加入者数等の推移

注：(1) 運用指図者：確定拠出年金において，掛金の拠出が行われず，運用の指図のみを行う者を指す（企業年金連合会「用語集」）

出所：国民年金基金連合会「iDeCo（個人型確定拠出年金）の制度の概況（令和 5 年 3 月末現在）」(https://www.idecokoushiki.jp/library/pdf/system_overview_0503.pdf) を一部修正。

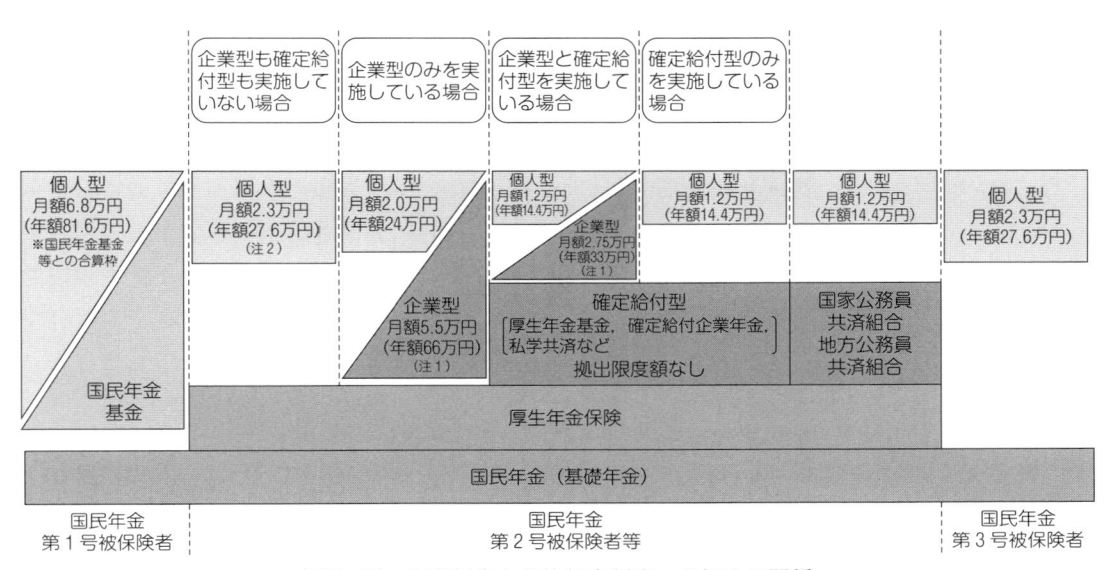

図 5 -10　企業年金と公的年金制度への加入の関係

注：(1) 個人型に加入しない場合は，事業主掛金を越えず，かつ，事業主掛金との合計が拠出限度額の範囲内で，事業主掛金に加え，加入者も拠出可能（マッチング拠出）。

　　(2) 企業年金を実施していない従業員300人以下の事業主は，拠出限度額の範囲内で，加入者掛金に加え，事業主も拠出可能（中小事業主掛金納付制度）。

出所：厚生労働省編（2024）『厚生労働白書 令和 6 年版』(https://www.mhlw.go.jp/wp/hakusyo/kousei/23-2/dl/11.pdf)。

確定拠出年金の対象者・拠出限度額と公的年金制度への加入の関係は**図 5 -10**のとおりである。

### ☐ 国民年金基金

国民年金基金は，自営業者等の国民年金第 1 号被保険者が，所得等に応じて加入口数や給付の型を自らが選択することにより，基礎年金に上乗せして，老後の所得保障の充実を図ることを目的とした制度である。同種の事業または業務に従事する者で組織し全国で 1 つ設立される「職能型基金」と，都道府県ごとに設立される「地域型基金」がある。国民年金基金の加入者数は減少傾向にあり，2023年 3 月末現在の加入者数は，33万である。

## ⑤ 年金制度の課題

国民皆年金の成立から60年以上が経過し，少子高齢化のいっそうの進展の中で，公的年金制度はさらなる見直しが必要となっている。

社会保障審議会年金部会は2024年12月に，同年 7 月に公表された年金制度の財政検証結果に基づき，次期年金制度改革に向けての「議論の整理」を取りまとめた。その中で，年金制度の今後の主な課題について，以下のように整理している。

### ☐ 被用者保険の適用拡大

次期年金制度改正においても，被用者保険の適用拡大は引き続き重要事項の一つである。まずは，短時間労働者等への厚生年金の適用をさらに拡大するため，現在は従業員数50人超となっている企業規模要件を撤廃し，月額賃金8.8万円以上とする賃金要件も撤廃する方針を示した。さらに，常時 5 人以上の従業員を使用する個人事業所へも適用を拡大する。

### ☐ いわゆる「年金の壁」への対応と第 3 号被保険者制度

「年収の壁」への対応として，被用者保険の適用に伴う保険料負担の発生による手取り収入の減少を回避するために就業調整を行う層に対して，手取りの逆転が生じないようにする特例措置の導入について議論を行ったが，意見の一致をみなかった。

一方，第 3 号被保険者制度については，被用者保険の適用拡大を進

**➡ 年収の壁**

社会保険における「年収の壁」とは，社会保険の適用拡大によって，要件を満たすパート・アルバイト労働者が健康保険・厚生年金保険への加入の対象となり，将来の給付が増えるものの，社会保険料負担が発生し，手取り収入が減少すること。

めることにより第3号被保険者の縮小を進めることは基本的方向性であるものの，次期改正において第3号被保険者制度そのものの在り方を見直すことについては議論が収束せず，「国民的な議論の場が必要」として，引き続き検討することとされた。

### ❏ 在職老齢年金制度の見直し

　見直しの方向性として，保険料を拠出した者に対してそれに見合う給付を行うという公的年金の原則との整合性を踏まえること，高齢者の就業を抑制せず働き方に中立的な仕組みとすること，という2つの観点を示した。しかし，具体的な見直しについては，賃金と老齢厚生年金の合計額による支給停止の基準（現行は50万円）を引き上げる案と，廃止案について議論を行ったが，意見の収束に至らず，引き続き検討していくこととなった。

### ❏ 標準報酬月額上限の引上げ

　厚生年金では2024年時点で，標準報酬月額の上限等（65万円）に該当する者の割合が6.5%となっており，多くの者が上限等級に該当している。負担能力に応じた負担を求める観点や将来の給付水準全体にプラスの効果をもたらす所得再分配機能の強化の観点から，現行の標準報酬上限額の改定のルールを見直して新たな等級を追加することが提案された。

### ❏ 基礎年金のマクロ経済スライドによる給付調整の早期終了

　2024年の年金制度の財政調整によると，過去30年の状況を投影した経済前提では，マクロ経済スライドによる給付調整は，報酬比例部分は2026年度に終了する一方，基礎年金の給付調整は30年以上にわたり続き，基礎年金の給付水準は長期にわたって低下する見込みである。そこで，国民年金と厚生年金それぞれの財政均衡を維持した上で，報酬比例部分のマクロ経済スライドを継続し，基礎年金と報酬比例部分の調整期間を一致させることで，公的年金全体として給付調整を早期に終了させる案について検討を行った。今後の経済が好調に推移しない場合に発動されうる備えとしてはマクロ経済スライドの早期終了の措置を講じることについて賛成の意見が多かったが，意見がまとまらなかったため，さらに検討を深めることとされた。

### ❏ 高齢期より前の遺族厚生年金の見直し

　高齢期の前にあたる20代から50代の子のない配偶者に対する遺族厚

生年金は，死別時に30歳未満の妻には有期給付，30歳以上の妻には期限の定めのない終身の給付を行う一方で，死別時に55歳未満の夫には遺族厚生年金の受給権が発生しない。こうした制度上の男女差を解消するため，20代から50代の子のない配偶者に対する遺族厚生年金を，配偶者の死亡という生活状況の激変に際して生活を再建することを目的とする給付と位置づけ，男女とも原則5年間の有期給付とすることを提案している。ただし，見直しにあたっては，激変緩和の観点から経過措置を設けるとともに，有期給付化に伴う配慮措置を講じる。

### ❏ 年金制度における子に係る加算の見直し

障害基礎年金や遺族基礎年金の子に係る加算や老齢厚生年金の加給年金においては，その金額が子の人数に応じて異なり，第3子以降の子への加算額が第1子・第2子への加算額に比べて少ない。しかし，児童扶養手当制度の改正[▶]等を考慮し，多子世帯への支援強化の観点から，公的年金制度における子に係る加算についても，第1子・第2子と同額となるまで第3子以降の支給額を増額し，子の人数に関わらず一律の給付とすることが提案された。

### ❏ 今後検討すべき残された課題

残された課題として，基礎年金の拠出期間の延長（45年化）等が挙げられる。基礎年金の拠出期間は，平均寿命の延びや60代前半の就労進展等の社会経済状況の変化を踏まえると，現行の40年を5年延長し45年とすることが，基礎年金の給付水準の向上を確保するために自然かつ有効な方策であるが，今回の年金部会では十分な議論が行われず，今後引き続き検討するべき課題とされた。

**▶児童扶養手当制度の改正**

児童扶養手当の手当額は，第2子以降の子がいる場合は加算額が支給される。第3子以降の加算額は第2子より低かったが，2024年11月1日から児童扶養手当法等が改正され，第3子以降の加算額が引き上げられて，第2子の加算額と同額となった。

### ○参考文献 ────

埋橋孝文・大塩まゆみ編著（2018）『社会保障 第2版』（新・基礎からの社会福祉⑤）ミネルヴァ書房。

厚生労働統計協会（2024）『保険と年金の動向 2023/2024』（『厚生の指標』臨時増刊）厚生労働統計協会。

坂口正之・岡田忠克編（2018）『よくわかる社会保障 第5版』ミネルヴァ書房。

社会保険研究所（2024）『社会保険のてびき 令和6年度版』社会保険研究所。

広井良典・山崎泰彦編著（2017）『社会保障 第3版』（MINERVA 社会福祉士養成テキストブック⑲）ミネルヴァ書房。

# ■第6章■
# 労災保険制度と雇用保険制度

# 私たちの生活と労災保険・雇用保険制度

## ☐ 労災保険とは

### ① 労災保険導入の背景

労災保険は労働に関係する怪我や病気に補償を提供する社会保険である。産業化に伴って生産プロセスでの災害発生リスクが高まる中，労働災害にあった労働者を支える仕組みとして導入されている。

ただし，労災保険以前に労働者に労働災害に対する補償を与える仕組みが無かったわけではない。労災保険以前は，労働災害が起きると，雇用主にその事故の法的な責任を問うていた。雇用主に法的責任があると判断されれば，雇用主が事故に遭った労働者に補償を行っていた。とはいえ，雇用主の法的な責任を問うても，雇用主に明確な過失がある場合を除けば，労働者が補償を受けるのは難しかった。何より，雇用主の過失を明らかにするための訴えを起こさなければならなかった。したがって労働者の負担が大きかった。

一方，雇用主の法的な責任を問うやり方は，雇用主にとっても都合の良いやり方ではなかった。雇用主が訴訟に負けることもあったからである。雇用主側にも労災保険の導入を支持する理由があった。

労災保険の導入が進んだ理由は，それだけではない。事故の責任について訴訟で白黒をつけすぎると雇用主と労働者の関係が悪化するので，政府も労災保険導入を通じた穏便な解決を歓迎した。

### ② 労災保険の始まり

初めて国による労災保険を作ったのは，ドイツであった。ドイツは1884年に強制加入型の労災保険法（Unfallversicherungsgesetz）を作った。この制度は他の社会保障制度の見本となった。

イギリスも，1897年に，雇用主の過失の有無を問わずに労働災害に遭った労働者に対して補償を行う労働者災害補償法（Workmen's Compensation Act 1897）を導入した。これは，アフリカのイギリスの植民地で多く採用されたほか，アメリカやアイルランドにも大きな影響を与えた。

### ③ 労災保険の動向

当初，労災保険は特定の危険な職業にのみ適用されていた。しかし，徐々にその対象範囲が広がっていった。スウェーデン，ドイツ，ニュージーランドが1950年代頃にほぼ全ての集団を労災保険の対象範囲に

含め，オーストリア，デンマーク，アイルランドもこれに続いた。アジアやアフリカではしばしば自営業者を対象から除外する国が見られるが，ヨーロッパでは自営業者も保険に加入できるため労働者の約9割が労災保険でカバーされている。

　また，労災保険は当初より多くの災害を保険対象とするようになった。当初，労働災害と言えば，炭鉱労働者のじん肺のような職業病に限られていた。だが，今では様々な障害や疾病を労働災害とみなして保険対象としている。製造業の労働者が減少してホワイトカラーの労働者が増えたのに合わせ，精神疾患，ストレス，**バーンアウト**[➡]なども補償の対象となった。最近では，労働災害による病気やケガへの補償のみならず，働けない労働者に様々なリハビリや職業訓練を提供するケースも見られる。

[➡]**バーンアウト**
仕事のストレスのために心身のエネルギーが尽き果てた状態。

## ☐ 雇用保険とは

### ① 雇用保険導入の背景

　雇用保険は，失業に対する保険であり，労働者やその家族の失業時の経済的困難を軽減する保険である。

　ただし，雇用保険以前に似たような仕組みが無かったわけではない。雇用保険以前にも，労働組合の組合員が会費を出し合って基金を作り，その基金で失業したメンバーを助けていた事例があった。しかし，一部の労働者だけで全費用を負担すると，一人ひとりの負担する保険料が大きくなる。その上，失業リスクの高い労働者が多いと，支出が過度に大きくなり，基金がすぐに枯渇してしまう。会費を払う余裕のある労働者のみ加入できる仕組みにすると，最も助けの必要な貧しい労働者が加入できなくなる。

　それゆえ，1901年にベルギーのゲントで作られたモデルを見本に，いくつかのヨーロッパの地方自治体が民間の失業基金に補助金を交付するようになった。1905年には，任意であったとはいえ，フランスが初めて全国レベルの雇用保険を創設した。このフランスの例を見本として，失業保険の基金に国の補助金を交付するケースも拡がっていった。

### ② 雇用保険の動向

　第二次世界大戦後の戦後復興期には，各国の経済成長が著しく，失業率が低かった。しかし，1973年と1979年のオイルショックで失業が拡大した。不況期には，税収が減り，失業が増え，雇用保険への政府支出がかさんだ。さらに，失業者に支給される雇用保険の給付金が失業者の再就職意欲を削いでいる，との非難が広まった。これらにより，

雇用保険への風当たりが強まった。その結果、雇用保険の給付条件を厳格化する動きが起き、雇用保険の給付を積極的な求職活動や労働市場プログラムへの参加に紐づける動きが起きた。1980年から30年間にOECD諸国で給付条件（求職、報告義務、積極的求職への要求など）の厳格化があったことが知られている。

### ③　雇用保険と失業の関係とは

雇用保険をめぐる議論で度々聞かれるのは、雇用保険の失業給付を手厚くすると失業者の再就職意欲が削がれて失業期間が長期化する、という主張である。同様に、雇用保険の失業給付の支給が尽きれば失業から脱却して労働市場に参入する、との主張もある。特に1980年代後半からこうした雇用保険に否定的な主張が広まった。

一方で、雇用保険の失業給付は、失業者にとって有効に使われうる資源でもある。失業給付が十分に与えられれば、労働者は失業期間中に自らの資質向上を図れる。また、失業給付が求職活動の支えとなり求人と求職のよりよいマッチングが実現される、との見方もある。つまり、手厚い失業給付があれば、必要な技術を獲得する機会を得られる上、より適した職業に出会う機会も得られるわけである。

雇用保険は、数ある福祉制度の中でも特に議論が百出した制度である。ただし、雇用保険と失業の関係を考える際に重要なのは、他にも考慮すべき要素がある、ということである。例えば、好条件の仕事があふれていれば、失業期間の収入低下を失業給付で補いつつ、速やかに再就職するだろう。しかし、条件の良い仕事に就ける機会が限られていれば、求職に努めるよりも、失業給付の受給にしがみつこうとする動機も働こう。「失業給付を削れば失業期間が短くなる」や「失業給付の仕組みを改革すれば失業率が改善する」といった短絡的な主張には慎重を要する。

### ④　雇用保険の機能

戦後の福祉国家の拡大の中で雇用保険は重要な役割を担ってきた。失業給付は失業時の世帯所得の低下を軽減し、それにより不景気下でも消費が支えられ、景気が支えられてきた。

さらに、失業給付と失業者の貧困の関係を検討したこれまでの研究は、どの国を対象とした研究も、どのような研究方法の研究も、失業給付が失業による貧困を和らげるという研究結果を提示してきた。失業給付が手厚いほど、貧困を防ぐ効果は強力である。失業が貧困を通じて不健康や心理的抑圧をもたらすことを考えると、失業給付は、失業による健康へのネガティブな影響も減らしているといえよう。雇用保険は、景気の循環に対してだけでなく、労働者の家計、健康、規範

にまで影響を及ぼす重要な制度として注目されてきたわけである。

 ## 2　労災保険・雇用保険制度の発達——明治以降

### ☐ 労災保険の発達

#### ①　労災保険創設

　第一次世界大戦以前は，故意や過失のない限り雇用主に労働災害への賠償責任はない，という見方が支配的だった。しかし，第一次世界大戦後の1922年に制定された健康保険法で，業務の種別を問わない社会保険による対応が始まった。しかしながら，1931年に制定された労働者災害扶助法や労働者災害扶助責任保険法では，受取人は事業主であり，労働者に給付の請求権が保障されたわけではなかった。

　その後，1947年に公布された労働基準法が業務上の災害について事業主に**無過失賠償責任**を負うことを求め，補償を受けることを労働者の権利と明示した。そして，業務上の災害が発生した際に事業主の一次的補償負担を緩和しつつ労働者を迅速に保護する法律として，1947年に労働者災害補償保険法（以下，労災保険）が公布された。

　当初，労災保険の給付は，労働基準法に定める療養補償（現物または費用の負担），休業補償，遺族補償，葬祭料，**打ち切り補償**であり，金銭による給付は労働者に直接支払われることとされた。

　また，事業主が災害予防への注意を怠らないよう，災害率に応じて保険料を上げ下げする仕組みとされた。ただし，当初，労災保険が強制適用されたのは災害の危険率の高い事業だけであった。他業種は任意加入とされていた。

#### ②　給付の改善——1960年代

　労災保険は，当初，長期の療養を要するけい肺や脊髄の障害について療養開始後3年間で一時金の支払いと引き換えに補償を打ち切っていた。だが，1960年の改正で，重度の障害に対しては長期傷病者補償（傷病給付，障害給付，遺族給付葬祭給付）を行うこととした。また，長期傷病者補償に移行することなく傷病が治癒して障害が残った場合の障害補償費は障害の程度（第1級から第14級）に応じた一時金だったが，同じ1960年の改正で，第1級から第3級であるときは長期給付（年金）を支給することとした。

　さらに，1965年改正で，障害補償の年金化の対象を第1級から第7級までに拡大した上，遺族補償も原則として年金化した。この改正で，

**➡無過失賠償責任**
損害の発生について加害者の過失の有無にかかわらず損害賠償の責任を負わせること。

**➡打ち切り補償**
業務上の傷病が療養開始後3年を経過しても治らない場合，使用者が平均賃金の1200日分の金額を一時金として支払うことで将来の補償を打ち切ること。

139

保険料の算定や納付方法などを簡便化して労災保険の費用への国庫補助を設けただけでなく，中小事業主の加入と事務負担の軽減を図るために労災保険事務組合制度を設けた。

③　適用拡大，給付引き上げ，労働福祉事業導入——1970〜1980年代

1969年改正では，労働者を雇用する全ての事業に労災保険を全面適用することとした。政令で定める事業（常時5人未満の労働者を使用する商業やサービス業などの非工業的事業）はしばらく任意適用としていたが，1975年4月からこれらの事業も当然適用（一人でも労働者を雇用して事業が行われている限り，当然に労災保険又は雇用保険の保険関係が成立する）とした。

その後，1967年に「業務災害の場合における給付に関する条約」（ILO121条約）が発効したことを受けて労災保険の改善を求める声が高まり，1970年の改正で，障害補償年金と遺族補償年金と遺族補償一時金が引き上げられた。また，1974年にも遺族補償年金と障害補償年金と障害補償一時金が引き上げられた。さらに，1980年の改正で，遺族補償年金の引き上げ，障害補償年金前払一時金と障害補償年金一時金が創設された。

なお，この時期に，それまで健康保険で扱っていた通勤中の災害を労災保険で扱うようになり，1973年に通勤災害（通勤による負傷，疾病，傷害，死亡）についての給付が加わった。

また，1976年には，被災労働者の円滑な社会復帰に必要な事業，被災労働者とその遺族の援護に必要な事業，労働者の安全と衛生に必要な事業，労働条件に関し労働者に必要な保護を行うことなど，労働者の福祉増進のために必要な事業として労働者福祉事業ができた。

④　介護補償給付の新設，複数の勤務先の考慮——1990年代以降

1995年の改正では，労災保険に高齢化や核家族化を踏まえた改正が加えられ，介護補償給付が新設された。これにより労働災害を原因とした障害で介護を要することから介護を受けている労働者は，介護を受けている間，介護補償給付を受けられることとなった。

また，1980年代後半以降，仕事の悩みやストレスを抱えた労働者の過労死が社会問題となったのを受け，業務上の理由による脳・心臓疾患を予防するため2001年に二次健康診断等給付が新設された。

2020年改正で，それまで休業補償給付，遺族補償給付，障害補償給付の額を労働災害が発生した勤務先の賃金額を基礎に算定していたのを，勤務先が複数ある場合には全ての勤務先の賃金額を合算した額を基礎に算定することとした。また，労働災害の認定に際しても，全ての勤務先の負荷（労働時間やストレス）を総合評価することとした。

## ☐ 雇用保険の発達

### ① 雇用保険創設

日本には雇用保険法以前に失業保険法があった。第二次世界大戦後に失業者が急増して社会問題となったため，1947年12月に失業保険法が公布された。失業保険法の目的は，失業した被保険者に保険金を給付して失業者の生活を支えることであった。

しかし，第 1 次オイルショック後の不況を機に，失業者に給付を支給するだけでなく，再就職の促進，職業の安定につながる雇用構造の改善，労働者の能力開発など，積極的な失業対策を組み込んだ制度への改編が進み，1974年に雇用保険法が制定（1975年施行）された。

つまり，雇用保険は，基本手当，技能習得手当，寄宿手当，傷病手当などの給付のほか，雇用改善事業，能力開発事業，雇用福祉事業の 3 事業で労働者を支える制度として誕生した。失業保険法と異なり，雇用保険法には失業中の給付に加えて事前の失業予防や事後の再就職促進の仕組みが組み込まれた。

### ② 給付と負担の均衡，パートタイム労働への対応——1970〜1980年代

1970年代中頃から，重層的な下請けで雇用関係が不明確になりがちな建設業労働者への特別専業の実施（1976年改正），不況期の支出増大に備えて好況期に資金を積み立てる雇用安定資金の設立（1977年改正），中高年齢者雇用開発給付金の創設（1979年改正）が続いた。

1980年代に入ると，高年齢労働者の増加，女性の職場進出，サービス産業の拡大が進み，これらを踏まえた改正が進んだ。例えば，比較的短期間で離職する高齢者に若年の長期勤続者と同様の長期間給付を保障していたことを改め，1984年改正で，給付日数を再就職の難易度に応じて定めるという原則を維持しつつも，被保険者であった期間を考慮して給付日数を決定する仕組みとなった。また，一般被保険者，短期雇用特例被保険者，日雇労働保険被保険者に加えて，高年齢継続被保険者という区分ができた。

その後，1989年改正ではパートタイム労働者を適用対象に含めた。改正前から，通達で，同じ事業所の通常の労働者の労働時間の 4 分の 3 以上かつ22時間以上働く者を一般被保険者や高年齢継続被保険者に含めていたが，新たに「一週間の所定労働時間が同一の適用事業に雇用される通常の労働者の一週間の所定労働時間に比べて短く，33時間未満22時間以上の労働者」を「短時間労働被保険者」と定めた。これで雇用保険に短時間労働被保険者という概念が導入された。

### ③ 高齢者と女性を考慮した改正，職業能力開発の補助——1990年代

それまでの雇用保険の給付には失業者への給付と再就職者への給付

しかなかったが，1990年代に入ると，急速な高齢化と女性の職場進出を背景に，高齢者の賃金収入の低下や女性の育児を契機としたキャリア断絶が課題として強調されるようになり，1994年改正で高年齢者雇用継続給付と育児休業給付が創設された。また，労働者自ら職業能力を開発しようとする際の自費負担の大きさが指摘されていたことを受け，1998年改正で教育訓練給付が創設された。介護によるキャリア断絶も，育児によるキャリア断絶と同様に課題と認識され，介護休業給付も創設された。

④　雇用保険の財源の議論，非正規雇用の待遇改善──2000年代

2000年代に入ると，失業者の急増に伴い雇用保険の財政が悪化した。そのため，2000年改正で保険料負担の引き上げと給付対象の絞り込みが進んだ。すなわち，保険料の引き上げとともに，定年退職者のような離職前から再就職を準備できる者への給付期間を短くし，倒産や解雇により離職した「特定受給資格者」へ十分な給付期間を確保することとした。2001年以降も失業率は上昇したが，2003年には，労使負担の増加を防ぐため保険料の引き上げを最小限とすることとし，同時に国庫負担率の引き上げも行わず，その代わりに雇用保険の財政を支えるものとして2500億円の早期再就職者支援基金を2004年度までの時限事業として創設することとした。

2009年には，不況を踏まえ，非正規労働者に対するセーフティネットを拡張した。つまり，短時間労働者や派遣労働者への適用基準をそれまでの「1年以上雇用見込みがあること」から「6か月以上雇用見込みがあること」に緩和し，労働契約の非更新のために離職した有期契約労働者について基本手当を受給するのに必要な離職の日以前一年間の被保険者期間を12カ月から6カ月に短縮した。これに加え，暫定的な就業促進手当の給付率引き上げ，支給要件の緩和など離職者に対する再就職支援に力点を置いた。

一方，2008年の金融危機後，失業期間の長期化や非正規雇用の労働者の解雇が急増した。これにより雇用保険の給付期間内に再就職できない人々や，雇用保険の対象とならない非正規雇用の人々の問題が深刻になったが，そうした人々は生活保護しか頼れる制度がなかった。そこで，生活保護の前に利用できる第2のセーフティネットとして2009年7月，職業訓練中の失業者に生活費を支給する「緊急人材育成・就職支援基金事業（基金訓練）」が3年間の時限的制度として始まった。さらにこれを2011年に求職者支援制度として恒久化した。

⑤　非正規労働者の保護，少子高齢化への対応──2010年代以降

2010年代に入ってもリーマンショック以降の不況が続き，短時間就

労者や派遣労働者への適用基準を「6か月以上雇用見込みがあること」から「31日以上雇用見込みがあること」へと広げて適用範囲を拡大した（2010年改正）。また，育児休業の最初の190日分について育児休業給付金の給付率を50％から67％に引き上げた。

　2016年改正では，少子高齢化の中で高齢者や女性の就業促進と雇用継続を図るため，65歳以上の者まで雇用保険の範囲を拡大し雇用保険の就職促進給付を拡充し，介護休業給付の給付率の引き上げを行った。同時に失業給付に関わる保険料率の引き下げも行った。

　つづく2017年改正では，雇用情勢の悪い地域に居住する者への給付日数を60日間延長する5年間の暫定措置（5年間の暫定措置だったが，2022年改正で2025年3月31日まで延長），雇止めされた有期雇用労働者の所定給付日数を倒産や解雇並みにする5年間の暫定措置，災害により離職した者の給付日数を原則60日（最大129日）個別に延長可能とすること，倒産や解雇などにより離職した30歳以上45歳未満の者の所定給付日数の引き上げなどを行った。

 ## 現在の労災保険・雇用保険制度

### ☐ 現在の日本の労災保険

#### ①　労働者災害補償保険の目的，対象，保険者・被保険者，給付の種類

　日本の労働者災害補償保険（以下，労災保険）は，労働者の業務災害（仕事が原因となって生じた負傷，疾病，身体障害，死亡）や通勤災害（通勤が原因となって生じた負傷，疾病，身体障害，死亡）に対して必要な保険給付を行い，被災労働者の社会復帰の促進，被災労働者とその遺族の援護，労働者の安全，衛生の確保を図り，労働者の福祉の増進に寄与することを目的としている。

　労災保険の保険者は政府である。政府は，保険給付に関する事務と社会復帰促進等事業の事務を厚生労働省労働基準局や都道府県労働局や労働基準監督署で取り扱い，保険料徴収の事務を厚生労働省労働基準局で取り扱っている。

　労災保険は，原則として，労働者を使用する全ての事業に適用される。事業が開始された日に労災保険の保険関係が成立する（適用事業）。ただし，農林水産業のうち常時5人未満の労働者を使用する個人経営の事業の一部については，労災保険に加入するかどうかを事業主の意思またはその事業で働く労働者の過半数の意思に任せている（暫定任

意適用事業）。なお，国家公務員や地方公務員（非常勤地方公務員を除く）は適用除外となっている。

労災保険の保険給付には，業務災害への保険給付，通勤災害への保険給付，二次健康診断等給付がある。各給付における特別支給金は社会復帰促進等事業として，保険給付に付加して支給される。

### ② 労災保険の財源

労災保険の各事業の財源は，原則として，事業主の負担する保険料である。これに加え，若干の国庫補助がある。

保険料は，事業主が事業で使用する労働者に支払う賃金の総額に，55業種の各業種について定められている労災保険率を乗じて算定する。厚生労働大臣は，過去3年間の災害率（災害発生状況を示す指標で，度数率，強度率，年千人率等で表わされる）やその他の事情を考慮して，業種別の保険料率を定めている。なお，事業主の災害防止努力を促しつつ保険料負担の公平を図るため，一定規模以上の事業については，個別事業における災害率に応じ，労災保険率または保険料額を一定の範囲内で増減させている。これをメリット制という。

### ③ 労働保険事務組合

労働保険事務組合が，労働保険料の納付，労災保険と雇用保険に関する事務および一般拠出金に関する事務を中小事業主に代わって行っている。つまり，事業協同組合，商工会，その他の事業主の団体が，厚生労働大臣の認可を受けて，その団体の構成員かつ使用労働者300人以下（金融業，保険業，不動産業，小売業では50人以下，卸売業，サービス業では100人以下）の事業主の委託を受けて，保険料の納付など労災保険と雇用保険に関する事務を処理している。

### ④ 特別加入

労働者以外にも労働者と同様に業務上の災害を被る危険にさらされている者も少なくない。それゆえ，労働者以外にも次の者には労災保険に加入する機会を与えている。

① 使用労働者300人以下（金融業，保険業，不動産業，小売業では50人以下，卸売業，サービス業では100人以下）の中小事業主で，労働保険事務組合に労働保険事務の処理を委託している事業主とその家族従業者

② 大工・左官などの一人親方，個人タクシー，個人貨物運送業者（自転車，原動機付自転車，自動車を使用する者に限る），漁船による漁業者，林業事業者，医薬品の配置販売業者，再生資源取扱業者，船員，柔道整復師，高年齢者の雇用の安定に関する

　　　法律に規定する創業支援等措置に基づき事業を行う一人親方な
　　　どの自営業者とその家族
　③　特定の機会を使用する農作業従事者，特定の危険有害な作業
　　　に従事する農作業従事者，職場適応訓練従事者，事業主団体等
　　　委託訓練従事者，一定の家内労働者，労働組合等の常勤役員，
　　　介護作業従事者，芸能の提供・演出・企画作業従事者，アニメ
　　　ーション制作作業従事者，情報処理システムの設計等従事者
　④　海外の事業に派遣される労働者，海外の中小事業の代表者と
　　　して派遣される者

　これらの特別加入者のうち，②と③の一部の者については，通勤災
害に関する保険給付は支給されない。二次健康診断等給付については，
特別加入者は支給対象とならない。

### ⑤　不服の申し立て

　労働基準監督署長による保険給付に関する決定に不服がある場合，
都道府県労働局の労働者災害補償保険審査官に審査請求できる。その
決定にも不服がある場合，厚生労働省の労働保険審査会に再審査を請
求できる。訴訟は，再審査請求後3カ月を経過しても裁決が無い場合
などに限り提起できる。

　都道府県労働局が行う保険料の認定決定，費用徴収の決定などに不
服のある場合，都道府県労働局等に異議申し立てをすることができ，
この決定にさらに不服があるときは，厚生労働大臣に審査請求できる。
この場合には，厚生労働大臣の裁決を経た後でなければ，訴訟を提起
できない。

### ⑥　業務災害に関する保険給付

　労働者の業務災害に関する保険給付には，療養補償給付，休業補償
給付，障害補償給付（障害補償年金，障害補償一時金），遺族補償給付
（遺族補償年金，遺族補償一時金），葬祭料，傷病補償年金，介護補償給
付がある（図6-1）。

　療養補償給付は，業務上の傷病を治療する場合に支給する。被災労
働者が労災病院や労災指定病院などで療養する場合の「療養の給付」
（医療の現物給付），被災労働者が指定病院以外の病院で療養した場合
にその療養に要した費用を償還する「療養の費用の支給」（現金給付）
の2種類がある。

　休業補償給付は，労働者が業務による傷病の療養のため働けないこ
とから賃金を受けられない場合に，休業一日につき原則として給付基
礎日額（平均賃金相当額）の60%にあたる休業補償給付を支給する。休

業初日から3日までは「待期期間」といい，業務災害の場合は事業主に休業補償を行う義務がある。労災保険の休業補償給付は休業第4日目からの分が対象である。

障害補償給付は，業務による傷病で障害が残った場合に，その障害の程度に応じて補償給付を支給する。障害等級第1～7級の重い障害には障害補償年金を支給し，障害等級第8～14級の比較的軽い障害には障害補償一時金を支給する。さらに，障害補償給付の受給者には，障害の程度に応じて，障害特別支給金と，障害特別年金または障害特別一時金を支給する。

遺族補償給付は，業務により労働者が死亡した場合に，要件に該当する遺族に遺族補償年金を支給する。遺族補償年金を受け取れる遺族がいない場合，その他の遺族に遺族補償一時金を支給する。遺族の範囲は，労働者の死亡当時にその者により生計を維持していた配偶者（内縁関係を含む），子，孫，祖父母および兄弟姉妹である。なお，労働者の死亡時の遺族補償給付受給権者には，遺族補償給付に加え，遺族特別支給金と，遺族特別年金または遺族特別一時金を支給する。

葬祭料は，業務で死亡した労働者の葬祭を行うものに対して葬祭料を支給するものである。

傷病補償年金は，1年6カ月を経過しても業務による傷病が治らない場合に休業補償給付に代わって支給される。また，傷病補償年金の受給者には傷病特別支給金と傷病特別年金を支給する。

介護補償給付は，災害補償年金または傷病補償年金の支給対象となる障害を厚生労働省令で定めるレベルで抱えながら常時または随時介護を要する状態で介護を受けている期間に月単位で支給される給付である。介護を要する程度などにより支給額が決まる。

⑦　通勤災害に関する保険給付

通勤災害への保険給付には，療養給付，休業給付，障害給付（障害年金，障害一時金），遺族給付（遺族年金，遺族一時金），葬祭給付，傷病年金，介護給付がある。これらの給付事由や給付額などは業務災害の場合の給付と同様であり，特別支給金についても業務災害の場合と同様に支給される。

⑧　二次健康診断給付

二次健康診断等給付は，労働安全衛生法の規定に基づいて事業主により実施される定期健康診断で脳血管疾患と虚血性心疾患などのいくつかの項目で異常の発見された労働者に対し，その労働者の請求に基づいて行うものである。

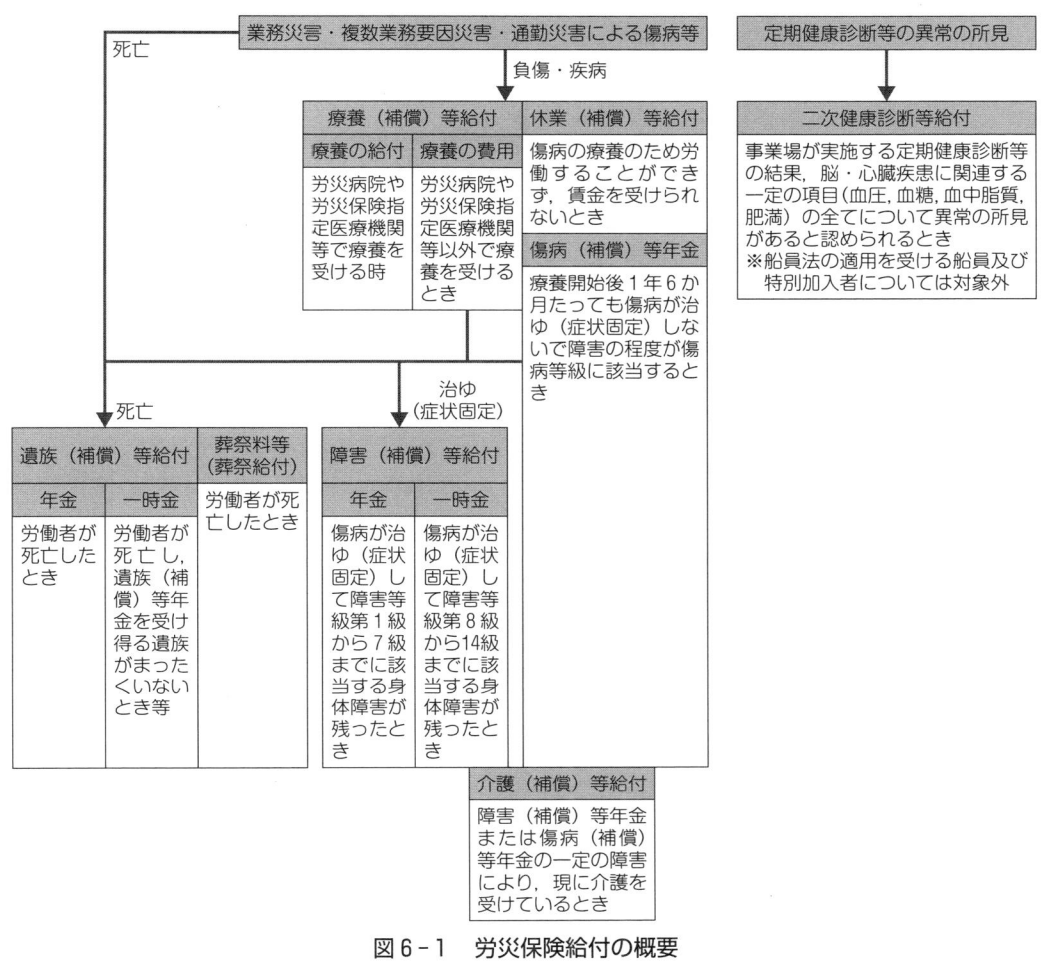

| 業務災害・複数業務要因災害・通勤災害による傷病等 | | | 定期健康診断等の異常の所見 |
|---|---|---|---|

**死亡**

**負傷・疾病**

| 療養（補償）等給付 | | 休業（補償）等給付 | 二次健康診断等給付 |
|---|---|---|---|
| 療養の給付 | 療養の費用 | 傷病の療養のため労働することができず、賃金を受けられないとき | 事業場が実施する定期健康診断等の結果、脳・心臓疾患に関連する一定の項目（血圧, 血糖, 血中脂質, 肥満）の全てについて異常の所見があると認められるとき<br>※船員法の適用を受ける船員及び特別加入者については対象外 |
| 労災病院や労災保険指定医療機関等で療養を受ける時 | 労災病院や労災保険指定医療機関等以外で療養を受けるとき | | |

**傷病（補償）等年金**

療養開始後1年6か月たっても傷病が治ゆ（症状固定）しないで障害の程度が傷病等級に該当するとき

**死亡**

**治ゆ（症状固定）**

| 遺族（補償）等給付 | | 葬祭料等（葬祭給付） | 障害（補償）等給付 | |
|---|---|---|---|---|
| 年金 | 一時金 | 労働者が死亡したとき | 年金 | 一時金 |
| 労働者が死亡したとき | 労働者が死亡し、遺族（補償）等年金を受け得る遺族がまったくいないとき等 | | 傷病が治ゆ（症状固定）して障害等級第1級から7級までに該当する身体障害が残ったとき | 傷病が治ゆ（症状固定）して障害等級第8級から14級までに該当する身体障害が残ったとき |

**介護（補償）等給付**

障害（補償）等年金または傷病（補償）等年金の一定の障害により、現に介護を受けているとき

**図6-1　労災保険給付の概要**

出所：厚生労働省・都道府県労働局・労働基準監督署「労災保険給付の概要」11頁。

### ⑨　社会復帰促進等事業

　以上の保険給付のほか、労災保険は労働者とその遺族に社会復帰促進等事業を実施している。つまり、第1に、労災病院、医療リハビリテーションセンター、総合せき損センター、労災リハビリテーション作業所などの設置と運営、特殊疾患へのアフターケア、義肢など補装具の費用支給を通じた社会復帰促進活動がある。第2に、労災修学費援護費の支給、労災特別介護施設の設置と運営を行う被災労働者等援護事業がある。第3に、産業保健総合支援センター、治療就労両立支援センターの設置と運営、安全衛生対策の促進措置、**未払賃金の立替払い**を行う安全衛生確保事業がある。

**➡未払賃金の立替払い**

企業倒産に伴い賃金が支払われないまま退職を余儀なくされた労働者に対し、その未払賃金の一部を事業主に代わって立替払いすること。

## ☐ 現在の日本の雇用保険

### ① 雇用保険の目的，対象，保険者・被保険者，給付の種類

雇用保険では，失業で収入源を失った場合，働き続けるのが難しい場合，職業に関する教育訓練を受けた場合，子を養育するために休業した場合などに，労働者の生活と雇用の安定ならびに就職の促進のために，失業等給付及び育児休業給付を支給している。また，このほかにも，失業の予防，雇用状態の是正，雇用機会の増大，労働者の能力の開発向上のための2つの事業を実施している。

雇用保険は，業種や規模を問わず，全ての事業を対象としている。だが，農林水産業の場合，事業所を把握するのが難しいことや雇用関係や賃金支払い関係が明確でないことから，個人事業で雇用労働者数が5人未満のものは当分の間任意適用となっている。また，国家公務員や地方公務員（非常勤地方公務員を除く）は適用除外となっている。

雇用保険の保険者は政府である。政府が雇用保険を管掌している。その事務を処理するため，国に厚生労働省職業安定局雇用保険課があり，各都道府県に労働局雇用保険主管課と公共職業安定所がある。

雇用保険の被保険者は一般被保険者，高年齢被保険者，短期雇用特例被保険者，日雇労働被保険者の4種類がある。高年齢被保険者（短期雇用特例被保険者や日雇労働被保険者でない65歳以上の被保険者），短期雇用特例被保険者（季節的に雇用される者や同一の事業主にひきつづき雇用される期間が1年未満の者），日雇労働被保険者（日々雇用される者または30日以内の期間を定めて雇用される者で被保険者となる日雇労働者）にあたらないものが一般被保険者である。一週間の所定労働時間が20時間未満である者（2024年の雇用保険法改正で，週所定労働時間が10時間以上であれば2028年10月1日から雇用保険の適用対象とすることとした），4カ月以内の期間を予定して行われる季節的事業に雇用される者，船員保険の被保険者，国や都道府県に雇用されており離職した場合に失業給付を超える初給与が給付される者は適用除外となる。

給付について見ると，失業等給付として，求職者給付（基本手当，技能習得手当，寄宿手当，傷病手当，高年齢求職者給付金，特例一時金，日雇労働求職者給付金），就職促進給付，教育訓練給付，雇用継続給付がある。さらに，これらと別に，育児休業給付（2024年の雇用保険法改正で，「育児休業給付」を2025年4月1日に「育児休業等給付」と名称変更することとなり，新たに「出生後休業支援給付金」と「育児時短就業給付金」を追加することとなった）がある（図6-2）。

### ② 雇用保険の財源

雇用保険の各事業に要する財源は，事業主と労働者の負担する雇用

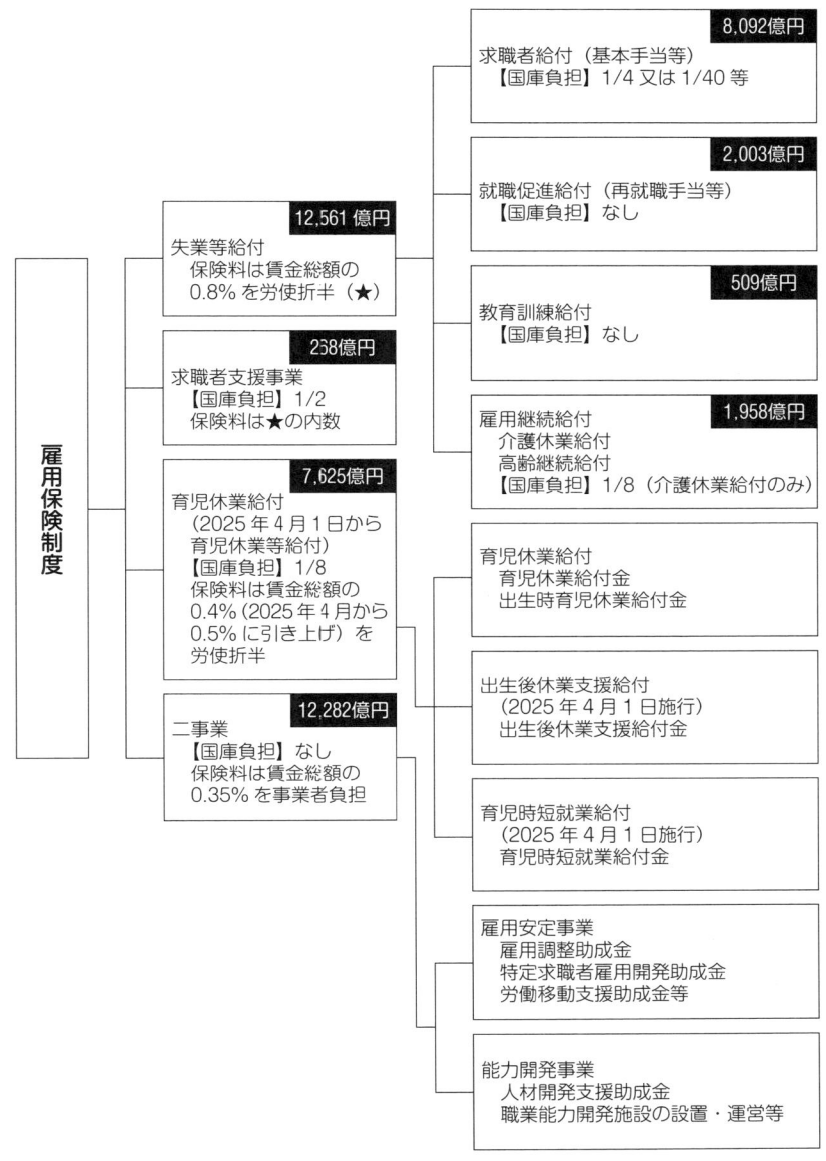

**図 6 - 2　雇用保険制度の概要**

注：白抜きで表示したのは2023年度予算額。

出所：厚生労働省（2023）「雇用保険制度の概要」 2 頁および厚生労働省（2024）「令和 6 年雇用
　　　保険制度改正（令和 7 年 4 月 1 日施行分）について」 8 頁を基に筆者作成。

保険の保険料と国庫の負担金である。

　雇用保険の保険料について，2024年 4 月 1 日から2025年 3 月31日ま
で保険料を見ると，一般の事業は1000分の15.5（労働者負担1000分の 6 ，
事業者負担1000分の9.5）で，農林水産・清酒製造の事業は1000分の
17.5（労働者負担1000分の 7 ，事業者負担1000分の10.5），建設業は1000
分の18.5（労働者負担1000分の 7 ，事業者負担1000分の11.5）である。農
林水産・清酒製造の事業や建設業の保険料率が他の事業より高いのは，

季節労働者を多く雇用する事業について，給付と負担の公平を図るためである。

　国庫は日雇労働求職者給付金以外の求職者給付（高年齢求職者給付を除く）に要する費用の4分の1，日雇労働求職者給付金に要する費用の3分の1までを負担し，雇用継続給付（高年齢雇用継続給付を除く）に要する費用の8分の1を負担するとされているが，実際には，雇用情勢および雇用保険の財政状況が悪化している場合を除いては上記国庫負担額の10％ほどを国庫負担することとなっている。

### ③　求職者給付

　求職者給付には，一般被保険者に対する給付（基本手当，技能習得手当，寄宿手当，傷病手当），高年齢求職者給付金，特例一時金，日雇労働求職者給付金がある。

　まず，一般被保険者に対する給付のメインは基本手当である。基本手当の受給要件は，基本的に離職の日の以前2年間で12カ月以上被保険者であったことである。手当の日額は，離職前6カ月における賃金の総額を180で除した額（賃金日額）の8割から5割であり，賃金日額が低いほど支払われる割合が高くなる。受給期間は原則として離職した日の翌日から1年である。給付日数は，離職理由，年齢，心身障害による再就職の難易度，被保険者であった期間を考慮して決定されるが，再就職が困難である場合や長く被保険者であった場合に給付日数が長くなるようになっている。なお，給付日数は，職業訓練を受ける場合，難治性疾患や発達障害を有する場合，災害に遭った場合，失業多発地域（失業率が全国平均の2倍以上）の場合，全国的な失業情勢の悪化が見られる場合（連続する4カ月間において基本手当受給率が100分の4を超える場合）に，給付の延長が行われる。

　一般被保険者へは，基本手当のほか，技能習得手当（職業訓練の受講に際して支給する受講手当と職業訓練施設までの交通費用を支給する通所手当），寄宿手当（職業訓練受講のために家族と別居して寄宿する場合に支給），傷病手当（求職申し込み後に15日以上連続して疾病や負傷のために職業に就けない場合に支給）などの手当がある。

　一般被保険者以外の労働者には，次の通り，独特な形で給付を行っている。まず，高年齢者の場合，一般被保険者と異なり，一時金として高年齢求職者給付金を支給する。季節労働者の場合，農業などのように繁忙期には集中して労働を求められる一方で閑散期には仕事の欠乏に直面する特殊な事情の就労形態なので，一般被保険者と異なり，一時金として特例一時金を支給する。日雇労働者の場合，就業の仕方が独特なので，失業の日の属する月の直前の2カ月間に通算して26日

以上の印紙保険料が納付されていることを条件に日雇労働求職者給付金を支払っており，日雇労働求職者給付金をどれだけの金額で何日間支給するかは，その労働者の印紙保険料納付状況に応じて決定されている。

④　就職促進給付

就職促進給付には，就業促進手当，移転費，広域求職活動費，短期訓練受講費，求職活動関係役務利用費がある。これらのうち，就業促進手当の再就職手当・就業定着手当金・就業手当以外のものは，一般被保険者だけでなく，高年齢被保険者，短期雇用特例被保険者，日雇労働被保険者であった者も対象となる。

就業促進手当としては，①基本手当の給付日数の３分の１以上を残して安定した職業に就いた場合に支給される再就職手当，②再就職手当を受けた後に再就職先で６カ月以上雇用された場合かつ賃金が離職前より低い場合に支給される就業促進定着手当，③基本手当の給付日数の３分の１以上を残して就職したが，再就職手当の対象とならない形態（常用雇用以外の形態）で就業した場合に支給される就業手当（支給実績が少なかったこともあり，2024年の雇用保険法改正で就業手当を2025年４月１日に廃止することが決まった），④障害などで就職が困難な者が１年以上続けて雇用されることが確実な職業に就いた場合かつ手当の給付日数の残りが３分の１未満の場合に支給される常用就職支度手当がある。速やかに再就職した場合や再就職先に定着した場合の報酬と言えよう。

このほか，移転費（就職や職業訓練のために住所や居所を変更する場合の交通費，移転料，着後手当の支給），広域求職活動費（遠方の事業者を訪問して面接や見学を行う場合の旅費の支給），短期訓練受講費（再就職に必要な教育訓練を修了した場合に，上限10万円の範囲で受講費の２割を支給），求職活動関係役務利用費（面接試験や教育訓練の受講のために子どもの保育サービスを利用した場合に本人負担費用の80％を支給）で再就職のための活動を支えている。

⑤　教育訓練給付

教育訓練給付は，自ら費用を負担して教育訓練を修了した労働者に，その費用の一部を支払う給付である。一般教育訓練給付金，専門実践教育訓練給付金（例：業務独占資格・名称独占資格，専門学校の職業実践専門課程，専門職大学院の講座など専門的なものが対象），教育訓練支援給付金（受講開始時に45歳未満などの要件を満たす者を対象とした2025年３月までの時限措置）がある。

## ⑥ 雇用継続給付

雇用継続給付には，高年齢雇用継続給付と介護休業給付がある。

高年齢雇用継続給付は，60歳時点に比べて賃金が75％未満に低下した状態で雇用されている60歳以上65歳未満の一般保険者に支給されるものであり，給付額は60歳以後の賃金の15％（2024年の雇用保険法改正で，「高年齢雇用継続給付」の給付率を2025年4月1日に10％へと引き下げることとなった）に相当する額である。賃金月額が支給限度額370,452円（2023年8月1日時点）を超えた場合は支給されない。給付期間は65歳に達する月までである。

介護休業給付の対象は，家族の介護のために介護休業を取得した一般および高年齢被保険者であって，原則として介護休業開始前2年間に賃金支払い基礎日数が11日以上ある完全月（休業開始日前日から1カ月ごとに区切った期間）が12カ月以上ある場合である。支給額は休業を開始する前の賃金日額の67％である。支給限度額は月341,298円（2023年8月1日時点）である。給付期間は休業を開始した日から起算して3カ月を経過するまでの期間である。

## ⑦ 求職者支援制度

雇用保険を受給できない求職者に対するセーフティネットとして，訓練受講機会と受講期間中の生活支援給付を行う制度である。受給要件は，本人収入が月8万円以下，世帯全体収入が月40万円以下，世帯全体の金融資産が300万円以下，職業訓練の8割以上出席等である。「職業訓練受講給付金」の名で月10万円を上限1年間（原則）支給される。この給付金を受給しても訓練期間中の生活費が不足する場合，給付金に上乗せして融資（単身者：月5万円，扶養家族を有する者：月10万円）が行われる。

## ⑧ 育児休業給付

1歳未満の子を養育するために育児休業を取得した一般被保険者および高年齢被保険者であって，育児休業開始前2年間に賃金支払い基礎日数が11日以上ある完全月が12カ月以上ある場合に支給される。給付額は，育児休業の開始から6カ月間については休業開始前の賃金の67％を支給し，6カ月経過後は賃金の50％を支給する。育児休業中に雇用主から賃金が支払われている場合，その賃金と育児休業給付との合計が育児休業開始前の80％を超える時は育児休業開始前の賃金の80％から育児休業期間中に受けた賃金を差し引いた額が支給される。

## ⑨ 雇用安定事業と能力開発事業

このほか，雇用保険は完全雇用を実現するために雇用安定事業と能力開発事業を実施している。これらは，企業の連帯によって社会的責

任を果たすという観点から，全額事業主負担で賄われている。

　雇用安定事業は，失業の予防，雇用の是正，雇用機会の拡大などのための事業である。例えば，事業活動縮小時の雇用の安定としては，休業手当を支払った事業主に「雇用調整助成金」として手当支給額の2分の1（中小企業の場合3分の2）を助成するなどである。新型コロナウイルス感染拡大防止に2020年4月1日から2021年11月30日までを特例期間として助成率を上げ，中小企業が解雇を実施しなかった場合には10分の10を助成したことは記憶に新しい。また，高年齢者を雇い入れた事業主への助成，障害を持った方など就職の困難な方を公共職業安定所の紹介で常用労働者として雇った事業主に対する助成，再就職を希望する女性の就業機会を確保する助成もある。

　能力開発事業は，技術の進歩，産業構造の変化などに対応し，職業生活の全期間を通じて労働者の能力を開発する事業である。例えば，事業者の行う職業訓練に対する助成援助，公共職業能力開発施設の設置運営と都道府県への補助，退職を予定する者や求職者の再就職を容易にするために必要な知識や技能を習得させるための職業講習，雇用している労働者に技能を習得させるために認定職業訓練施設の職業訓練を受講させた中小企業事業主への助成，職業訓練や技能検定の普及と進行のために中央・都道府県の**職業能力開発協会**への助成などがある。

➡️ 職業能力開発協会
民間における職業訓練や職業能力の開発の支援，技能・職務能力評価制度の普及と促進を行っている。

# 4　労災保険・雇用保険制度の課題

## 🔲 労災保険をめぐる課題

　過労死が社会問題となっており，長時間労働の是正が喫緊の課題となっている。業績・成果主義的な賃金制度が広がる中，過労死や仕事のストレスによる精神障害が広がりやすい状況にある。

　業務により脳・心臓疾患を発症した事案（死亡を含む）が減少傾向を見せているとはいえ，精神障害を発症した事案（自殺を含む）は請求件数ベースで見ても支給決定件数ベースで見ても，年々増加傾向を見せている。2014年の労働安全衛生法の改正でストレス制度が導入されたところであるが，早急な対策が求められている。

## 🔲 雇用保険をめぐる課題

　少子高齢化と人口減少が進む中，経済の活力を維持していくために

は就業者の減少を抑え，労働生産性を上げることが求められる。したがって，若者，高齢者，女性など，誰もが参加しやすい社会の実現が必要となる。そのためには，若者の就職支援，正社員への転換支援の強化，高齢者雇用の強化，仕事と子育ての両立支援，非正規労働者の雇用内容の改善，障害を持った方の一般就労の支援，職業能力開発の推進など，課題がある。

　総務省の『労働力調査』を見ると，2022年度の時点で，全労働者の36.9％を非正規雇用の労働者が占めている。この10年間３割台後半で推移しており，長期的な雇用でない，パートタイマー，派遣労働者，雇用期間に定めのある契約社員が一般化している。複数の雇用契約を結び一定期間に二カ所以上の就業場所で働く「マルチジョブホルダー」，週所定労働時間が20時間未満の短時間就業者，非雇用の働き方をする者（テレワーク，在宅勤務，請負契約）に対しての雇用保険適用も待たれる。

　国際的にも日本の職業訓練に対する公的支出は際立って低く，若者への就職前支援，育児や介護やリストラに伴うキャリア中断への対応など，より一層の雇用保険制度の改正が待たれるところである。

### ◯参考文献 ─────

厚生労働省（2024）「雇用保険制度の概要」（労働政策審議会職業安定分科会雇用保険部会（第192回）令和 6 年 1 月 5 日資料（https://www.mhlw.go.jp/content/11601000/001189272.pdf）。

厚生労働省（2024）「令和 6 年雇用保険制度改正（令和 7 年 4 月 1 日施行分）について」（労働政策審議会職業安定分科会雇用保険部会（第197回）令和 6 年 8 月27日資料 1 （https://www.mhlw.go.jp/content/11601000/001293213.pdf）。

厚生労働省「雇用保険料率について」（https://www.mhlw.go.jp/stf/seisakunitsuite/bunya/0000108634.html）。

厚生労働省「労働基準行政全般に関する Q & A」（https://www.mhlw.go.jp/bunya/roudoukijun/faq_kijyungyosei13.html）。

厚生労働省・都道府県労働局・労働基準監督署「労災保険給付の概要」（https://www.mhlw.go.jp/content/11200000/001241566.pdf）。

厚生労働統計協会（2021）『保険と年金の動向2021/2022』68（14），厚生労働統計協会。

全国労働保険事務組合連合会『労働保険事務組合制度とは』（https://www.rouhoren.or.jp/system/）。

田多英範（2005）「労働者災害補償保険」国立社会保障・人口問題研究所『日本社会保障資料Ⅳ（1980-2000）』。

濱口桂一郎（2010）「労働市場のセーフティネット」『労働政策レポート』7 労働政策研究・研修機構（https://www.jil.go.jp/institute/rodo/2010/documents/007.pdf）。

広井良典・山崎泰彦編著（2017）『社会保障 第 3 版』（MINERVA 社会福祉士養成テキストブック⑲）ミネルヴァ書房。

Filges, T., Geersden, L., Knudsen, A. & Jørgensen, A. (2014) "Unemployment benefit exhaustion: Incentive effects on job finding rates" *Research on Social Work Practice* 25(1), pp. 21-43.

Kangas, O. (2021) "Work Accident and Sickness Benefits" in Béland, D. et al. (eds.) *The Oxford Handbook of the Welfare State, 2nd edition*, Oxford Handbooks, pp. 540-556.

Renahy, E., Mitchell, C., McInar, A., Muntaner, C., Ng, E., Ali, F. & O'Campo, P. (2018) "Connections between unemployment insurance, poverty and health: A systematic review" *European Journal of Public Health* 28(2), pp. 269-275.

Sjöberg, O., E. Carroll & J. Palme (2021) "Unemployment Insurance" in Béland, D. et al. (eds.) *The Oxford Handbook of the Welfare State, 2nd edition*, Oxford Handbooks, pp. 573-588.

# ■第7章■
# 生活保護制度

# 私たちの生活と生活保護制度

## ☐ 日本で生じる貧困による死

### ① 北九州市の事件

　日本では，貧困による餓死や殺人等が度々生じている。北九州市で2005年から2007年にかけて相次いで3人の生活保護の申請拒否，生活保護廃止による餓死事件があった[(1)]。特に，2007年に小倉北区で亡くなった52歳の男性は，次のような日記を残していた。4月2日に生活保護の辞退届を書かされた後，「せっかく頑張ろうと思った矢先切りやがった。生活困窮者は，はよ死ねってことか」（4月5日〜5月25日の間），「腹減った。オニギリ腹一杯食いたい。体重も68キロから54キロまで減った。全部自分の責任です」（5月25日），「人間食ってなくても10日生きてます。米食いたい。オニギリ食いたい」（5月26日），「腹減った。オニギリ食いたーい。25日米食ってない」（6月5日）。それを最後に，餓死で亡くなり，7月10日に発見された（「朝日新聞」2007年7月31日付）。亡くなった後に北九州市役所は，記者会見の中で，病気で働くことが困難であったにもかかわらず，ケースワーカーが「働いたらどうか」と勧めたら「自立して頑張ります」と言って辞退届を出した「自立がうまくいったモデルケース」と説明した（「朝日新聞」2007年7月12日付）。

### ② 札幌市の事件

　2012年1月に札幌市白石区で姉妹が亡くなった[(2)]。42歳の姉は病院に通えず病死。苦しく歯を食いしばったためか顎（あご）がはずれていた。40歳の障害を持っていた妹は凍死と言われているが，64kgから34kgまで体重が半分近く減っていたため餓死とも考えられた。2009年に姉が病気になって働けなくなり，2010年に生活保護の窓口に行き相談したが，記録には「保護の要件である，資産の活用と懸命なる求職活動を伝えた」とあり，申請にはいたらなかった。2011年4月には公共料金を滞納していることを話したが，災害用のパンの缶詰を14缶受けただけで帰った。2011年6月30日にも相談にいったが，同じく「懸命なる求職活動，資産の活用を伝えた」だけだった。その間，仕事をしては体調面で仕事が続かず仕事を辞めるの繰り返しだった。11月にはガスも止まり，暖房がつかえなくなった（『週刊朝日』2012年7月20日付）。2012年1月初めには電気も止まった。2011年12月下旬から2012年1月初旬

に姉が病死，1月初旬から中旬に妹が凍死したとされている（「朝日新聞」2012年1月31日付）。

### ③　銚子市の事件

2014年9月に千葉県銚子市の県営住宅で中学2年，13歳の女の子が43歳の母親に殺害された。女の子が生まれた時に男性と離婚し，その後県営住宅で二人暮らしをしていた。2013年4月に生活保護の相談に行ったが申請しなかった。市はそのとき母が家賃を滞納しているのを把握していなかった。2013年7月，千葉県は県営住宅の部屋の明け渡しを求めて裁判をして10月に勝訴した。その部屋の明け渡しの強制執行が行われる当日にその事件が起きた。事件の4日前に中学校の体育祭で女の子が使った赤い鉢巻で首を絞めたという。母は「自分も死のうと思った」というが，部屋の中でぼう然としていたという。女の子はバレーボール部に入っていて，将来はモデルになりたかったという（「読売新聞」2014年9月25日付）。

### ④　貧困問題と生活保護

その他にも貧困にまつわる事件は多い。2006年1月に刑務所から出た福祉事務所に行っても追い返され刑務所に戻りたいと駅舎に放火した下関駅放火事件など，生活困難が直接の原因や遠因となった事件がたびたび生じている。近年のフードバンクなどによる食糧支の広がりをみると，全国で食料に事欠く貧困にある人が増えているといえよう。

日本では憲法第25条で生存権が規定され，その生存権を実現するために生活保護法があり，健康で文化的な最低限度の生活は保障されるはずである。しかし，実際には生活保護がうまく活用されていない。生活保護が対応する生活困難，貧困とは何か，また生活保護はどのように発達してきたのか，生活保護はどのような制度なのか。生活保護制度の課題にはどのようなものがあるのだろうか，考えてみたい。

## ☐ 貧困とは何か

### ①　ブースとラウントリーの貧困調査

まず，生活保護制度の内容に入る前に，生活保護制度が対応する貧困の捉え方について説明しておきたい。第1章でもみたように，貧困の実態を初めて体系的に調査したのは，19世紀末のイギリスのチャールズ・ブース（Booth, C.）であり，それを『ロンドン市民の生活と労働』として発表した。ブースは貧困を，地域と所得や職業，見苦しくない自律的生活を送っているかを加味して，A）最下層：臨時日雇い労働者，浮浪者等，B）極貧者：臨時的稼得者，C）貧困者：不規則的稼得者，D）貧困者：規則的少額稼得者，E）規則的標準稼得者，

F）高額稼得者，G）中産階級の下，H）中産階級の上，に分類した。そして，EとDの間に「貧困線」をひいて，貧困にある人（A～D）が３割にも及ぶことを発見した。この階層名からみてもわかるように，働いているにも関わらず，貧困にある人が多いことがわかった。[(5)]

　このブースの調査に触発されて，イギリスのラウントリー（Rowntree, B.S.）がヨーク市で貧困調査を行い，『貧困——都市生活の研究』を公刊した。ここでは栄養学を基に生きるのに必要なカロリーの摂取量から，それをとるための食事にかかる費用を算出した。これを第一次貧困とした。また，飲酒やギャンブルなどの浪費がなければ必要な食事が取れる水準を第二次貧困とした。つまり，それは社会的な生活がほとんど送れず，追加的な支出が生じれば容易に第一次貧困を下回ってしまう，非常に苦しい生活状態を指していた。ヨーク市で１万世帯以上（全世帯の７割以上）を個別訪問調査した結果，第一次貧困は9.7％，第二次貧困は17.9％および合計27.6％の人が貧困にあるとされた。[(6)]こうしたラウントリーの調査研究によって，栄養学に基づく科学的な貧困調査の方法が確立したが，同時に，貧困の水準が生存可能かどうかのいわゆる絶対的貧困の水準に注目が当てられるようになった。

　②　タウンゼントの相対的剥奪

　その後，イギリスは1942年の「ベヴァリッジ報告」を経て福祉国家となったとされたが，**タウンゼント**➡は1979年に『英国の貧困』を公刊し，貧困の再発見をした。ただし，タウンゼントは貧困を「相対的剥奪」（relative deprivation）として次のように定義した。

<blockquote>

　「その所属する社会で，食事や活動への参加，習慣になっている生活資源，広く承認されている生活条件や快適さを得るのための生活資源を欠いているとき，その社会のなかで貧困の状態にあると言える。／貧困状態にある人の生活資源は，平均的な個人や家族が持つ生活資源よりも極めて劣っているために，通常社会で当然とみなされている生活様式，慣習，活動から事実上締め出されている。[(7)]」

</blockquote>

　そして，相対的剥奪の指標として，「この１年間に１週間の休暇を家の外で過ごしていない。」「この１カ月に親類または友人を家に招き，食事をとったことがない。」「（15歳未満の子どものみ）誕生日にパーティーを開かなかった。」「１週間に４日以上新鮮な肉（外食をふくむ。ソーセージ・ベーコン・ハムなどを除く）を食べることがない。」「家には冷蔵庫がない。」等を示して，相対的剥奪の実態を明らかにしたので

➡タウンゼント
　（Townsend,
　　P. B.）
................
→第10章側注参照。

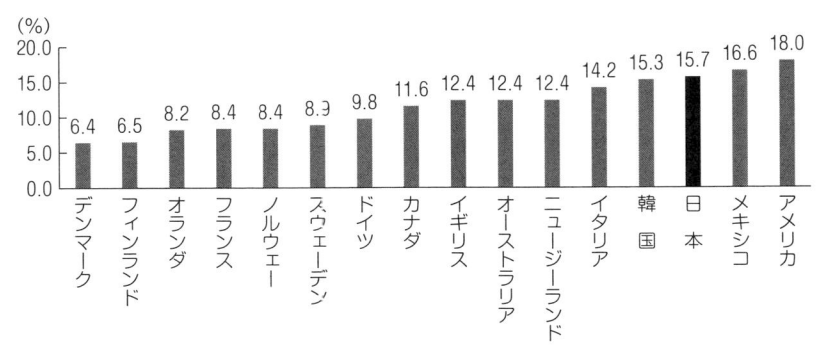

図 7 - 1　各国の相対的貧困率（50%基準），2018〜2020年のデータ（%）
出所：労働政策研究・研修機構（2023）『データブック国際労働比較 2023』197頁（https://www.jil.go.jp/kokunai/statistics/databook/2023/documents/Databook2023.pdf）。

ある。このように，絶対的貧困という生存を問うレベルの貧困ではなく，社会生活が可能かを問うレベルの貧困へと発展させた。現在，日本も含め多くの国でこの相対的剥奪を基にした貧困が想定されている。というのも多くの場合，生きがいのある仕事や社会活動に参加したり，他の人々との交流をするなど社会生活ができなければ，結局は，人は生きていけないからである。

### ③　相対的貧困率

　この相対的剥奪と関連してよく利用される指標が「相対的貧困率」である。相対的貧困率とは，**等価可処分所得**の中央値の半分に満たない世帯員の割合をいう。相対的貧困率はその国の貧困状況を割り出すのに容易であるため，OECD 諸国等の国際比較でよく利用されている。2022年の日本の所得中央値の半分は127万円であり，それ以下の年間所得にある人は15.4%であった。これを国際比較でみたのが，**図 7 - 1**の2018年から2020年の相対的貧困率の国際比較である。これをみると，デンマーク6.4%，フィンランド6.5%と相対的貧困率の低い国からすると，日本は15.7%とかなり貧困率の高い国であることがわかる。

### ④　リスターの「貧困の車輪」

　さて，イギリスのリスター（Lister, R.）は，貧困とは何かを説明するために，貧困の概念を「貧困の車輪」で表現した。貧困の車輪の中心に物質的に「容認できない困窮」があり，その周りに物質的に困窮にある人が経験する貧困の関係的・象徴的な側面である軽視，屈辱，スティグマ，人権の否定，無力感などがあると考えた。貧困というと単に物質的に困窮しているという意味で捉えている人が多いが，実際には様々な社会関係上の否定的な側面を伴っているという捉え方をしたのである。

　先の貧困にまつわる事件でも見たように，ご飯が食べられないとい

**➡ 等価可処分所得**
可処分所得とは，収入から税や保険料等をひいた支出可能な所得をいう。等価がつくのは，複数人数の世帯でも一人あたりの収入として調整しているからである。

うような物質的な欠如を伴う困窮があるだけでなく，生存権などの人権の否定，その人の人間性を否定する軽視，支援を求めることさえあきらめてしまうスティグマや無力感などを伴っていることをみた。そのため，貧困に対する支援は，生活困窮を脱するための現金給付や食料等の現物給付をするだけなく，こうした軽視や人権の否定，スティグマ，無力感等に対する対応も求められる。そして，それは貧困にある人の周りや地域社会が貧困にある人を理解し，受け入れ，包摂し，共に改善に取り組んでいくこと，つまり社会変革していくことを求めるものであり，解決が容易ではない課題であるといえよう。

 ## 生活保護制度の発達──明治以降

　日本の貧困対策，また生活保護の起源を考えるにあたって，日本の近代化が進められた明治以降に求められることが多い。江戸時代から明治時代へと明治維新という大きな社会変革のなか，1868年に明治政府が成立し，日本は近代化を推し進めることになった。この社会変革と社会不安のなかで生活困窮者が増加し，生活困難におちいった人々を救済する恤救規則が1874年にできた。以下，1950年の新生活保護法ができるまでの発達過程を見ておこう[10]。

### ☐ 恤救規則
　1874年の恤救規則は「済貧恤救は人民相互の情誼に因り」と，貧困の救済はまずは地縁・血縁関係による扶養と相互扶助を前提とするが，労働能力のない「差し置き難き無告の窮民」，つまり放ってはおけない身寄りのない人は米代を支給して救済をするというものであった。しかし，利用者は限られ，国の貧困対策としては大きな機能はしなかった。

　その後，富国強兵や殖産興業が唱えられ，工業化が進み，都市には低賃金労働者や失業者等が増加した。資本主義の進展のなかで，不況の波を受けるようにもなった。また，第一次世界大戦のあおりを受けてインフレが生じ，1918年には米騒動が生じ，1923年には関東大震災があり，貧困問題を社会的に対応する機運が高まった。岡山県の済世顧問制度や大阪府の方面委員制度につながったが，貧困対策としては不十分であった。

## ❑ 救 護 法

　そのため，1929年に日本で初めての救貧法となる救護法が成立した。救護法の目的は「国民生活の不安と思想の動揺を防止する」こととされ，貧困の救済というよりも社会不安の沈静化をはかったものである。救護法の対象は65歳以上の老衰者，13歳以下の幼者，妊産婦，疾病，障害者と対象者を働けない者に制限したいわゆる制限扶助主義に基づくものであった。救護の種類は，生活扶助，医療扶助，助産扶助，生業扶助と埋葬費とされた。費用負担は国が2分の1以内，道府県が4分の1，市町村が4分の1とされた。救護機関は市町村長であるが，実務は方面委員が担うことになった。

　救護法の成果としては，貧困の救済について国の責任を示したこと，費用負担で国・道府県の補助義務を示したこと，方面委員の役割を位置付けたこと，救護施設（養老院，孤児院，病院等）が整備されるようになったこと等があげられる。他方で，救護法の問題点として，保護請求権を認めておらず，国民の権利ではなかった。また，救済を受けると選挙権が停止されるという制裁がなされた。さらに，高齢者や児童等の年齢制限が厳しく，扶養義務者のいる者や労働能力がある者は排除された。そして，国の費用負担が2分の1以内とされていたことから半分も財政保障がなかった。しかし，救護法を通して受給者が増加し，一定の成果を上げた。なお，1929年に救護法が成立したが，同じ年の世界恐慌による財政難で1932年まで実施が延期された。

　しかし，受給要件が厳しい救護法だけでは日本の窮乏化に対応ができず，1937年に全額国庫負担で選挙権の剝奪もされない兵士やその遺族に対する軍人扶助，同じく1937年の母子心中対策の母子保護法，1941年の貧困者への医療提供をする医療保護法ができた。

## ❑ 旧生活保護法

　1945年8月の第二次世界大戦，太平洋戦争の敗戦により，日本はアメリカの連合国軍最高司令官総司令部（General Head Quarters: GHQ）の支配下におかれることになった。日本では都市部を中心に空爆等の被害者，引揚者，遺族，孤児など生活困窮を極めた。1945年12月8日にGHQは「救済並びに福祉計画に関する件」（SCAPIN404）を発出し，無差別平等，最低生活維持原則による包括的計画を12月31日までに提出するように日本政府に要求した。それを受けて日本政府は1945年12月15日に「生活困窮者緊急生活援護要綱」を閣議決定し，46年4月1日から実施したが，国家責任は明記されず，緊急の慈恵的対策でしかなかった。1945年12月31日に日本政府は「救済福祉に関する件」を

GHQ に提出したが，旧制度の温存を図ったもので，十分なものではなかった。そこで，GHQ は1946年2月27日に「公的扶助に関する覚書」（SCAPIN 775）を示し，政府案承認条件の4原則，①無差別平等の原則，②国家責任の原則，③公私分離の原則，④救済費総額の無制限の原則を要求した。

それを受けてできたのが，1946年9月の旧生活保護法である。第1条では，「生活保護を要する状態にある者」に無差別平等に国が保護をする「一般扶助主義」がとられた。ただし，第2条で「能力があるにもかかわらず，勤労の意思のない者，勤労を怠る者その他生計の維持に努めない者」「素行が不良な者」は保護しないとした。第3条「扶養義務者が扶養をなし得る者には，急迫した事情がある場合を除いて」保護しないと「欠格条項」があった。また，民生委員を保護実施の補助機関とし，実務の担い手が公務員ではなかった。そして，国家責任として国庫負担率を8割にした。保護請求権については，「国民の自立涵養の見地から不適当」であり，国家が保護を行う責務を有することによる「反射的利益」にすぎないとして否定された。

### □ 新生活保護法

しかしながら，旧生活保護法が成立した後すぐの1946年11月3日に日本国憲法が公布され，1947年5月3日に施行された。そしてその第25条に「すべて国民は，健康で文化的な最低限度の生活を営む権利を有する」と規定され，国民に生存権があることが明記された。その後，1948年12月の GHQ による政府の歳出の引き締め，金融機関融資の抑制等を掲げた経済安定9原則，それを実行させた1949年のドッジラインを受けて，企業倒産や失業者が増大し，全国で生活保護獲得闘争が行われた。他方，各自治体からは憲法との関係で生活保護の保護請求権について厚生省に問い合わせがなされ，1949年9月に社会保障制度審議会「生活保護制度の改善強化に関する勧告」がなされ，生活保護の改善が提起され，1950年に新生活保護法が成立した。生活保護法は旧生活保護法と同名の「生活保護法」として提案され，旧生活保護法の改正ではなく，新しい法律として提案されたため，新・旧の表記がなされている。

この新生活保護法により，次の改善が行われた。第1に，憲法第25条の理念を体現し，保護請求権とそれを担保するための不服申立て制度を確立した。第2に，旧生活保護法の欠格条項を廃止した。第3に，生活保護の実務を担う有給の公務員として「社会福祉主事」を配置することにした。旧生活保護法で実務を担った民生委員は協力機関と位

置付けた。第 4 に，新たに，教育扶助，住宅扶助の制度を創設した。そして，この生活保護法が70年以上経った現在も基本的な構造はそのままで実施されているのである。

 ## 現在の生活保護制度

### ☐ 生活保護制度の概要

#### ①　生活保護制度の目的

　ここからは現行の生活保護制度についてより詳しくみていこう。生活保護法の第 1 条に生活保護法の目的を規定している。

> 「第1条　この法律は，日本国憲法第25条に規定する理念に基き，国が生活に困窮するすべての国民に対し，その困窮の程度に応じ，必要な保護を行い，その最低限度の生活を保障するとともに，その自立を助長することを目的とする。」

　この第 1 条は生活保護の重要な特徴を示している。第 1 に，憲法第25条の規定する理念，つまり生存権保障が生活保護制度の根拠となっていること。第 2 に，制度の主体が「国」と示されて国家責任が明記されていること。第 3 に，生活に困窮するすべての国民を対象とする一般扶助主義がとられていること。第 4 に，困窮の程度に応じて保護を行うという個別的な対応が行われること。第 5 に，生活保護の目標は最低生活保障だけでなく，自立助長も含まれていること，である。

　さて，この最後の自立助長は解釈次第では生活保護制度の混乱をもたらす。なぜなら，自立助長というと，生活保護を受給すると働かなくなり怠惰になるという惰民観から，生活保護受給者を働かせよう，働かないなら救済すべきではないとされてしまうからである。これは生存権保障とは相容れない。当時の厚生省保護課長で新生活保護法の法案起草者であった小山進次郎は自立の助長について次のように説明している。

> 「この制度を単に一面的な社会保障制度とみ，ただこれに伴い勝ちな惰民の防止をこの言葉で意味づけようとしたのではなく，『最低生活の保障』と対応し社会福祉の究極の目的とする『自立助長』を掲げることにより，この制度が社会保障の制度であると

同時に社会福祉の制度である所以を明らかにしようとした。[11]」

「『人をして人たるに値する存在』たらしめるには単にその最低生活を維持させるというだけでは十分でない。凡そ人はすべてその中に何等かの自主独立の意味において可能性を包蔵している。この内容的可能性を発見し，これ助長育成し，而して，その人をしてその能力に相応しい状態において社会生活に適応させることこそ，真実の意味において生存権を保障する所以である。[12]」

そのため，労働を怠る者であっても生活保護の自立助長により「社会生活に適応されるようにすることこそ正しくケースワークの目的とする所である[13]」とする。

この自立助長の議論は長い間深められることなくきたが，2004年12月に公表された社会保障審議会福祉部会の『生活保護制度の在り方に関する専門委員会報告書』のなかで，以下のように自立支援の意味が整理された。

「『自立支援』とは，社会福祉法の基本理念にある「利用者が心身共に健やかに育成され，又はその有する能力に応じ自立した日常生活を営むことができるように支援するもの」を意味し，就労による経済的自立のための支援（就労自立支援）のみならず，それぞれの被保護者の能力やその抱える問題等に応じ，身体や精神の健康を回復・維持し，自分で自分の健康・生活管理を行うなど日常生活において自立した生活を送るための支援（日常生活自立支援）や，社会的なつながりを回復・維持するなど社会生活における自立の支援（社会生活自立支援）をも含むものである。」

つまり，自立助長の意味する自立が就労自立のみならず，日常生活自立や社会生活自立と自立の幅を広げ，生活保護を利用しながら自立を助長していく方向性も示された。逆にいえば，こうした日常生活自立や社会生活自立ができないまま就労自立は不安定なものでしかないと言えよう。

② 生活保護法の基本原理

生活保護法では，4つの原理と4つの原則が規定されている。まず，4つの原理からみておこう。第1に，法第1条の国家責任の原理である。先にもみたように，生活保護の責任主体は国と明記され，国により財政責任や実施体制の整備をしていくことになった。

第2に，無差別平等の原理である。法第2条に「すべて国民は，こ

の法律の定める要件を満たす限り，この法律による保護（以下「保護」という。）を，無差別平等に受けることができる」とある。もちろん，これは憲法第14条による法の下の平等にある人種や信条，性別，社会的地位などによる差別が禁止されることを受けている。それだけでなく，要保護状態におちいった原因も問わないとされ，旧生活保護法では，勤労意思のない者や素行不良な者は保護しないとされ欠格条項があったが，これが新法では廃止された。

　第3に，最低生活保障の原理である。第3条に「この法律により保障される最低限度の生活は，健康で文化的な生活水準を維持することができるものでなければならない」とある。これは憲法第25条いう生存権を保障するということを示している。

　第4に，補足性の原理である。法第4条に「保護は，生活に困窮する者が，その利用し得る資産，能力その他あらゆるものを，その最低限度の生活の維持のために活用することを要件として行われる。2　民法に定める扶養義務者の扶養及び他の法律に定める扶助は，すべてこの法律による保護に優先して行われるものとする。3　前2項の規定は，急迫した事由がある場合に，必要な保護を行うことを妨げるものではない」とある。つまり，要保護者に自助努力を求めた上で，最低生活費に不足する部分を公的扶助が補うこと，また，公的扶助が社会保障における最終的な制度であることを示したのである。

　ただし，無一文にならないと生活保護が利用できないわけではなく，家は処分価値よりも利用価値の方が高いと判断されれば持ち家も保持は可能である。申請時の手持金も最低生活費の半分程度は持っていることは認められる。生活保護の申請後の調査には2週間程，長くて1カ月かかるので，ある程度の手持金がないと保護の決定までに飢えてしまうからである。稼働能力があると生活保護が利用できないと誤解されることも多いが，就職活動等をしていることで稼働能力を活用しているとみなされている。扶養義務や他法他施策については「優先」であり，扶養義務者が扶養した場合（仕送りを出した場合）や年金やその他の給付が利用できた場合に，その分保護費は減額するというルールである。

### ③　生活保護の原則

　次に，生活保護の4つの原則についてみてみよう。第1に，申請保護の原則である。法第7条に，「保護は，要保護者，その扶養義務者又はその他の同居の親族の申請に基いて開始するものとする。但し，要保護者が急迫した状況にあるときは，保護の申請がなくても，必要な保護を行うことができる」とある。これによって初めて貧困の救済を

国に対して要求する権利が明確化された。ただし，病気等で急迫した状況にある場合は，職権保護により保護ができる。

第2に，基準及び程度の原則である。法第8条で「保護は，厚生労働大臣の定める基準により測定した要保護者の需要を基とし，そのうち，その者の金銭又は物品で満たすことのできない不足分を補う程度において行うものとする。2　前項の基準は，要保護者の年齢別，性別，世帯構成別，所在地域別その他保護の種類に応じて必要な事情を考慮した最低限度の生活の需要を満たすに十分なものであつて，且つ[か]，これをこえないものでなければならない。」とある。このように厚生労働大臣が定めた基準をもとに，稼働収入や収入認定をしてそれで足りない分を保護費として支給するのである。また，その基準は最低限度の生活の需要を満たすのに十分であって，かつ超えないというピンポイントの金額である。

第3に，必要即応の原則である。法第9条で「保護は，要保護者の年齢別，性別，健康状態等その個人又は世帯の実際の必要の相違を考慮して，有効且つ適切に行うものとする」とある。つまり，基準及び程度の原則で基準が定められるが，必要即応の原則により，個別の必要に対応する。これは母子加算や障害者加算等の根拠になっている。

第4に，世帯単位の原則である。法第10条に「保護は，世帯を単位としてその要否及び程度を定めるものとする。但し，これによりがたいときは，個人を単位として定めることができる」とある。これにより，保護を受ける権利は個人にあるが，保護の要否や程度を決めるのは，家計を同じくする単位である世帯とされた。ただし，高等教育の修学者や入院患者等を「世帯分離」をすることで世帯全体の保護に影響しないようにする措置がとられることもある。

#### ④　保護の種類

生活保護制度で支給される保護の種類は8つあり，「生活扶助」「住宅扶助」「医療扶助」「介護扶助」「出産扶助」「教育扶助」「生業扶助」「葬祭扶助」である。

第1に，食事や衣類，通信，美容等のための現金給付をする生活扶助がある。これには，まず年齢ごとの個々人の食費等の個人的経費である「第1類費」と，光熱費等世帯単位の支出を想定した世帯共通的経費である「第2類費」で構成されている。ただし，「級地」という居住地による費用の差別化が行われている。また，寒冷地加算等がある。さらに，母子世帯や障害者世帯等には母子加算や障害者加算等がある。そして，入居時の布団代など臨時的な費用をまかなうための一時扶助がある。

　第 2 に，家賃や家屋の修繕費などをまかなう住宅扶助がある。

　第 3 に，治療や薬剤等の現物給付をする医療扶助がある。生活保護の利用者は国民健康保険等からは脱退し保険証はなくなる。その代わりに医療を受ける際はそのつど福祉事務所で発行される「医療券」を持って病院にいく。ただし，医療保険の保険証がマイナンバーに替わることを受けて，2024年度より生活保護の利用者も医療券ではなく，マイナンバーカードを活月したオンライン資格確認が進められる。また，2018年の生活保護法改正で生活保護利用者は原則ジェネリック医薬品を使用することになった。生活保護利用者の医療は必要なものではなく，最低限の安いものでいいという，いのちの差別化が始まったと批判されている。

　第 4 に，2000年にできた新しい扶助であり，介護保険サービスを現物給付する介護扶助がある。医療扶助とは異なり，生活扶助に介護保険料加算を設定し，介護保険に加入する。

　第 5 に，分娩に関わる処置に関する費用を支給する出産扶助がある。

　第 6 に，義務教育に必要な学用品や辞書，PTA 会費，クラブ活動費等を支給する教育扶助がある。

　第 7 に，自動車運転免許証など，生計の維持に役立つ仕事につくために必要な技能を習得するための授業料等の経費を支給する技能習得費や，高等学校に必要な学用品や教材代，交通費等を支給する高等学校等就学費などをまかなう生業扶助がある。生活保護利用世帯の子どもにとっては，高等教育は教育を受ける権利としてではなく，仕事を得るための職業訓練と位置づけられている。

　第 8 に，葬祭に必要な火葬代などをまかなう葬祭扶助がある。

　以上の 8 つの扶助を必要に応じて利用することになる。ただし，2013年の生活保護法改正で 2 つの給付金が創設された。一つは，保護受給中の就労収入から一定額を仮想的に積み立て就労による保護廃止になった時に単身世帯で最低 2 万円・上限10万円，複数世帯で最低 3 万円・上限15万円を支給する就労自立給付金である。

　もう一つは，高校等を卒業して大学等に進学する人・就職する人に対して一時金を支給する進学・就職準備給付金である。支給額は自宅から通学する場合は10万円，転居する場合は30万円である。なお，日本では生活保護を受けながら大学進学は認められておらず，その学生は世帯分離され，学生の分の保護費はなくなってしまう。そのため，学生は大学等で勉強しながら，アルバイトをして自らの食費や医療や年金の保険料の支払い等をしなければならないという問題がある。

　さらに，2024年の法改正では，進学・就職準備給付金と名称を改め，

生活保護世帯の子どもが高校又は中学を卒業して就職する場合にも，自宅（保護廃止の場合）で10万円，自宅外で30万円を支給することになった。その他，先の就労自立給付金の算定方法の見直し（上限・下限額は変更無し），アウトリーチによる子どもの進路選択支援事業，地域の関係機関との支援調整を行う「調整会議」等が規定された。

　また，生活保護には各扶助に基づく5つの保護施設がある。第1に，身体上又は精神上著しい障害があるために日常生活を営むことが困難な要保護者を入所させて，生活扶助を行うことを目的とする救護施設がある。第2に，身体上又は精神上の理由により養護及び生活指導を必要とする要保護者を入所させて，生活扶助を行うことを目的とする更生施設がある。第3に，医療を必要とする要保護者に対して，医療の給付を行うことを目的とする医療保護施設（主に病院）がある。第4に，身体上若しくは精神上の理由又は世帯の事情により就業能力の限られている要保護者に対して，就労又は技能の修得のために必要な機会及び便宜を与えて，その自立を助長することを目的とする授産施設がある。第5に，住居のない要保護者の世帯に対して，住宅扶助を行うことを目的とする宿所提供施設がある。

### ⑤　生活保護の実施体制

　生活保護を誰が，どのように実施しているのかをみていこう。生活保護は，国の責任で実施されているが，実際の運用を担っているのは，地方自治体であり，市と一部の町村，それ以外の町村に代わって担当する都道府県の福祉事務所である。

　社会福祉法第14条に規定された「福祉に関する事務所」が通称「福祉事務所」と呼ばれ，福祉六法（生活保護法，児童福祉法，母子及び父子並びに寡婦福祉法，老人福祉法，身体障害者福祉法及び知的障害者福祉法）に関する事務を担っている。都道府県と市（および特別区）は設置が義務付けられている。町村は条例により任意で設置することができ，現在，島根県や鳥取県，広島県，鹿児島県を中心に47町村で福祉事務所が設定されている（2024年4月現在）。ただし，実際の役場の窓口には福祉事務所と看板をしておらず，特に児童福祉関係が他の部署に配置されていることも多い。

　社会福祉法15条で福祉事務所の職員が規定され，福祉事務所の長と，少なくとも次の所員を置かなければならない。第1に，指導監督を行う所員である「査察指導員」，いわゆるスーパーバイザー（SV）であり，現業員7人に1人を配置し，所に最低1名を配置する。第2に，現業を行う所員である「現業員」，いわゆるケースワーカー（CW）である。ケースワーカーの人数は「標準数」となっているが，①都道府

県の福祉事務所では，被保護世帯390人以下で 6 人，65人ごとに 1 人を加える。②市の福祉事務所では，被保護世帯240人以下で 3 人，80人ごとに 1 人を加える。③町村の福祉事務所では，被保護世帯160人以下で 2 人，80人ごとに 1 人を加える，とされている（第16条）。第 3 に，事務を行う所員である。

　なお，査察指導員と現業員は，「社会福祉主事」でなければならないとされている（社会福祉法第15条）。また，生活保護法第21条で「社会福祉法に定める社会福祉主事は，この法律の施行について，都道府県知事又は市町村長の事務の執行を補助するものとする」とされ，補助機関，つまり生活保護の実務を担うとされた。さらに，生活保護法第22条で「民生委員は，この法律の施行について，市町村長，福祉事務所長又は社会福祉主事の事務の執行に協力するものとする」と協力機関とされた。

　生活保護にかかる費用については，原則，国が 4 分の 3 を国庫負担金として負担し，都道府県または市町村が残りの 4 分の 1 を負担する。ただし，この地方自治体の負担については，おおむね国から地方自治体への地方交付税の算定基礎になっており，国から支払われている。ただし，この地方交付税はどのように支出するのか自治体が裁量を持っているため，必ずしも算定通り生活保護に支出されるわけではない。また，大阪市など一部の自治体によっては地方交付税がかなり低く見積もられていたこともあった。[14]

## ⑥　被保護者の権利と義務

　被保護者，生活保護の利用者の権利と義務も生活保護法上で明確に定められている。まず，被保護者の権利については，生活保護法上，次の 3 つがある。第 1 に，被保護者は，正当な理由がなければ，すでに決定された保護を不利益に変更されることがないという「不利益変更の禁止」である（第56条）である。これにより実施機関による恣意的な不利益変更を防いでいる。

　第 2 に，被保護者は，保護金品等を標準として租税その他の公課を課せられることがないという「公課禁止」である（第57条）。保護費は最低生活費であるため，そこから税や保険料をとってはならないということである。

　第 3 に，被保護者は，すでに給付を受けた保護金品等，またはこれを受ける権利を差し押さえられることがないという「差押禁止」である（第58条）。保険料の滞納等を強制徴収するために行政による財産の差押えが行われているが，最低生活費の保護費を差押えることは禁止されている。

他方，被保護者の義務として次の4つが規定されている。第1に，被保護者は，保護等を受ける権利を譲り渡すことができないという「譲渡禁止」がある（第59条）。これにより，原則として生活保護を担保にお金を借りることも認められない。

　第2に，被保護者は，常に能力に応じて勤労に励み，自ら健康の保持及び増進に努め，収入，支出その他生計の状況を適切に把握するとともに支出の節約を図り，その他生活の維持及び向上に努めなければならないという「生活上の義務」がある（第60条）。

　第3に，被保護者は，収入，支出その他生計の状況について変動があつたとき，又は居住地若しくは世帯の構成に異動があつたときは，すみやかに，保護の実施機関又は福祉事務所長にその旨を届け出なければならないという「届出の義務」がある（第61条）。収入や世帯状況が変わると保護費も変わるため，届けがないと正確な保護費が算定できないからである。

　第4に，被保護者は保護の実施機関が，被保護者に対し，必要な指導又は指示をしたときは，これに従わなければならないという「指示等に従う義務」がある（第62条）。これに関して，生活保護法第27条で「保護の実施機関は，被保護者に対して，生活の維持，向上その他保護の目的達成に必要な指導又は指示をすることができる」とされている。ただし，第27条2項で「前項の指導又は指示は，被保護者の自由を尊重し，必要の最少限度に止めなければならない」，同条3項で「第1項の規定は，被保護者の意に反して，指導又は指示を強制し得るものと解釈してはならない」とされている。また，こうした指示・指導に従わない場合，弁明の機会を設定した上で保護の変更や停廃止が行われることがある。

　第5に，被保護者に資力があるにもかかわらず保護を受けたときは，保護に要する費用を支弁した都道府県又は市町村に対して，すみやかに，その受けた保護金品に相当する金額の範囲内において保護の実施機関の定める額を返還しなければならないという「費用返還義務」がある（第63条）。

### ⑦ 不服申立制度

　新生活保護法では，申請権が確立したが，それを確実なものにするために福祉事務所が問題ある対応をした場合に，それに不服を申し立てる不服申立制度が設置された。生活保護の廃止等の行政の処分に対して不服を訴える場合，裁判があるが，裁判は裁判期間も長く，弁護士費用もかかる。また，生活保護のように生活ができるかできないかがかかっているので，迅速な対応が求められる。そこで，行政処分を

行った自治体の上級官庁に生活保護法および行政不服審査法に基づき，審査請求を行う。市町村の行政処分であれば都道府県知事に，都道府県の行政処分であれば厚生労働大臣に対して審査請求を行う。それに対して都道府県知事等は「裁決」を出すことになっている。

　この知事の裁決に不服がある場合は，厚生労働大臣に再審査請求ができる。厚生労働大臣は「裁決」を出すことになっている。なお，生活保護法第69条により，行政処分に対する不服については審査請求を経たうえでなければ裁判で訴えることができない。これを「審査請求前置主義」という。ただし，福祉事務所またはケースワーカーによる違法な過失や暴言等については審査請求によらず，国会賠償請求訴訟等の裁判をすることができる。

### ☐ 生活保護の利用動向

#### ①　受給者の動向

　生活保護の利用動向についてみてみよう（図 7 - 2 ）。生活保護制度ができた。1951年の69万世帯・204万人から1995年の60万世帯・88万人まで減少した。その後，2013年まで増加し続けたが，それ以降頭打ちになり，2024年10月現在，165万世帯・200万人となっている。[15] 1951年と2022年の生活保護の利用者数はほぼ同じであるが，世帯数が大幅に増加しており，単独世帯等が増えていることがわかる。

#### ②　世帯構成

　次に，生活保護を利用している世帯の世帯構成をみてみよう（図 7 - 3 ）。2024年10月現在，高齢世帯が約90万世帯，傷病・障害世帯が約41万世帯，母子世帯が約 6 万世帯，その他世帯が約26万世帯であった。1998年度から年度毎にみると，高齢者世帯が一貫して大きく増加していることがわかる。また，経済危機のあった2009年以降，その他世帯の割合が大きくなっていることもわかる。構成比でみると，2024年10月現在，高齢者世帯が55％，障害・傷病世帯が25％，母子世帯が 5 ％，その他世帯が15％であった。こうしてみると，日本の生活保護世帯では高齢者世帯，障害・傷病者世帯で 8 割を占めており，年金制度の不十分さと，働くことができる層には生活保護が活用されていないことを示している。

#### ③　生活保護費負担金

　図 7 - 4 は生活保護にかかる費用の 4 分の 3 を占める国の生活保護費負担金（事業費ベース）実績額の推移を示したものである。これをみると，2024年の当初予算では 3 兆7,000億円であった。2022年の 3 兆5,000億円の構成割合をみてみると，医療扶助が49.7％，生活扶助が

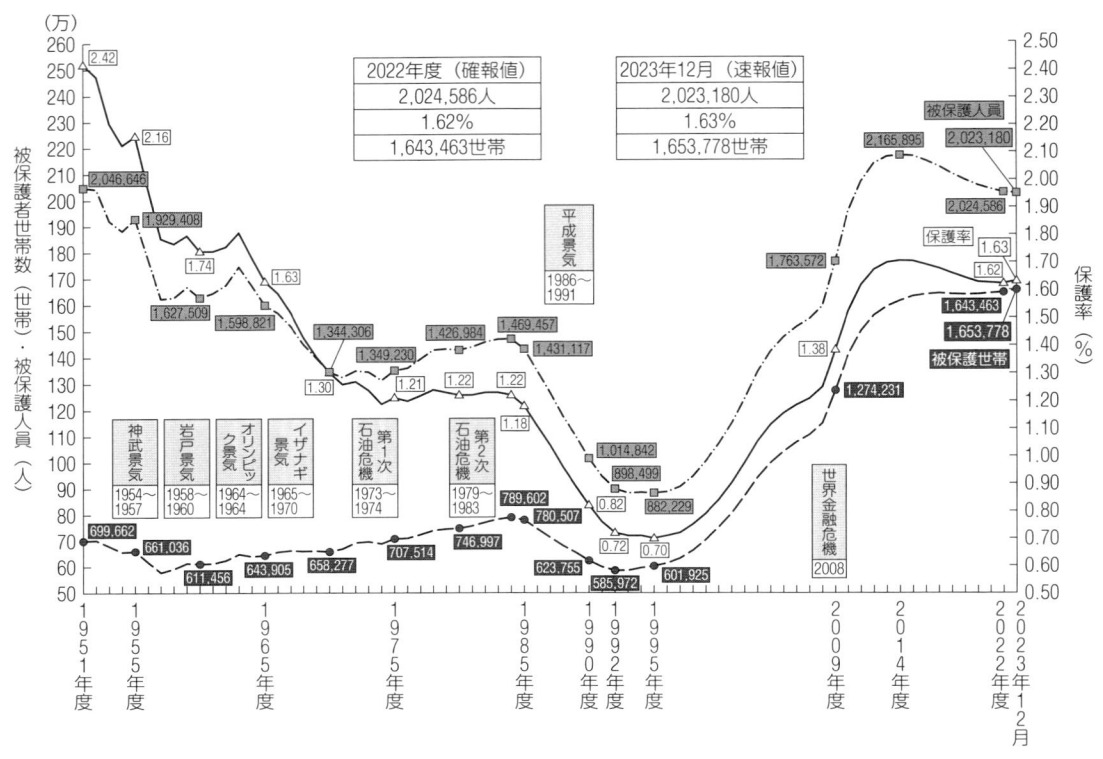

**図7-2 被保護人員，保護率，被保護世帯数の年次推移**

出所：厚生労働省『社会・援護局関係主管課長会議資料・保護課』2024年3月資料，99頁（https://www.mhlw.go.jp/stf/newpage_38614.html）。

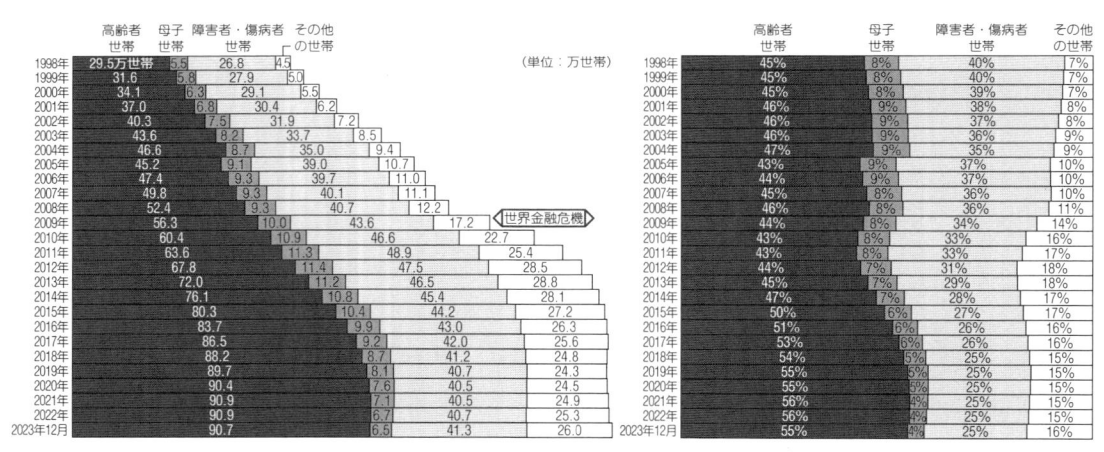

**図7-3 世帯類型別の生活保護世帯数の推移**

※高齢者世帯数の92.7％が単身世帯（2023年12月）。

注：世帯数は各年度の1か月平均であり，保護停止中の世帯は含まない。

資料：被保護者調査 月次調査（厚生労働省）（2011年度以前は福祉行政報告例）（2023年12月分は速報値）

出所：厚生労働省『社会・援護局関係主管課長会議資料・保護課』2024年3月資料，102頁（https://www.mhlw.go.jp/stf/newpage_38614.html）。

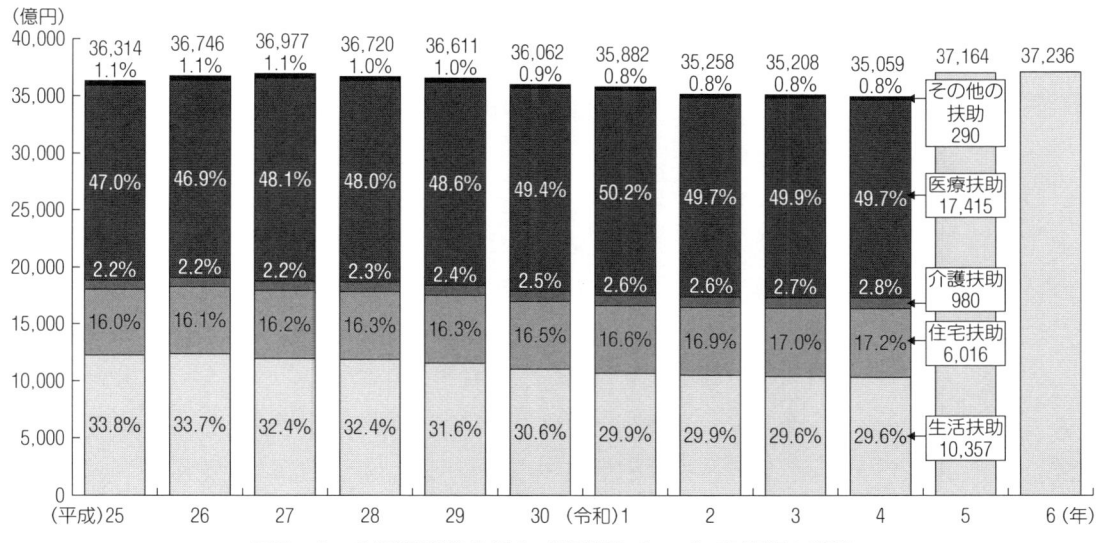

図 7 - 4　生活保護費負担金（事業費ベース）実績額の推移

注：(1) 施設事務費を除く。
　　(2) 令和 4 年度までは実績額（4 年度は暫定値），令和 5 年度は補正後予算，令和 6 年度は当初予算。
　　(3) 国と地方における負担割合については，国 3 / 4，地方 1 / 4。
資料：生活保護費負担金事業実績報告
出所：厚生労働省「社会・援護局関係主管課長会議資料・保護課」2024年 3 月資料，143頁（https://www.mhlw.go.jp/stf/
　　　newpage_38614.html）。

29.6％，住宅扶助が17.2％，介護扶助が2.8％，その他の扶助が0.8％で
あった。つまり，生活保護費の半分が医療のために使われており，生
活保護世帯が比較的自由に使える生活扶助は全体の 3 分の 1 程である。

 生活保護制度の課題

### ☐ 保護基準の切り下げと裁判

　最後に，生活保護制度の課題を大きく 4 点指摘しておきたい。第 1
に，生活保護基準，つまり，「健康で文化的な最低限度の生活」をどう
設定するかである。先に生活保護の利用者数が2013年あたりから減少
したが，ちょうどその年から保護基準の切り下げが継続的に行われて
きた。保護基準はそのまま保護の要否を決める基準にもなるため，保
護基準が引き下げられると，生活できる水準が下がると同時に，生活
保護が利用できる人も減少することになる。
　しかし，2013年以降の保護基準切り下げが憲法違反だとして全国で
3 万件近くの審査請求が行われ，全国29の都道府県で1,000人以上の
原告が提訴した。国側は生活保護法第 8 条で厚生労働大臣が基準を定

めるとあり，保護基準を切り下げることは大臣の裁量の範囲内だとした。他方，原告側は①原油高騰のため2008年だけ大きく物価が上がった年を基準にその後物価が大きく下がったとしたこと，②生活扶助CPIという独自指標を作って生活保護を利用している世帯はほとんど買わない電化製品を多く買っているものと試算したこと，③物価が大きく下がったように見せるために，基準となる2008年と2011年の物価の計算方式を異なる方式で物価指数を計算したこと，④国の審議会で検討されていない理由で大幅に基準を切り下げたことなどを不当だと訴えた。[16] 2024年6月現在，これまでに地裁と高裁で32の判決が出されたが，そのうち原告の勝訴が18，原告敗訴が14となっており，すべて控訴され，裁判が続いている。[17]

## ☐ 文化的な生活の実現

　現状の保護基準では食費や衣服費，光熱費など最低限の生きていくためのもので精一杯で，十分な食事がとれない，入浴も毎日入れる人は少なく，旅行やレジャーもすることも難しいことなどがいくつかの調査から見えている。[18] この件について，日本国憲法制定時に生存権の規定に関わった鈴木義男議員は「人間が動物と違ふところは，ただ働いて食べて寝て起きて死ぬといふのではなく，生活に必要なだけは働くが，できるだけ余裕を作つて，芸術を楽しむ，社交を楽しむ，読書や修養につとめる，つまり文化を享受し，人格価値を高めるといふところにある」とし，生存権には文化的要素が含まれるべきだと考えている。[19] ここで言われているような芸術や社交，読書等が実現できるゆとりをもった生活保護制度にしていく必要があるだろう。

## ☐ スティグマの解消と捕捉率の向上

　生活保護を利用することは，憲法で保障された国民の権利であるが，他方で貧困であること，国民の税金で生活費を支援していることも示しており，心無い人々によって非難の対象にされることがある。いわゆる生活保護バッシングである。そのため，生活保護を利用することは恥ずかしという「スティグマ」があると感じている人々も多い。その結果，生活がひどく困窮しても，生活保護だけは利用したくないという人も多く，生活困窮者への対応が非常に制限され，支援の困難さが増している。こうして，生活保護を利用できる生活困窮状況にある人のうち，実際に生活保護を利用している人の割合である「捕捉率」が非常に低いという問題を抱えている。

　また，たとえ生活保護を利用できたとしても，交際費に当てられる

資金も不十分なことに加え，生活保護を利用していることを知られたくないと近隣や友人との交流を絶ち，生活保護の利用者の社会的孤立を深刻化させている。生活保護のスティグマを解消し，捕捉率の向上につなげるための対応が求められている。

### ☐ 福祉事務所・ケースワーカーの質の向上

　生活保護の課題として，福祉事務所やケースワーカーのあり方がある。日本はどのような職種に就くのかというジョブ型雇用ではなく，どの会社や組織に就くのかというメンバーシップ型雇用だと言われる。生活保護を運用する地方自治体も同様であり，役所に入ってから，生活保護，介護保険，道路，水道，財務などどこの部署で働くかが決まる。また多くは 2 年程働いたら人事異動で様々な部署を転々とすることになる。しかし，生活保護の運用は非常にルールが多く，また，利用者の状況も複雑であり，実際の仕事はルールの知識から面接，援助技法までが求めれるケースワークは非常に高度で負担の多い業務である。実際には，担当する利用者の状況や生活保護の業務や支援の仕方がわかってきたころに異動となることが多い。特に問題なのは，社会に広まっている生活保護の利用者への偏見を業務のなかで出してしまい，生活保護のスティグマを強化していることである。

　したがって，多くの福祉事務所では生活保護やケースワークの専門性がなく経験も積み重ねられないため，適切な支援ができず逆に貧困を悪化させる事も多い。それを打開するためには，福祉職採用を増やしたり，業務手続きの研修だけでなく生活保護の理念やケースワーク等の支援に関する研修などを充実させる必要がある。

### ◯注

(1)　藤藪貴治・尾藤廣喜（2007）『生活保護「ヤミの北九州方式」を糾す──国のモデルとしての棄民政策』あけび書房。

(2)　寺久保光良・雨宮処凛・和久井みちる（2012）『また，福祉が人を殺した──札幌姉妹孤立死事件を追う』あけび書房。

(3)　井上英夫・山口一秀・荒井新二編（2016）『なぜ母親は娘を手にかけたのか──居住貧困と銚子市母子心中事件』旬報社。

(4)　佐藤順子編（2018）『フードバンク──世界と日本の困窮者支援と食品ロス対策』明石書店。

(5)　阿部實（1990）『チャールズ・ブース研究──貧困の科学的解明と公的扶助制度』中央法規出版，44-45頁。

(6)　ラウントリー，B.S.／長沼弘毅訳（1922＝1975）『貧乏研究』千城，97-98頁。

(7)　Townsend, P. (1979) *Poverty in The United Kingdom*, Allen Lanep, p. 31.

(8)　厚生労働省（2023）「2022（令和 4 ）年　国民生活基礎調査の概況」（https://www.mhlw.go.jp/toukei/saikin/hw/k-tyosa/k-tyosa22/dl/14.pdf）。

(9) リスター，ルース／松本伊智朗監訳，松本淳・立木勝訳（2023）『新版 貧困とはなにか――概念・言説・ポリティクス』明石書店。

(10) 小山進次郎（1951＝2004）『生活保護法の解釈と運用 改訂増補』全国社会福祉協議会，日本社会事業大学救貧制度研究会（1960）『日本の救貧制度』勁草書房。

(11) 小山進次郎，前掲書，84頁。

(12) 同前書，92頁。

(13) 同前書，96頁。

(14) 星野菜穂子（2013）『地方交付税の財源保障』ミネルヴァ書房。

(15) 厚生労働省「生活保護の被保護者調査（令和6年10月分概数）の結果を公表します」（2005年1月8日，https://www.mhlw.go.jp/toukei/saikin/hw/hihogosya/m2024/dl/10-01.pdf）。

(16) 浜岡政好・唐鎌直義・河合克義編（2022）『「健康で文化的な生活」をすべての人に――憲法25条の探求』自治体研究社。

(17) いのちのとりで裁判全国アクション（2024）「判決一覧（2024・6・13時点）」（https://inochinotoride.org/file/240613_hanketsuichiran2.pdf）。

(18) 浜岡ほか編，前掲書，木下武徳（2017）「生活保護利用世帯の暮らしから見た生活課題――地域Aにおける実態調査から」『コミュニティ福祉学部紀要』19，97-112頁，等。

(19) 中村美帆（2021）『文化的に生きる権利――文化政策研究からみた憲法第二十五条の可能性』春風社，285-286頁。

## ◯参考文献 ————

阿部實（1990）『チャールズ・ブース研究――貧困の科学的解明と公的扶助制度』中央法規出版。

いのちのとりで裁判全国アクション（2024）「判決一覧（2024・6・13時点）」（https://inochinotoride.org/file/240613_hanketsuichiran2.pdf）。

木下武徳（2017）「生活保護利用世帯の暮らしから見た生活課題――地域Aにおける実態調査から」『コミュニティ福祉学部紀要』19，97-112頁。

厚生労働省（2023）「2022年 国民生活基礎調査の概況」（https://www.mhlw.go.jp/toukei/saikin/hw/k-tyosa/k-tyosa22/dl/14.pdf）。

小山進次郎（1951＝2004）『生活保護法の解釈と運用 改訂増補』全国社会福祉協議会。

武田尚子（2014）『20世紀イギリスの都市労働者と生活――ロウントリーの貧困研究と調査の軌跡』ミネルヴァ書房。

橘由歩（2012）「検証・孤立死（中）看取りなき別れ――誰にも届かなかった姉妹のSOS」『週刊朝日』2012年7月20日号，38-41頁。

日本社会事業大学救貧制度研究会（1960）『日本の救貧制度』勁草書房。

浜岡政好・唐鎌直義・河合克義編（2022）『「健康で文化的な生活」をすべての人に――憲法25条の探求』自治体研究社。

ラウントリー，B.S.／長沼弘毅訳（1922＝1975）『貧乏研究』千城。

リスター，ルース／松本伊智朗監訳，松本淳・立木勝訳（2023）『新版 貧困とはなにか――概念・言説・ポリティクス』明石書店。

Townsend, P.（1979）*Poverty in The United Kingdom*, Allen Lane.

■第 8 章■
# 社会手当制度

# ① 私たちの生活と社会手当制度

社会手当は，社会保険制度が事前の社会保険料の拠出を給付の要件とするのに対して，拠出を求めず，税を財源とする制度（無拠出制）である点が特徴である。社会手当制度と生活保護制度などの公的扶助制度は，どちらも主に税を財源としている点では「社会扶助」としてまとめられることもあるが，公的扶助制度は**資力調査（ミーンズテスト➡）**を要件とするのに対して，社会手当制度は，資力調査を行わず，**所得調査（インカムテスト➡）**を要件とする点が異なっている（制度によっては，所得制限なくニーズを有する人に普遍的に給付する場合もある）。国によっては，公的扶助制度において資力調査が課されず，社会手当に限りなく近い形になっている場合もある（第10章 4 参照）。

社会手当は，特定のニーズを抱える世帯（例えば，子どもを養育するニーズに対応する児童手当や家族手当，失業者に対する失業手当など）を対象としている。ヨーロッパなどでは，住宅費の補助として住宅手当が存在している。日本では住宅手当は存在せず，住宅費保障が社会保障制度上の課題となっている。

以下では，主に日本における社会手当制度（児童に関する手当，障害児・者に関する手当）を中心に説明する。

➡ **資力調査（ミーンズテスト）**

制度利用の要件として，所得に加え，預貯金や土地等の資産調査が行われること。主に，公的扶助制度に多い。

➡ **所得調査（インカムテスト）**

制度利用の要件として，例えば，年間所得額の一定額を下回っていることが求められること。

# ② 社会手当制度の発展および概要

## ☐ 児童に関する手当

日本の児童に関する手当は，児童手当，児童扶養手当，特別児童手当，の 3 種類がある。以下，制度の発展と現在の仕組みを説明する。

### ① 児童手当制度

**児童手当制度の経緯**　日本の児童手当制度は，1971年に制定され，1972年 1 月より施行されている。制度の創設は他国に比べて遅いものとなった。発足当初は，第 3 子以降義務教育終了前を対象として，月額3,000円であった（段階実施）。以降，第 2 子の開始は，1986年，第 1 子には，1994年から拡大されたものの，1994年 1 月には，支給対象が 3 歳児未満に引き下げられ，金額も第 1 子および第 2 子は，5,000円，

第 3 子以降が10,000円と支給対象年齢，金額ともに低水準で据え置かれることとなった。

　その後，児童手当法の附則が改正され，2000年 6 月から 3 歳以上義務教育就学前の児童について「児童手当に相当する給付」の支給が開始され，2004年度からは小学校修了まで拡大された。2007年度より 3 歳児未満の児童に対する手当額は，一律 1 万円に引き上げられた。

　2010年，子ども手当の創設を公約に掲げた民主党を中心とする連立政権の誕生により導入された子ども手当は，日本の社会福祉の歴史では最初の普遍主義的現金給付システムであった。(1) 所得制限はなく，月額 1 万3,000円でスタートし，2011年度以降は総選挙前の公約どおり， 2 万6,000円を支給することとなっていた。しかし，政治的な対立，財源問題の顕在化，東日本大震災の影響などにより，2011年 8 月に，民主，自民，公明の三党合意によって子ども手当を事実上廃止することとし，2012年度末までとなった。また，2011年10月からは，給付額についても変更され，それまでの一律 1 万3,000円から， 3 歳未満は 1 万5,000円， 3 歳から中学生までは 1 万円となった。自民党政権後，復活した児童手当制度では，再び所得制限付きの児童手当に改正された。

　所得制限のかかる世帯には，一律5,000円の特例給付があったが，2020年12月15日に閣議決定された「全世代型社会保障改革の方針」において，高所得の主たる生計維持者（年収1,200万円以上の者）は特例給付の対象外とされた。2023年 6 月13日，「こども未来戦略方針」の閣議決定を受け，児童手当における所得制限の撤廃や支給対象年齢の拡大の方針が示された。

　**児童手当の概要**　　児童手当は，家庭等における生活の安定に寄与するとともに，時代の社会を担う児童の健やかな成長に資することを目的に支給される（**表 8 - 1**）。2024年 6 月12日，子ども・子育て支援法の一部改正を受け，支給対象を高校生年代まで延長拡大し， 3 歳未満は，第 1 子・第 2 子 1 万5,000円， 3 歳から高校生年代は，第 1 子・第 2 子10,000円，第 3 子以降は30,000円になっている。所得制限は撤廃され，支払い月が年 3 回， 6 回（偶数月）に変更されている。

　費用負担については，従来の，国・地方・事業主の負担に加えて，新たに「子ども・子育て支援金」制度を創設し，医療保険者から支援納付金を徴収することとした。公務員分については，所属長の負担とする。児童扶養手当制度などとは異なり，手当額の**自動物価スライド制**➡はない。税・社会保障の一体改革の一環として，消費税率の引き上げによる増収財源を活用した「子ども・子育て支援制度」が2015年 4 月から実施されている。なお，児童手当法に基づく児童手当制度につ

➡**自動物価スライド制**

物の価格の上がり下がりを表した「全国消費者物価指数」に合わせて，支給する額を変える仕組み。

表 8 - 1　児童手当の概要

| 制度の目的 | ○家庭等における生活の安定に寄与する<br>○次代の社会を担う児童の健やかな成長に資する | | | | |
|---|---|---|---|---|---|
| 支給対象 | ○高校生年代までの国内に住所を有する児童<br>（18歳到達後の最初の年度末まで） | | 所得制限<br>（夫婦と児童2人） | ○所得制限なし | |
| 手当月額 | ○3歳未満<br>・第1子，第2子：15,000円　第3子以降：30,000円<br>○3歳〜高校生年代<br>・第1子，第2子：10,000円　第3子以降：30,000円 | | 受給資格者 | ○監護生計要件を満たす父母等<br>○児童が施設に入所している場合は施設の設置者等 | |
| | | | 実施主体 | ○市区町村（法定受託事務）[1] | |
| | | | 支払期月 | ○6回（偶数月）（各前月までの2カ月分を支払） | |
| 費用負担[2] | | 被用者 | 非被用者 | | 公務員 |
| | 3歳未満 | 支援納付金（※）3/5　事業主2/5 | 支援納付金3/5　国4/15　地方2/15 | | 所属庁10/10 |
| | 3歳以降 | 支援納付金1/3　国4/9　地方2/9 | 支援納付金1/3　国4/9　地方2/9 | | 所属庁10/10 |

注：(1)公務員は所属庁で実施。
　　(2)子ども・子育て支援金制度の創設等に関する法案を令和6年通常国会に提出。支援納付金の収納が満年度化するまでの間，つなぎとして子ども・子育て支援特例公債を発行。
出所：こども家庭庁資料を基に筆者作成。

いても，「子どものための現金給付」として，子ども・子育て支援法に基づく給付の一つに位置づけられている[2]。

　海外の児童手当制度の概要をまとめたものが**表8-2**である。国ごとに，対象年齢，支給金額，所得制限や多子加算の有無等，違いが見られる。子育てニーズへの対応として，児童手当といった経済給付に加えて，税制度のあり方も含めて検討課題となっている。

### ②　児童扶養手当

**児童扶養手当制度の経緯**　　児童扶養手当は，死別の母子世帯に対して，1959年に制定された国民年金法に基づき母子福祉年金が支給されるようになったことに伴い，離婚など生別の母子世帯の所得保障のため，無拠出（全額国庫負担）の母子福祉年金の補完的制度として1962年に創設された。児童に関する手当としては，児童手当の成立よりも早く，日本で初めてのものとなる。

　その後，離別による受給者が増大する一方で，母子福祉年金の受給者は急減し，児童扶養手当が有する母子福祉年金を補完するという位置づけが曖昧となった。そのため，1985年の児童扶養手当法改正において，母子福祉年金の補完的な制度から母子家庭の生活の安定を通じて児童の健全育成を図る制度への転換がなされた。第1子の手当額は，所得に応じて全部支給と一部支給の2段階になった。

　2002年改正では，全部支給と一部支給の所得制限の限度額が変更されるとともに，一部支給の場合の手当額が所得に応じて10円刻みで定められるなど，給付削減の方向での改正がなされた。さらに受給期間の上限が設定され，支給開始月の初日から起算して5年（または3歳未満の児童を監護する受給資格者については，3歳に達してから5年を経

表 8 - 2　海外における児童手当制度

| | 支給月額 | 所得制限 | 備考（税制） |
|---|---|---|---|
| イギリス | 16歳未満，教育課程か職業訓練中であれば20歳未満。第 1 子25.60ポンド（週）。第 2 子16.95ポンド（週）。 | あり。年60,000ポンド以上の所得があれば税制を通じて減額（2024年現在）。 | 児童税額控除あり。 |
| ドイツ | 18歳未満（教育期間中の子どもについては25歳未満，失業中の子どもについては21歳未満，25歳到達前に障害を負ったことにより就労困難になった子どもについては無期限）のすべての子どもを対象に支払われる。2022年12月まで，第 1 子及び第 2 子については月額219ユーロ，第 3 子については月額225ユーロ，第 4 子以降は 1 人につき月額250ユーロであった。2023年 1 月 1 日より，すべての子どもに月額250ユーロが支給される。 | なし | 児童控除は，児童 1 人当たり年額3,192ユーロ（夫婦で子どもを養育する場合，それぞれが控除の対象となるため控除額は6,384ユーロ）の「児童扶養控除」と，年額1,464ユーロ（夫婦の場合2,928ユーロ）の「養育・教育控除」となっている（2024年現在）。所得控除の方が児童手当よりも有利である場合には，所得控除が適用される（事後的に相殺）。 |
| フランス | 子どもが 2 人以上（20歳まで）いる家庭に家族手当を支給。所得に応じて金額は異なる。例）年間所得71,194ユーロ以下で月額139.83ユーロ。14歳以上の子どもへの加算あり（月額69.92ユーロ）。 | なし | 子どもの多い世帯ほど税負担が軽減される N 分 N 乗方式。 |
| スウェーデン | （基礎）児童手当，延長児童手当，付加的児童手当（多子加算）からなり，基本的に国内に居住する16歳未満の子を持つ親は，子 1 人当たり月額1,250クローナの児童手当を受けることができる。延長児童手当は，子が16歳を過ぎても義務教育相当の学校に通っている間（最長18歳まで）支給されるものである。さらに，複数の子を持つ親に対しては，子の人数分の基礎手当に加えて，人数が増えるごとに多子加算（第 2 子150クローナ，第 3 子580クローナ，第 4 子1,010クローナ，第 5 子以降1,250クローナ）が行われる。 | なし | |
| 韓国 | 児童の養育への国の責任を強化し，2018年に「児童手当法」を制定・導入。所得下位90％の世帯の満 6 歳未満の児童225万人に月額10万ウォンの児童手当を支給した。その後，経済的水準の撤廃や対象者年齢の引上げ（満 8 歳未満の児童まで）を行い，2022年には273万人に児童手当を支給している。 | なし | |
| アメリカ | 制度なし | ― | 被扶養者の所得控除に加えて，17歳未満の扶養児童は児童税額控除あり。 |

注：レート：1 ユーロ＝160.70円，1 ポンド＝195.45円，1 クローナ＝14.21円，韓国100ウォン＝11.02円（2024年11月時点）。
出所：厚生労働省『2022年度版　海外情勢報告』の各国情報，ドイツ連邦家族省 HP，イギリス政府 HP を基に筆者作成。

過したとき）は，政令で定めるところにより，半額を上限として支給しないこととなった（児童扶養手当法第13条の 3 ）。ただし，受給資格者が，前項に規定する期間を経過した後において，身体上の障害がある場合，就業していることまたは求職活動等をしている場合は，同項の規定を適用しない（児童扶養手当法第13条の 3 第 2 項）。また，受給資格者が，正当な理由なく，求職活動等をしなかったときは，全額または一部を支給しないことができるとした（児童扶養手当法第14条第 4 項）。支給期間の制限については，就労証明書等を提出することによって，

事実上の凍結となったが，就労や求職活動を条件づけることにより，児童扶養手当制度は，所得保障という本来の機能を縮小し，「就労による自立」を強調する制度へと移行したとされる[3]。

　財政負担については，制度当初は，年金制度の補完的制度という位置づけから全額国庫負担とされたが，1985年改正によって福祉制度として位置づけられたことから地方の財政負担が導入された。見方を変えれば，国庫負担をいかに削減するかという観点で制度改正が実施されたともいえる。2006年度からは，いわゆる三位一体の改革により国と地方の公費負担割合が見直され，国と都道府県・市等の負担割合が従来の3：1から1：2とされたことで地方の負担割合が高まった。

　1985年改正により，母子福祉年金に準じるという支給金額の算定根拠がなくなり，以降は特例として物価スライド制によって決定された。1989年には，正式に第1子の手当額への完全自動物価スライド制が導入された。2016年には，第2子，第3子加算額にも完全自動物価スライド制が適用されることになった。

　2010年から，父子世帯においても厳しい経済状況が確認されたことから児童扶養手当の支給対象が父子家庭の父にも拡大された。

　2016年には，第2子および第3子の加算額が増額される一方で，所得に応じた減額も実施されることとなった。増額されたものの，依然として，第1子支給額との格差は大きいままである。2018年改正によって，年3回から年6回と支給回数の見直しが行われた。

　いわゆる地方分権一括法により，2000年度からは，機関委任事務が廃止され，当該事務は法定受託事務とされるとともに，2002年8月からは市および福祉事務所を設置する町村に移譲されている。

　　**児童扶養手当の概要**　　児童扶養手当制度は，父母の離婚などで，父または母と生計を同じくしていない世帯，父あるいは母が障害者である世帯で，児童を監護している母又は父（又は父母に代わって児童を養育している者）に支給される。児童は，18歳に達する日以後の最初の3月31日までの間にある者または20歳未満で一定の障害状態にある者を指す。2021年に厚生労働省が実施した全国ひとり親世帯等調査によると，母子世帯では，69.3％が「受給している」（うち，全部支給は53.0％，一部支給は47.0％），父子世帯では，46.5％が「受給している」と回答している（うち，全部支給は45.1％，一部支給は54.9％）。

　児童扶養手当額は，2024年4月から，子ども1人，全部支給4万5,500円，2人目全部支給1万750円となっている。2024年11月からは，3人目以降の金額が2人目と同額になるとともに，所得制限限度額が全部支給（2人世帯）で190万円，一部支給（2人世帯）で385万円に引

## 表 8 - 3　児童扶養手当制度の概要

| | |
|---|---|
| **1．目　的**<br>　父又は母と生計を同じくしていない児童が育成されるひとり親家庭等の生活の安定と自立の促進に寄与するため，当該児童について手当を支給し，児童の福祉の増進を図る。 | |
| **2．支給対象者**<br>　18歳に達する日以後の最初の 3 月31日までの間にある児童（障害児の場合は20歳未満）を監護する母等。 | |
| **3．支給要件**<br>　父母が婚姻を解消した児童，父又は母が死亡した児童，父又は母が一定程度の障害の状態にある児童，父又は母の生死が明らかでない児童等を監護していること等。 | |

**4．手当額（2024年4月〜）**

| | |
|---|---|
| 月額 | ・全部支給：45,500円　　・一部支給：45,490円〜10,740円<br>※2023年度単価　全部支給：44,140円　一部支給：44,130円〜10,410円 |
| 加算額（児童 2 人目） | ・全部支給：10,750円　　・一部支給：10,740円〜5,380円<br>※2023年度単価　全部支給：10,420円　一部支給：10,410円〜5,210円 |
| （児童 3 人目以降 1 人につき） | ・児童 2 人目と同額※2024年11月分から<br>　（改正前は・全部支給：6,450円　　・一部支給：6,440円〜3,230円）<br>※2023年度単価　全部支給：6,250円　一部支給：6,240円〜3,130円 |

| | |
|---|---|
| **5．所得制限限度額（収入ベース）※前年の所得に基づき算定。**<br>　・全部支給（ 2 人世帯）：190万円（←160万円）　一部支給（ 2 人世帯）：385万円（←365万円） | |
| **6．支払期月**<br>　・ 1 月， 3 月， 5 月， 7 月， 9 月，11月 | |
| **7．受給者数（2023年 3 月末現在）**<br>　817,967人（母775,605人，父38,952人，養育者3,410人） | |
| **8．予算額（国庫負担（1/3）分）**<br>　2024年度予算1,493億円 | |
| **9．実施主体**<br>　都道府県・市・福祉事務所設置町村 | |
| **10．改正経緯**<br>　①多子加算額の倍増（2016年 8 月分手当から実施）<br>　②全部支給の所得制限限度額の引き上げ（2018年 8 月分手当から実施）<br>　③支払回数を年 3 回から年 6 回に見直し（2019年11月分手当から実施）<br>　④ひとり親の障害年金受給者についての併給調整の方法の見直し（2021年 3 月分手当から実施）<br>　⑤所得制限限度額の引き上げ（全部及び一部支給），第 3 子以降の多子加算額の増額（2024年11月分手当から実施） | |

出所：表 8 - 1 と同じ。

き上げられている（**表 8 - 3**）。

　他の年金制度等の併給調整については，従来，母（又は父）等が公的年金給付等を受けることができる場合は，手当を支給しないとされてきたが，2014年から公的年金給付等の額が手当より低額の場合にはその差額を児童扶養手当として支給されることとなった。さらに，2021年 3 月分からは児童扶養手当の額が障害年金の子の加算部分の額を上回る場合，その差額を児童扶養手当として受給できるようになった。

### ③　特別児童扶養手当

　特別児童扶養手当は，精神又は身体に障害を有する児童について手当を支給することにより，これらの児童の福祉の増進を図ることを目的にしている。支給要件は，20歳未満で精神又は身体に障害を有する児童を家庭で監護，養育している父母等に支給される。支給月額

表 8 - 4　特別児童扶養手当の程度別支給対象児童数の年次推移

(人)

| | 受給者数 | 受給対象障害児数 | | |
|---|---|---|---|---|
| | | 総数 | 1 級 | 2 級 |
| 1985 | 120,429 | 124,861 | 80,223 | 44,638 |
| 1990 | 125,314 | 128,131 | 80,089 | 48,042 |
| 2000 | 141,400 | 145,159 | 87,190 | 57,969 |
| 2005 | 163,670 | 168,819 | 97,032 | 71,787 |
| 2010 | 190,162 | 198,240 | 101,204 | 97,036 |
| 2015 | 224,793 | 238,293 | 99,932 | 138,361 |
| 2020 | 251,445 | 273,365 | 95,360 | 178,005 |
| 2021 | 251,536 | 273,671 | 95,519 | 178,152 |
| 2022 | 262,628 | 288,750 | 95,951 | 192,799 |

注：2010年度は東日本大震災の影響により，福島県を除いて集計した数値である。
出所：厚生労働省「福祉行政報告例」各年データを基に筆者作成。

（2024年 4 月より適用）は，1 級（重度）の障害児については，5 万 5,350円，2 級（中度）の障害児は，3 万6,860円となっている。児童扶養手当同様，毎年消費者物価の動向にあわせて自動スライドするしくみが1989年に導入された。特別児童扶養手当は，原則として毎年 4 月，8 月，12月に，それぞれの前月分までが支給される。受給資格者（障害児の父母等）もしくはその配偶者又は生計を同じくする扶養義務者（同居する父母等の民法に定める者）の前年の所得が一定の額以上であるときは支給されない。手当の支給に要する費用は，制度創設以来，全額国庫負担により賄われている。特別児童扶養手当の支給状況は，2022年時点で，受給者数（障害児の父母等）26万2,628人，受給対象障害児数の総数が28万8,750人，うち重度の 1 級が 9 万5,951人，中度の 2 級が19万2,799人となっている（**表 8 - 4**）。

## ◻ 障害児・者に対する手当

### ① 特別障害者手当

　特別障害者手当は，精神又は身体に著しく重度の障害を有し，日常生活において常時特別の介護を必要とする特別障害者に対して，重度の障害のため必要となる精神的，物質的な特別の負担の軽減の一助として手当を支給することにより，特別障害者の福祉の向上を図ることを目的としている。支給要件は，精神又は身体に著しく重度の障害を有するため，日常生活において常時特別の介護を必要とする状態にある在宅の20歳以上の者に支給される。支給月額は，2 万8,840円（2024年 4 月以降）である。所得制限は，受給資格者（特別障害者）の前年の所得が一定の額を超えるとき，もしくはその配偶者又は受給資格者の

表 8 - 5　特別障害者手当等手当額・受給者数の推移

| 年　度 | 特別障害者手当 | | 障害児福祉手当 | | 経過的福祉手当 | |
|---|---|---|---|---|---|---|
| | 手当額 | 受給者数 | 手当額 | 受給者数 | 手当額 | 受給者数 |
| | 円 | 人 | 円 | 人 | 円 | 人 |
| 1986 | 20,800 | 55,114 | 11,550 | 54,942 | 11,580 | 117,387 |
| 1990 | 22,760 | 76,611 | 12,380 | 52,915 | 12,380 | 64,563 |
| 1995 | 26,230 | 90,950 | 14,270 | 50,023 | 14,270 | 34,650 |
| 2000 | 26,860 | 103,351 | 14,610 | 54,525 | 14,610 | 20,815 |
| 2005 | 26,520 | 105,647 | 14,430 | 60,728 | 14,430 | 12,323 |
| 2010 | 26,440 | 115,774 | 14,380 | 65,369 | 14,380 | 7,227 |
| 2015 | 26,620 | 122,701 | 14,480 | 65,595 | 14,480 | 4,322 |
| 2020 | 27,300 | 126,872 | 14,850 | 63,621 | 14,850 | 2,591 |
| 2021 | 27,350 | 129,939 | 14,880 | 63,372 | 14,880 | 2,322 |
| 2022 | 27,300 | 132,745 | 14,850 | 62,945 | 14,850 | 2,081 |

注：2023年 4 月以降の各制度の手当額は，特別障害者手当27,980円，障害児福祉手当
　　15,220円，経過的福祉手当15,220円となっている。
出所：厚生労働省「福祉行政報告例」，『国民の福祉と介護の動向』を基に筆者作成。

生計を維持する扶養義務者（同居する父母等の民法に定める者）の前年の所得が一定の額以上であるときは支給されない。特別障害者手当は，原則として毎年 2 月， 5 月， 8 月，11月に，それぞれの前月分までが支給される。

### ②　障害児手当

障害児手当は，重度障害児に対して，その障害のため必要となる精神的，物質的な特別の負担の軽減の一助として手当を支給することにより，特別障害児の福祉の向上を図ることを目的としている。支給要件は，精神又は身体に重度の障害を有するため，日常生活において常時の介護を必要とする状態にある在宅の20歳未満の者に支給される。支給月額（2024年 4 月より適用）は， 1 万5,690円となっている。

### ③　経過的福祉手当

1986年の改正法施行の際，20歳以上の従来の福祉手当受給資格者であって，特別障害者手当等又は障害基礎年金の支給を受けられないものには，引き続き支給要件に該当する間に限って従来通り福祉手当を支給する。支給月額は 1 万5,690円（2024年 4 月以降）である。

なお，2004年に制定された特定障害者に対する特別障害給付金の支給に関する法律によって，国民年金法による障害基礎年金等を受ける権利を有していない者で，当時，任意加入していなかった期間内に初診日があり，現在障害基礎年金 1 級又は 2 級相当の障害に該当する場合は，特別障害給付金支給の対象となる。ただし，65歳に達する日の前日までに当該障害の状態に該当するに至ったものに限る。具体的に

は，①1986年3月以前に国民年金任意加入対象であった被用者（厚生年金の加入者）の配偶者，②1991年3月以前に国民年金任意加入対象であった学生が対象となっている。

# ③ 社会手当制度の課題

　以上，日本における児童に関する手当および障害児者に関する手当を中心にみてきた。児童に関する手当について，例えば児童手当の対象年齢および支給金額については，諸外国の児童手当（家族手当）と比較すると，長年低位にとどまっており，養育ニーズを有する世帯を普遍的にカバーする制度設計が税制度および財源確保の点もあわせて課題となっているといえる。さらに，ひとり親世帯については，相対的貧困率の高さが指摘されており[4]，ひとり親世帯の所得保障の課題として，充実させた児童手当を基礎として，さらにひとり親世帯のニーズをカバーする児童扶養手当の増額が求められている。

　現時点の社会手当制度の多くは，子どもの養育や住宅費など，生活上の特定のニーズに対して，一定の所得要件のもとでの手当を想定しているが，たとえば，特定のニーズのみを対象とするだけではなく，所得要件も廃止した「**ベーシックインカム**」といった新しい形での給付の仕組みもいくつかの国で試験的に実施されている。ベーシック・インカムの場合，具体的な給付額，財源の確保等が課題となりえるが，社会手当の一形態として「ベーシックインカム」も今後の社会保障制度を構想するうえで検討に値するといえよう。

## ❍注

(1)　所道彦（2012）『福祉国家と家族政策——イギリスの子育て支援策の展開』法律文化社，143頁。
(2)　『社会保障の手引——施策の概要と基礎資料 2024年版』中央法規出版，243頁。
(3)　堺恵（2020）『児童扶養手当制度の形成と展開——制度の推移と支給金額の形成過程』晃洋書房，245頁。
(4)　ひとり親世帯の相対的貧困率は，2021年時点で44.5％と子どもがいる大人2人以上いる世帯8.6％に比べ極めて高い（厚生労働省「国民生活基礎調査」）。

## ❍参考文献

堺恵（2020）『児童扶養手当制度の形成と展開——制度の推移と支給金額の形成過程』晃洋書房。
所道彦（2012）『福祉国家と家族政策——イギリスの子育て支援策の展開』法律文化社。

**➡ ベーシックインカム**
国民に一定額を事前の調査等なしに給付する仕組み。事務の簡素化につながるというメリットがある一方，給付額が最低限の生活保障に十分なのかどうかが課題となる。

# ■第9章■
# 社会福祉制度

 私たちの生活と社会福祉制度

　本章では，日本における社会福祉サービス（対人ケア）を中心にした制度を社会福祉制度と位置付けて説明する。社会福祉の範囲については，「広義の社会福祉」と「狭義の社会福祉」という区分がなされることが多い。一般に社会保険制度やほかの社会サービスを含めて社会福祉をとらえるのが前者で，パーソナル・ソーシャルサービスの範囲に焦点を限定するのが後者である。社会福祉制度に何を含むかは定義によって異なるが，ここでは，主に税財源で運営されており，かつ現金給付以外の社会福祉サービス（対人ケア）を中心に取り上げる（制度によっては，一部現金給付を含む[2]）。年金保険や社会手当が現金給付として支給されるのに対して，社会福祉サービスは，サービスそのものを支給するという意味で現物給付に位置づけられる。

　社会福祉制度は，歴史的な成り立ちから，大きく，子ども家庭分野，高齢者分野，障がい者分野といった，対象者別に紹介されることが多い。しかし，近年では，既存の制度で十分対応されてこなかった制度間の谷間に存在する社会問題（困難を抱える女性支援，ひきこもり，ヤングケアラー等）への関心も高くなりつつある。本章においても，分野別に確認をしたのち，近年の社会福祉制度の新たな動向について触れる。

 社会福祉制度の発達

　日本の社会福祉制度は，1945年の第二次世界大戦敗戦後，その時々の対応に迫られながら発展してきた歴史を有する。ここでは，主に戦後の社会福祉制度の流れを概観する。いわゆる社会福祉六法と呼ばれる法律は，生活保護法（旧生活保護法 1946年，現行法 1950年），児童福祉法（1947年），母子及び父子並びに寡婦福祉法（1964年），老人福祉法（1963年），身体障害者福祉法（1949年），知的障害者福祉法（1960年）の6つである。社会福祉における基本法は，1951年に制定・施行された社会福祉事業法である。これにより，社会福祉の各種サービスを公的責任のもと提供するという措置制度が具体化された。当初は，サービ

ス供給量が限られていたため措置の対象とされたのは主に低所得者層
だった。高度経済成長による社会生活の変化および家族機能の変化に
より，供給体制の拡充を受け，社会福祉は低所得者から一般市民を対
象とする普遍的サービスへと変化することとなった。

　しかし，第一次オイルショックを契機とした低成長期の到来により，
社会福祉に関する国の財政負担割合を従来の 8 割から最終的に 5 割に
引き下げ等が実施された。さらに，高齢化の進展を受け，在宅サービ
スの推進，供給主体の多元化等が目指された。1998年 6 月に中央社会
福祉審議会社会福祉構造改革分科会は，「社会福祉基礎構造改革につ
いて（中間まとめ）」を公表し，社会福祉の制度的枠組みの再検討をも
とめた。そこでは，「サービスの利用者と提供者との間の対等な関係
の確立」を目的として，従来の措置制度から事業者とサービス利用者
との契約による方式への転換を提唱した（「措置から契約へ」）。これら
の改革は，「社会福祉基礎構造改革」と称され，2000年 6 月における
社会福祉事業法（改正後，社会福祉法に改称），身体障害者福祉法，知
的障害者福祉法，児童福祉法等の改正によって実現された。

 ## 現在の社会福祉制度

### ☐ 子ども家庭関連

　2012年 8 月に成立した子ども・子育て関連三法（「子ども・子育て支
援法」「認定こども園法の一部改正法」「子ども・子育て支援法及び認定こ
ども園法の一部改正法の施行に伴う法律関連法率の整備等に関する法律」）
に基づき，消費税率の引き上げによる財源を一部活用した「子ども・
子育て支援制度」が，2015年 4 月から実施されている。新たな制度の
枠組みでは，児童福祉法に基づく保育やその他の子育て支援事業が，
「子ども・子育て支援法」に基づく制度として，他法に基づく児童手
当制度についても，「子どものための現金給付」として，子ども・子
育て支援法に基づく給付の一つとして位置づけられている。具体的な
施策の内容は「子ども・子育て関連三法」に基づき制度化されており，
①子どものための教育・保育給付（認定こども園，幼稚園，保育所を通
じた共通の給付（施設型給付）及び小規模保育，家庭的保育等に係る給付
（地域型保育給付））の創設，②認定こども園制度の改善（幼保連携型認
定こども園の改善等），③地域の実情に応じた子ども・子育て支援（地
域子育て支援事業）の充実等を柱とするさまざまな取り組みが挙げら

れている。

　子ども政策を一元的に取りまとめることを目的として，2023年4月にはこども家庭庁が発足した。他省庁の対応に不備等がある場合に改善を促す「勧告権」を有するが，文部科学省が引き続き幼稚園や義務教育を担うなど，縦割り行政の解消は今後の課題となる。2023年1月に設置された，こども政策の強化に関する関係府省会議は，2023年3月31日に，支援の拡充策が並んだ「こども・子育て政策の強化について（試案）――次元の異なる少子化対策の実現に向けて」を公表した。そこでは，児童手当の拡充が一つの柱になっており，所得制限の撤廃や支給年齢対象の拡大（高校生卒業年齢）等が提案された。2022年6月には，こども基本法が制定され，2023年4月に施行されている。2023年12月22日，「こども大綱」が閣議決定された。こども大綱は，これまで別々に作成・推進されてきた，少子化社会対策基本法，子ども・若者育成支援推進法及び子どもの貧困対策の推進に関する法律に基づく3つのこどもに関する大綱を一つに束ね，こども施策に関する基本的な方針や重要事項等を一元的に定めるものとなっている。

　2024年6月，「子ども・子育て支援法等の一部を改正する法律」成立を受け，児童手当の拡充等に対応するため，**「子ども・子育て支援金制度」** の創設が示された。財源として，医療保険とあわせて徴収することとなっている。

➡️ **子ども・子育て支援金制度**
................................
こども・子育て政策の強化（加速化プラン）の財源の一つ。支援納付金の総額を歳出改革と賃上げによって生じた「実質的な社会保険負担軽減の効果」の範囲内に収めることで，実質的な負担が生じないことになると説明されている。

## ☐ 障がい者関連

　障害者自立支援法は，2012年6月に，障害者の日常生活および社会生活を総合的に支援するための法律（障害者総合支援法）と名称変更し，2013年4月から施行されている。

　障害者の権利に関する条約（障害者権利条約）は，障害者の人権および基本的自由の享有を確保し，障害者の固有の尊厳の尊重を促進することを目的として，障害者の権利の実現のための措置等について定める条約である。2006年12月13日に国連総会において採択された。その後，日本では，条約の署名，国会承認などを経て，2014年に効力が生じることとなった。関連して，障害者虐待の防止，障害者の養護者に対する支援等に関する法律（障害者虐待防止法）が成立し，2012年10月から施行されている。また，障害者権利条約の締結のための国内法の整備に向けた検討を行い，2011年に障害者基本法の一部改正法を施行した。この改正では，障害の有無にかかわらず人格と個性を尊重する共生社会の実現が掲げられたほか，いわゆる社会的障壁の定義が規定された。また基本原則として，障害を理由とした差別その他の権利権

益の侵害行為を禁止するとともに，社会的障壁の排除にあたり，必要かつ合理的配慮を求めることが規定された。この改正法を受けて，2013年6月には，障害を理由とする差別の解消の推進に関する法律（障害者差別解消法）が制定，一部の附則を除き2016年4月1日から施行されている。

## ☐ 高齢者関連

　2017年6月には，「地域包括ケア強化法」が公布された。これにより，2018年より，①市町村による地域住民と行政等の協働による包括的支援体制づくりや，福祉分野の共通事項を記載した地域福祉計画の作成が努力義務として課されるとともに，②障害者と高齢者が同一の事業所でサービスを受けやすくする「共生型サービス」が創設されることとなった。

## ☐ 「地域共生社会」に向けて

　2020年6月には，「地域共生社会の実現のための社会福祉法等の一部を改正する法律」が成立した。地域住民の複雑化・複合化した支援ニーズに対応する包括的な福祉サービス提供体制を整備する観点から，「重層的支援体制整備事業」を新設し，事業を始める市町村には相談支援，参加支援，地域づくりに向けた支援を一体的に執行できるよう重層的支援体制整備事業交付金が交付される。そのことにより，市町村の包括的な支援体制の構築の支援，地域の特性に応じた認知症施策や介護サービス提供体制の整備等の推進，医療・介護のデータ基盤の整備の推進，介護人材確保及び業務効率化の取組の強化，社会福祉連携推進法人制度の創設等の所要の措置を講ずることが目的とされている。

## ☐ 貧困に関する施策の動向
### ①　子どもの貧困の解決に向けた対策

　安倍内閣が生活保護の給付水準の大幅な引き下げ方針を示したことから，生活保護給付厳格化の緩和策として，与野党ともに，子どもの貧困対策に関する議員立法の気運が高まった。子どもの貧困対策法は，民主党を中心とする野党案と自民党を中心とする与党案が，それぞれ国会に提出された。与野党協議により両案が一本化され，子どもの貧困対策法が2013年6月に成立し，2014年1月から施行された。[4]同年8月には子供の貧困対策に関する大綱（子供の貧困対策大綱）が閣議決定され，基本理念が示された。「貧困」という用語を冠した日本で初め

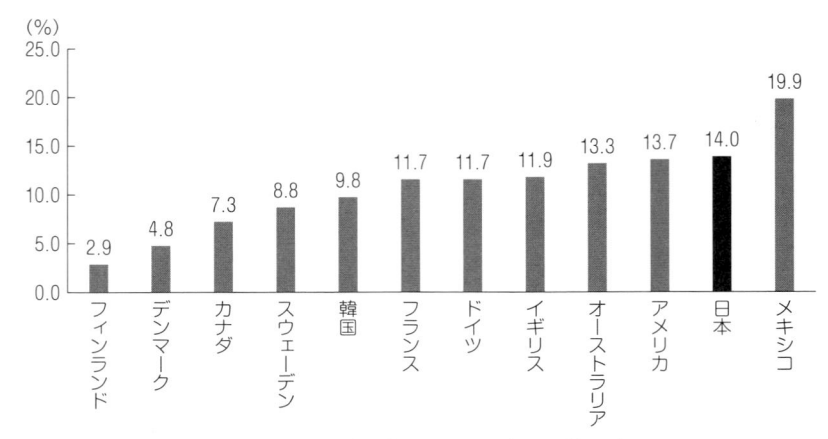

**図 9-1　国別17歳以下の子どもの貧困率**

注：(1)　各国の調査年は異なる。( ) 内は調査年。日本 (2018)，デンマーク，フランス，ドイツ (2019)，カナダ，韓国，イギリス，オーストラリア，メキシコ (2020)，フィンランド，スウェーデン，アメリカ (2021)。
　　(2)　貧困率は，等価可処分所得の中央値の50％未満の割合である。
出所：OECD (2023), Poverty rate (indicator). doi: 10.1787/0fe1315d-en (Accessed on 20 November 2023).

ての法律である。2019年には法・大綱ともに改正され，子どもの将来のみならず，「現在」も改善すること（第1条）を基本理念として，「児童の権利に関する条約の精神にのっとり，子どもの意見が尊重されること」（第2条）などが明記されることとなった。

　さらに，こども大綱（2023年12月22日）において，「こどもの貧困を解消し，貧困によるこうした困難を，こどもたちが強いられることがないような社会をつくる」ことが明記されたことを踏まえ，2024年6月，法律の題名に「貧困の解消」を入れることとし，法律の題名を「こどもの貧困の解消に向けた対策の推進に関する法律」とした。こども大綱を受けて，基本理念（第3条）として，こどもの貧困の解消に向けた対策は，「こどもの現在の貧困を解消するとともにこどもの将来の貧困を防ぐことを旨として，推進されなければならない」こと及び「貧困の状況にある者の妊娠から出産まで及びそのこどもがおとなになるまでの過程の各段階における支援が切れ目なく行われるよう，推進されなければならない」ことが明記された。

　「子どもの貧困」への社会の関心が高まったこともあり，子どもの学習支援やこども食堂といった子どもの居場所づくりを主とする民間の活動は広がったが，当初から指摘されている子どもの貧困対策における経済的支援の欠落・後退は，依然として課題となっている。**図9 -1**のとおり，日本の子どもの貧困率（17歳以下）は，諸外国に比べて相対的に高いことがわかる。

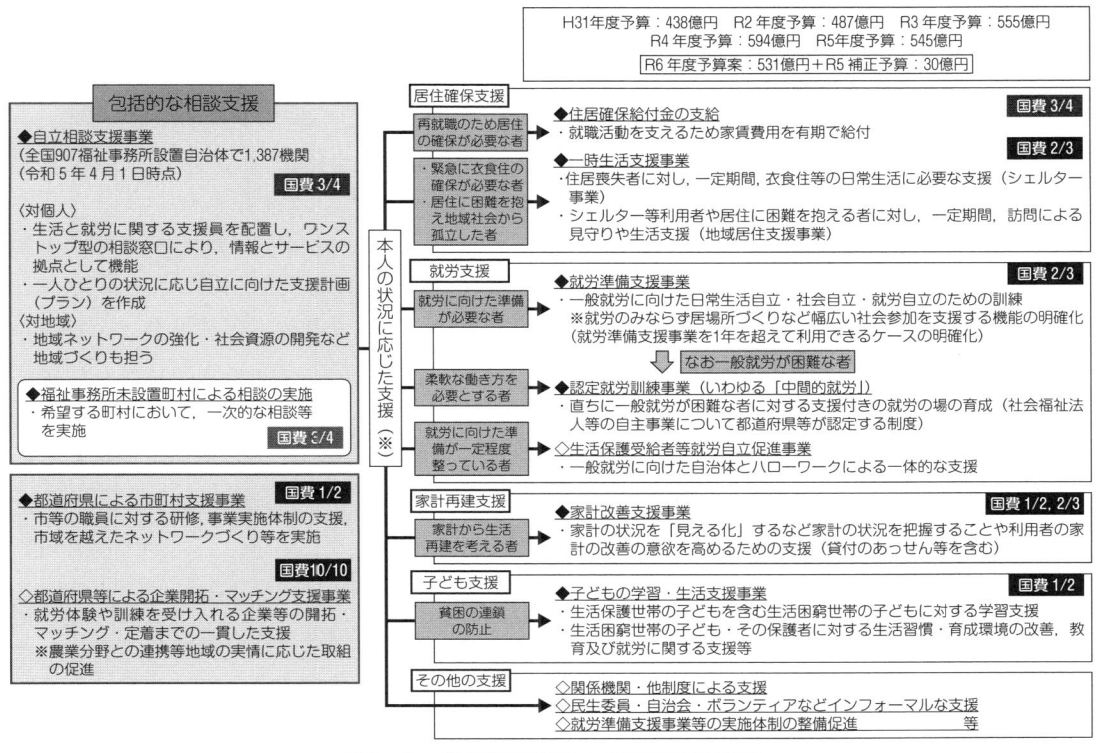

図 9 - 2　生活困窮者自立支援制度の概要

注：法に規定する支援（◆）を中心に記載しているが，これ以外に様々な支援（◇）があることに留意。
出所：厚生労働省（2024）「社会・援護局関係主管課長会議資料」2024年 3 月。

### ②　生活困窮者自立支援法

　厚生労働省では，2012年 4 月に，生活困窮者対策と生活保護制度の見直しを一体的に検討するため，社会保障審議会に生活困窮者の生活支援の在り方に関する特別部会を設置し，2013年 1 月に報告書が取りまとめられた。2013年12月には，生活保護法の改正法が成立するとともに生活困窮者自立支援法が成立し，2015年から施行されている。生活困窮者とは，「就労の状況，心身の状況，地域社会との関係性その他の事情により，現に経済的に困窮し，最低限度の生活を維持することができなくなるおそれのある者」をいう（第 3 条）。附則として，施行後 3 年を目途として生活困窮者に対する自立の促進に関する措置のあり方について総合的な検討を加え，必要に応じて所要の措置を講ずることが求められていた。そのため，2018年には，「生活困窮者等の自立を促進するための生活困窮者自立支援法等の一部を改正する法律」が国会に提出され，同年 6 月に可決・成立し，公布されている。

　実施主体は，福祉事務所設置自治体（2023年 4 月 1 日現在）907自治体のうち，1,387機関で，直営のほか，社会福祉協議会，社会福祉法人等に委託が可能である。各事業については，**図 9 - 2** のとおりである。

各事業のうち，唯一の現金給付事業である，住居確保給付金については，2020年の新型コロナウイルス感染症拡大の影響を受け，2019年度決定件数が3,972件から2020年度の支給決定件数は13万4,946件へと約34倍となった。任意事業の自治体実施状況（2023年6月時点）は，就労準備支援事業731自治体（81%），一時生活支援事業366自治体（40%），家計改善支援事業756自治体（83%），子どもの学習・生活支援事業600自治体（66%）となっている（厚生労働省社会・援護局調べ）。

　社会保障審議会の生活困窮者自立支援及び生活保護部会は，2024年12月に，「生活困窮者自立支援制度及び生活保護制度の見直しに関する最終報告書」を公表している。新型コロナウイルス感染症拡大の影響等を受けて，居住支援や相談支援体制の強化のための措置等を目的として，2024年4月24日，生活困窮者自立支援法等の改正がなされた。改正の主な内容は，居住支援の強化として，第1に，生活困窮者自立相談支援事業において，居住に関する相談支援等を行うことを明確化した（第3条第2項）。第2に，住居確保給付金の対象に，収入が著しく減少したと認められ「家計を改善するため新たな住居を確保する必要があると認められるもの」を追加した（第3条第3項）。第3に，一時生活支援事業の名称を居住支援事業に改めた。また，就労準備支援及び家計改善支援事業並びに居住支援事業の対象に，生活保護利用者（「特定被保護者」）を追加した。さらに，家計改善支援事業の国庫補助率が2分の1から3分の2に引き上げられた（施行日2025年4月1日）。

### ③　ホームレス自立支援特別措置法

　1990年代に急増した「ホームレス」問題は，大阪市等の大都市からの要望を受け，2000年前後を境に，国レベルでの政策対応が迫られた。2002年には，当初10年間の時限立法として，ホームレスの自立の支援等に関する特別措置法（以下，ホームレス自立支援法）が定められた。その後法改正により，2017年8月まで引き続き適用されることとなっていたが，2017年6月には，さらに10年間の延長が決定されている。

　ホームレス自立支援法第2条では，法の対象である「ホームレス」を「都市公園，河川，道路，駅舎その他の施設を故なく起居の場所とし，日常生活を営んでいる者」と定めている。厚生労働省は，1月に，概数調査を実施している（表9-1）。全国の総数は減少傾向にあるものの，調査で把握される対象は，法律で定義されるホームレスの範囲が「路上生活」に限定されていること，居住不安定な状態にある者や路上生活の選択自体が困難な女性の把握に限界があることを念頭におく必要がある。生活困窮者自立支援法制定にともない，ホームレス対策のうち福祉の観点から実施しているものについては法の趣旨・理念

表9-1　全国のホームレス数（単位：人）

| 年 | 男性 | 女性 | 不明 | 総数 |
|---|---|---|---|---|
| 2003 | 20,661 | 761 | 3886 | 25,296 |
| 2010 | 12,253 | 384 | 487 | 13,124 |
| 2015 | 6,040 | 206 | 295 | 6,541 |
| 2020 | 3,688 | 168 | 136 | 3,992 |
| 2021 | 3,510 | 197 | 117 | 3,824 |
| 2022 | 3,187 | 162 | 99 | 3,448 |
| 2023 | 2,788 | 167 | 110 | 3,065 |
| 2024 | 2,575 | 172 | 73 | 2,820 |

注：2024年については能登地震の影響により石川県を除いた数値である。
出所：厚生労働省「ホームレスの実態に関する全国調査（概数調査）」各
　　　年データを基に筆者作成。

を踏まえつつ，基本的に生活困窮者自立支援法に基づき実施すること
になった。従来の，巡回相談事業は，生活困窮者自立支援制度の自立
相談支援事業へ，緊急一時宿泊事業は生活困窮者自立支援制度の一時
生活支援事業（居住支援事業）へ移行することとなった。

 ## 4 社会福祉制度の課題

### ☐ 新型コロナウイルス感染症の拡大と社会福祉

　新型コロナウイルス感染症の拡大に伴って，観光，飲食，美容・健
康産業が大きな打撃を受ける。非正規，自営業，フリーランスといっ
た，主に，女性に対する影響が大きかったことから，女性不況（シー
セッション She-Cession）と呼ばれている。

　新型コロナウイルス感染症への対応等においては，2020年3月以降，
新型コロナウイルス感染症の影響による休業や失業で生活資金に困窮
している世帯を対象として，無利子で一時的な資金の特例貸付が行わ
れた。特例貸付は，緊急小口資金（主に休業した人を対象とするもの）
と主に総合支援資金（主に失業した人を対象とするもの）の2種類があ
り，いずれも2022年9月限りで申請期間が終了している。これらの特
例貸付を終了した世帯や再貸付について不採用とされた世帯等を対象
とした，生活困窮者自立支援金の支給についても2022年12月限りで申
請受付が終了している。特例貸付は，全国の市町村の社会福祉協議会
が窓口となり，従来の公的貸付に比べて手続きが簡素化されたため，
2020年の貸付数は前年の約80倍となった。2023年から返済が開始され

ているが，全社協によると，対象者の約3割が返済免除を申請している。緊急的な支援の役割は果たしたものの，貸付型の制度を幾度も期間延長したため，結果として経済的困難を抱える人々にさらなる負債を背負わせることとなった。生活保護法，生活困窮者自立支援法のあり方とあわせて，経済的支援における課題が顕在化した。

### ☐ 女性福祉関連法

そのほか，関連法として，2001年4月に，配偶者からの暴力の防止及び被害者の保護等に関する法律（DV防止法）が成立した。同法において，婦人相談所，婦人相談員，婦人保護施設が法律上明記され，婦人相談所は，DV防止法上の配偶者暴力相談支援センターとしての機能を果たすこととされた。なお，ストーカー行為等の規制に関する法律（ストーカー規制法）で婦人相談所がストーカー行為等の被害者の支援施設として位置づけられ，その住所等の情報が知られることがないよう配慮する責務も規定された。

また，性被害や生活困窮，家庭関係の破綻などの困難な問題を抱える女性を支援するための法律（以下，困難女性支援法）が，2022年5月に成立した。こうした女性への支援については，1956年制定の売春防止法（売防法）に基づいていた婦人保護事業を切り離し，人権保障や福祉の視点から支援を行う新たな枠組みへと転換することとなった（一部を除いて2024年4月から施行）。施行に伴い，売防法の「第3章 補導処分」「第4章 保護更生」は削除され，婦人相談所，婦人相談員，婦人保護施設は，それぞれ，困難女性支援法に基づく女性相談支援センター（第9条），女性相談支援員（第11条），女性自立支援施設（第12条）となる。

2023年3月，困難な問題を抱える女性への支援のための施策に関する基本的な方針が策定された。「困難な問題を抱える女性」とは，「性的な被害，家庭の状況，地域社会との関係性その他の様々な事情により日常生活または社会生活を円滑に営む上で困難な問題を抱える女性（そのおそれのある女性を含む）」とされる。

### ☐ 孤独・孤立対策

また，孤独・孤立対策として，2021年3月に，孤独・孤立対策に関する事務の調整を担当する大臣（孤独・孤立対策担当大臣）を議長とし，連絡調整会議が設置され検討が進められた。2021年12月には，孤独・孤立対策推進会議と改称し，孤独・孤立対策の重点計画が策定された。この計画では，次の3点が基本理念として挙げられている。第1に，

孤独・孤立双方への社会全体での対応，第 2 に，当事者や家族等の立場に立った施策の推進，第 3 に，人と人との「つながり」を実感できるための施策の推進である。

## ☐ 社会福祉が直面する課題

　こんにち，**ひきこもり**➡や DV，孤立，**ヤングケアラー**➡，養育と介護のダブルケア等の課題などが，改めて支援対象として検討されつつある。

　育児，介助および介護等の対人ケアは，とりわけ日本において，家族（主に女性）が担うものとされがちであり，家族（主に女性）に過度なケア負担を強いていることが社会的課題となっている。今日的な課題として，必ずしも制度的な婚姻関係を前提としない家族のあり方や，個人のライフコースの多様な形を前提として，公的な仕組みに基づいた社会福祉サービスの制度設計が求められているといえる。

　地域における重層的支援体制整備事業等，さまざまな事業の促進が国からの補助金によって充分支えられているかという点も検討されなければならない。地方自治体の財政問題，ケアサービスに携わる従事者の低賃金の問題（保育士や介護従事者等）も主にジェンダーの問題とも絡みながら存在する。

### ◯注 ━━━━━━━━

(1)　所道彦（2012）「社会福祉学の範囲とソーシャルポリシー」日本社会福祉学会編『社会福祉原理・歴史』（対論社会福祉学①）中央法規出版。
(2)　日本において，介護サービスについては介護保険の仕組みで運営されているため，詳細は第 4 章参照。
(3)　『社会保障の手引──施策の概要と基礎資料 2024年版』中央法規出版，241頁。
(4)　鳫咲子（2017）「安倍政権下における子どもの貧困対策」法政大学大原社会問題研究所『大原社会問題研究所雑誌』700。

### ◯参考文献 ━━━━━━━━

笠木映里・嵩さやか・中野砂子・渡邊絹子（2018）『社会保障法』有斐閣。
加藤智章・菊池馨実・倉田聡・前田雅子（2023）『社会保障法 第 8 版』有斐閣アルマ。
所道彦（2012）「社会福祉学の範囲とソーシャルポリシー」日本社会福祉学会編『社会福祉原理・歴史』（対論社会福祉学①）中央法規出版。
平岡公一・杉野昭博・所道彦・鎮目真人（2011）『社会福祉学』有斐閣。
社会保障入門編集委員会編『社会保障入門 2024』中央法規出版。
『国民の福祉と介護の動向2024/2025』71(10)，厚生労働統計協会，2024年。
『社会保障の手引──施策の概要と基礎資料 2024年版』中央法規出版。

➡**ひきこもり**

様々な要因の結果として，就学や就労，交遊などの社会的参加を回避し，原則的には 6 カ月以上にわたっておおむね家庭内にとどまり続けている状態を指す現象概念である。

➡**ヤングケアラー**

本来，大人が担うと想定されている家事や家族の世話などを日常的に行っている子どもを指している。厚労省「ヤングケアラーの実態に関する調査研究報告書」によると，世話をしている家族が「いる」と回答した小学生，中学生，高校生のうち，家族の内訳として「きょうだい」が最も高く，大学生については，「母親」が最も高い（『厚生労働白書』2023年版）。2024年 6 月には，子ども・若者育成支援推進法改正により，支援の対象として，ヤングケアラーが明記された。

# ■ 第10章 ■
# 諸外国における社会保障制度

# ① 各国の現状比較

## ☐ 各国の制度を学ぶ意義

　現代において多くの国では，社会保障制度を整備しているが，その内容は大きく異なっている。日本では，近代化以降，他国に強い関心を向けてきた。その理由は，主として「進んだ国から学び，技術や制度を採り入れ，これらの国に追いつくこと」であったと言える。高度経済成長を経て，いわゆる「先進国」の仲間入りをする過程で，日本も多くのことを他国に学び，現在の社会保障制度を構築してきた。多くの国で福祉国家のシステムが危機を迎える中，もはや理想的なモデルが国外に存在するわけではない。むしろ，超高齢社会の日本の社会保障制度に他国が強い関心を示している。社会保障制度が一定の水準に達した現在，多くの国が，それらを維持する上での課題を抱えている。国際的に情報や経験の共有が求められている。

　また，各国の社会保障制度の特徴を理解することは，日本の制度を理解する上でも重要である。比較によって自分の国の制度を相対化し，その特徴，長所，問題点を理解できるようにしたい。各国の制度を学ぶ前に，いくつかの注意点を挙げておきたい。

## ☐ 「社会保障」とは

　社会保障制度を国際比較する上で課題となるのが，「社会保障」の意味する分野が異なる点である。日本では，社会保障は，社会保険，公的扶助，社会手当といった個別の制度の体系として理解されることが多い。日本でも医療制度は，医療保険制度と一体的に理解されており，社会保障の範囲に含まれている。一方，イギリスなど社会保険制度を用いずに医療サービスが提供される国では，医療と社会保障は別の分野として理解され，社会保障（social security）という言葉は，所得保障とほぼ同じ意味で用いられており，そこには，医療は含まれない。

## ☐ 制度設計の違い

　社会保障制度が異なる点として，資源の確保・再分配の仕組みの差異がある。多くの国では，年金制度には，社会保険制度の仕組みが採用されている。第1章でも説明した通り，社会保険制度は，事前にリ

スクに備えて保険料を支払い，リスク（事故）発生時に支払いが行われる仕組みである。高齢者に対する公的年金制度の場合は，高齢者になる前，現役世代の時点から保険料を支払い，高齢の年齢に達した際に支払いが始まる。この点については，各国とも基本的に同じシステムで運営されている。しかし，「財政方式」に着目すると，異なる部分がある。年金制度の財政方式には，「積立方式」と「賦課方式」がある。積立方式は，支払いの原資を事前に積み立て，これを運用する方式であるが，最初に公的年金制度をスタートする際には，その時点の高齢者に支払う原資がないことになる。そこで，その時点の給付に必要な資源を，その時点の現役世代が拠出する「賦課方式」を採用する国が多かった。いわゆる世代間仕送り方式である。「賦課方式」の短所は，人口構造の影響を大きく受けることである。少子高齢化の進行によって，支える側の人口と支えられる側の人口のバランスが崩れることによって，支える側の負担が大きくなっていくことになる。そこで，国によっては，年金の支給開始年齢を引き上げたり，給付額を引き下げたりする場合がある。さらに，部分的に積立方式を導入したり，最低保証年金を導入したりする年金改革を行っている国もある。

## ☐ 経路依存性

社会保障制度の共通点や相違点を理解するためには，その歴史的背景を知ることが有益である。各国の社会保障制度には，それらが作られてきた経緯がある。また，その時代において，他の国の制度から学んで，自国の制度を発展させてきた側面もある。イギリスの「ベヴァリッジ報告」は，現代の福祉国家の原型モデルの提案として理解されることが多いが，実際には，ベヴァリッジ（Beveridge, W. H.）はドイツの社会保険制度から多くを学んでいた。ドイツの社会保険制度は，19世紀にビスマルク（Bismarck, O.）によって採用された社会政策の一部である。ドイツの社会保険制度は，近代化を進める19世紀の日本にも影響を与えており，職域別の社会保険制度の構築につながった。現在の日本の社会保険制度に，ドイツの社会保険制度と共通点がある。日本の介護保険制度は，ドイツのものを参考にした部分があるが，給付の対象ないし内容については異なる部分も多い。社会科学の用語として，「経路依存性」というものがある。これは広く解釈すると，現在の状況が過去の経緯に拘束されるという意味である。社会保障制度の場合も，一度作ってしまうと変更することは難しい。社会保障制度を理解する上で，歴史の視点は重要である。

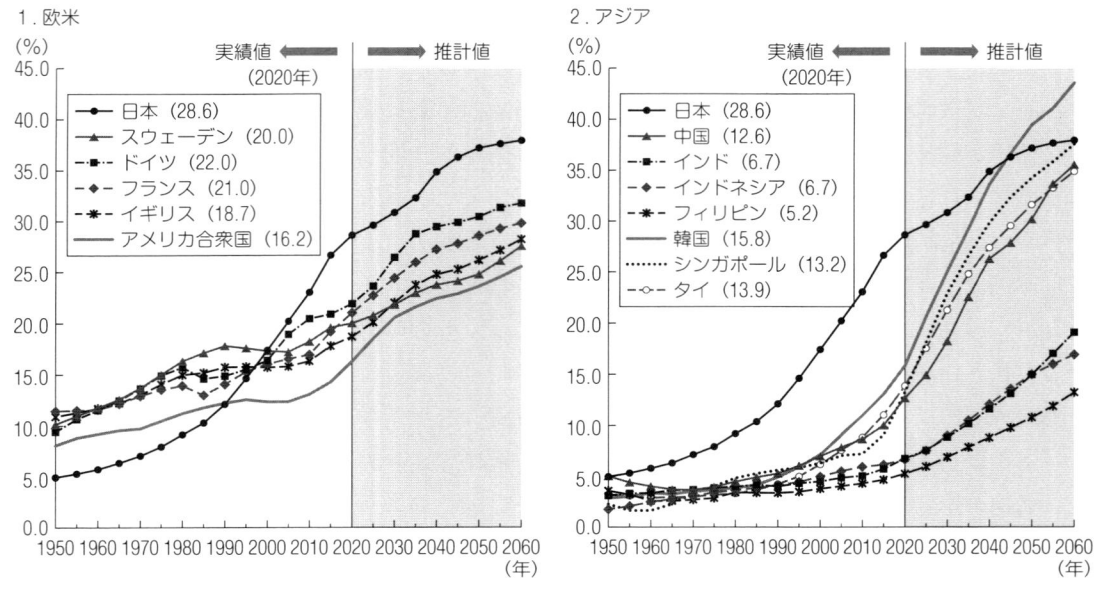

**図10-1　世界の高齢化率の推移**

資料：UN, World Population Prospects: The 2022 Revision.
　　　ただし日本は，2020年までは総務省「国税調査」，2025年以降は国立社会保障・人口問題研究所「日本の将来推計人口（令和5年推計）」の出生中位・死亡中位仮定による推計結果による。
出所：内閣府（2023）『高齢社会白書 令和5年版』（https://www8.cao.go.jp/kourei/whitepaper/w-2023/zenbun/pdf/1s1s_02.pdf）。

### ▢ 人口構造

　社会保障制度を国際的に比較する場合に，人口構造や経済状況などの社会状況を把握しておくことが重要である。人口構造でみると，日本は，世界でもっとも高齢化が進行した国である。また，日本は国際的にみても長寿の国である（**図10-1**）。

　また，日本は世界で少子化が進行している国の一つである（**図10-2**）。

### ▢ 社会支出

　社会保障を国際的に比較する上で，財政面に着目することも重要である。国として社会保障制度にどの程度，支出しているのか，また，どの分野に特に力を入れているのかなどは，財政的なデータとして示されることがある（**図10-3**）。

　社会支出から見ると，日本では「高齢」への支出割合が高いという特徴がある。その背景には，高齢者を対象とした社会保障制度に力を入れてきたこと，子育て支援が後回しになってきたことなどがあるが，近年は，児童手当などの拡充も進められており，10年後には，現在とは違った形の社会支出のパターンになることも予想される。

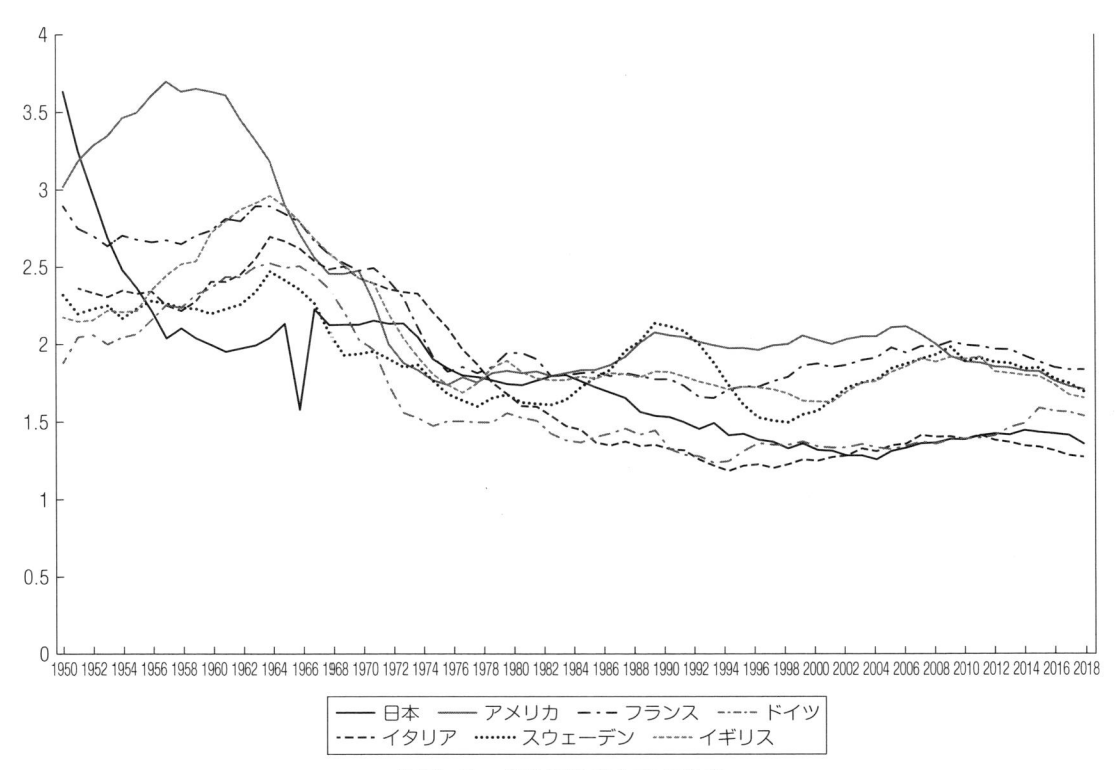

**図10-2　合計特殊出生率の動向**

出所：内閣府『少子化社会対策白書 令和3年版』（https://www.8.cao.go.jp/shoushi/shoushika/whitepaper/measures/w-2021/r03webhonpen/html/b1_s1-1-2.html）。

## ☐ 福祉国家レジーム論

　このような制度や歴史の違いを背景に，各国が異なる社会保障や社会福祉の仕組みを運用している。国の数だけ異なる社会保障制度があるといっても過言ではないが，その中で，これらをいくつかのグループに分類する試みも行われてきた。特に有名な研究が，1990年代にデンマークの研究者エスピン-アンデルセン（Esping-Andersen, G.）によって提起された「3つのレジーム論」である。これは，世界の福祉国家を社会保障の水準などによって分類するもので，税を財源に高い水準の給付を行なう北欧諸国（スウェーデン・デンマークなど），社会保険を重視した制度をもつ大陸ヨーロッパ諸国（ドイツ，フランスなど），市場原理を重視する諸国（イギリス，アメリカ）の3つの類型（レジーム）が示された。日本は，家族の役割が大きく，社会保険を中心とする仕組みを構築している点で，ドイツやフランスの類型に近いとされた。この分類は，1980年代のデータに基づくものであって，その後，各国とも，政策変更や制度改革が行われており，現在の状況を示すものではない。それでも，世界中の福祉国家が必ずしも同じ方向へ進ん

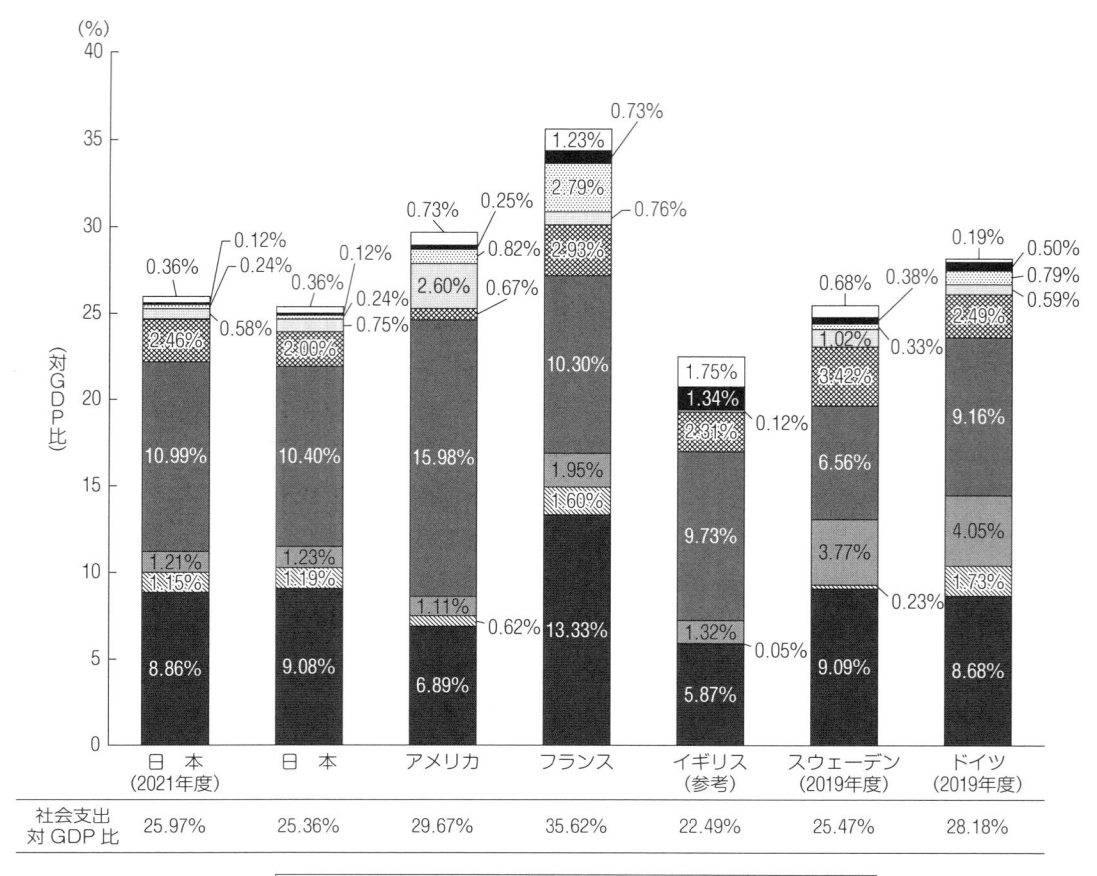

図10-3　政策分野別社会支出の国際比較（対GDP比）（2020年度）

注：イギリスは，欧州連合からの離脱に伴い，2019年度以降のデータソース等が変更されており留意が必要であるため，参考
　　値として掲載。2020年度は「積極的労働市場政策」の数値が公表されていない。

資料：諸外国の社会支出は，OECD Social Expenditure Database（2023年5月11日時点）による。国内総生産については，日
　　本は内閣府「2021年度（令和3年度）国民経済計算年次推計」，諸外国はOECD Social Expenditure Reference Series
　　（2023年5月11日時点）による。諸外国の社会支出は各国の社会保障会計年度値が用いられることに合わせ，国内総生産
　　も社会保障会計年度ベースに調整されている。イギリスは4月〜3月，アメリカは10月〜9月，その他の国は1月〜12
　　月の値。
　　「令和3年度社会保障費用統計」時系列表第7表より作成。

出所：国立社会保障・人口問題研究所（2023）「令和3（2021）年度　社会保障費用統計」（https://www.ipss.go.jp/ss-cost/j/
　　fsss-R03/R03.pdf）。

でいないという点が確認されたことには，当時，意義があったといえ
る。

## □ なぜ異なるのか

　多くの国で，失業，少子化，高齢化など共通の課題があるにもかか
わらず，なぜ，同じ社会保障制度を採用しないのであろうか。理由の
1つとして，決定的に優れた制度が存在しないという点があげられる。
年金も医療保険も，それぞれの制度には一長一短がある。また，その

国の状況や事情に適した制度を選択しなければならない。少子化が急速に進行している国が，賦課方式の年金制度の給付水準を引き上げることは困難である。さらに，社会保障制度は，長期的な視点に立って設計・運用されている。例えば，年金制度は，40年，50年先の給付を約束するものである。その途中で急に制度を不利益変更することは政治的にも許されないことになる。換言すれば，国や政治への信頼がなければ社会保障制度は成立しないことになる。社会保障制度を取り巻く社会状況を踏まえつつ各国の制度を学んでもらいたい。

## ② イギリス

### ☐ イギリスと社会保障制度

　「イギリス」とは，イングランド，スコットランド，ウェールズおよび北アイルランドから成る連合王国であり，一括りで論じることが難しい。特に，地域レベルでのサービスが重要となる福祉サービスや住宅保障（住宅手当などの現金給付を含む）の分野では注意が必要である。また，イギリスの人口は約6,700万人，高齢化率は18.7％，合計特殊出生率は1.68となっている。社会保障制度を考える上で，日本と人口の構造が異なっている点にも注意が必要である。本節では，イングランドを念頭にイギリスの社会保障制度を紹介していく。

### ☐ 社会保障の歴史

　本書の冒頭で説明した通り，国際的にみてイギリスは社会保障制度の一つのモデルを提供してきた。現在の社会保障制度の出発点となっているのが，1942年の「ベヴァリッジ報告」（『社会保険および関連サービス』）である。報告では，包括的な社会保障制度の整備が提案された。貧困問題には，年金や失業保険などによる対応を基本とし，例外的な事例に対応するための公的扶助（国民扶助）制度が対応する計画であった。また，この計画では，完全雇用，包括的な医療制度，家族手当が前提となっていた。ケインズ主義的な経済・雇用政策，すべての国民を対象とする無料の医療サービスの提供，子育ての費用に見合うような経済的支援を行うこと（家族手当）を前提として，社会保険を中核とする社会保障制度が機能すると考えたのである。なおベヴァリッジ（Beveridge, W. H.）は，国家による制度だけでなく，最低水準以上の生活のための任意保険（民間保険）の役割も論じており，自助努力

の余地が残されていた。ベヴァリッジの計画は，第二次世界大戦後，
国民保険法（1946年），国民保健サービス法（1946年），国民扶助法
（1948年）の制定などによって実施された。

　1960年代になるとイギリス経済は停滞し，失業者が増加するように
なった。当時，社会問題の研究者，**タウンゼント**は，相対的な貧困が
増加していることを指摘し（「貧困の再発見」），特に「子どもの貧困」
への関心が高まることとなった。税制および家族手当の改革が行われ，
普遍主義手当である児童手当に一本化された。また，経済的な問題だ
けでなく，ケアなど他の生活上の諸課題への取り組みが求められるよ
うになり，地域で個別支援を行う福祉サービスの体制整備が進められ
た（「シーボーム報告」1968年）。

　1970年代以降も，経済の低迷が続き，イギリス福祉国家は危機を迎
える。そこで1979年に登場したサッチャー政権下で，大幅な社会保障
制度の改革が行われた。公的扶助の分野では，1986年にはファウラー
改革が実施され，所得補助（Income Support）や家族クレジット
（Family Credit）などへの再編が行われた。また，市場原理を重視した
医療・福祉サービス改革が実施された（NHS ならびにコミュニティケ
ア法）。

　施設や病院から地域・在宅ケアへの転機が強調されるようになった
1990年代になると，こうした福祉削減・市場原理を重視した改革に対
して格差や貧困の拡大などの問題が指摘されるようになった。1997年
には，従来の社会主義的な福祉国家でも，またサッチャー的な市場原
理主義でもない「第三の道」を掲げるブレア政権が登場した。社会扶
助などの所得保障制度ではなく，就労を通じて貧困からの脱却をめざ
すニューディール（New Deal）プログラムが推進された。また，「子ど
もの貧困問題の解決」を掲げ，保育の拡大や児童手当の拡充など多様
な施策を展開した。2010年に政権に復帰した保守党のキャメロン政権
では，所得保障制度の整理・統合を推進した。当時は，多数の所得保
障制度が存在し，複雑な制度体系を構成していた。キャメロン政権で
は，これらを可能な限り一元化することとし，ユニバーサル・クレジ
ット（Universal Credit）制度を導入した。しかし，制度を統合するプ
ロセスで多数の技術的課題に直面し，新制度の開始は当初の予定より，
大幅に遅れることとなった。

　これらの「就労支援」や「子どもの貧困」に関する取り組みは，日
本の社会保障政策に大きな影響を与えている。

➡タウンゼント
（Townsend,
P. B.：1928-
2009）
........................
イギリスの社会学者。
1960年代からイギリス
の貧困研究の第一線で
活躍。貧困問題が解決
していないことを指摘
し，特に子どもの貧困
問題に取り組んだ。タ
ウンゼントによる相対
的貧困を説明する言葉
として「相対的剝奪
（relative deprivation）」
がよく知られている。
タウンゼントは，その
社会において通常とな
っている生活の必要条
件や生活資源，社会活
動への参加を欠いてい
る状態を貧困と定義し
た。タウンゼントが考
案した相対的剝奪の状
況を把握するための手
法は，現在も貧困研究
で用いられている。

### ☐ 現在の社会保障制度

#### ① 国民保険──年金・雇用・労働災害

イギリスでは，国民保険制度が，失業，年金，労働災害などのリスクに対応している。日本のような職域別ではなく，全国民を対象とする単一の制度である。被用者の場合の保険料率は25.8％で，本人の保険料率は12.0％，事業主は13.8％となっている。この中には，年金や失業給付などの保険料が含まれている。

ベヴァリッジが構想した年金制度は，1948年当初，均一拠出・均一給付の社会保険制度であった。しかし，年金制度では，1960年代に報酬比例で運用される付加年金制度を上乗せする構造となった。その後，2000年代には，「国家第二年金（S2P）」などが導入されたが，2016年の年金改革で1階建ての年金制度へと変更された。現在の制度は，定額給付を行うもので，受給のためには，10年間の加入が必要である。また，支給開始年齢は徐々に引き上げられており，2024年に，65歳が66歳に引き上げられた。2028年までに67歳，2039年までに68歳に引き上げられる計画が進行している。満額年金を得るためには35年の加入期間が必要であり，その給付水準は，週あたり221.20ポンドとなっている。

国民保険にもとづく拠出制の求職者手当（Contribution-based Jobseeker's Allowance）は，失業者に給付を行うものであり，25歳未満の者には，週あたり71.7ポンド，25歳以上の者には，週あたり90.5ポンドが，26週間支給される。

#### ② 医　　療

ベヴァリッジがその報告書の中で前提としていたものが，無料の医療サービスである。この考え方を具現化するために国民医療サービス（NHS）が1948年に導入された。すべての国民は，地域のGP（一般医）に事前登録し，医療サービスが必要な際には，GPで診療を受ける。GPでは対応できないようなケースでは，GPから地域の拠点病院に送致されることになっている。GPへの報酬は，住民の登録者数を基本に支払われる。

診療は，現在も無料である。薬を出してもらうためには，処方箋代が必要となる（9.35ポンド）。ただし，16歳未満の子どもや高齢者，低所得者などは，処方箋代も免除されることになっている。NHSの財源の8割は税金であり，先にあげた国民保険からの拠出金などがある。

#### ③ 社会扶助

イギリスでは，20世紀後半から，高齢者や障害者に対する，自立や介助に関する手当など多数の制度が展開されてきた。1990年代以降，

就労インセンティブを高めるためのタックスクレジット（tax credit）という制度が主流となった。これは，税制度を通じて世帯に給付を行うものである。2010年代末には，複雑になった社会手当の給付を統合し，ユニバーサル・クレジット（Universal Credit）に一元化されることとなった。現在は，その移行期にあたる。

1980年代以降，日本の生活保護にあたる補足給付としては所得補助（Income Support）や求職者手当（Income-based Jobseeker's Allowance）など多数の制度が展開されてきたが，ユニバーサル・クレジットの導入に伴って多くの補足給付が廃止されることになった。

一方，拠出制の求職者手当や児童手当は，ユニバーサル・クレジットと併存することになっている。現在の児童手当の前身は，「ベヴァリッジ報告」で前提条件の一つとされた家族手当（Family Allowance）であり，子どもの数による家計負担の増加を社会的に負担するものとして導入された。当初は2人目からの支給であった。戦後，長らく，家族給付と扶養控除が併存しており，その関係性をめぐって議論が行われてきた。「貧困の再発見」として，貧困問題への社会的な関心が高まった1970年代に子どもへの給付は児童手当（Child Benefit）に統一された。現在の児童手当は，第1子からの支給となっている。

ユニバーサル・クレジット導入後も，ミーンズテスト付きの社会手当として今後も存続する制度としては，高齢者に対する補足給付である年金クレジット（Pension Credit）がある。このほか，障害者や介護者を対象とする社会手当がある。なお，社会手当については，複数の手当について受給資格がある場合，合計額について上限が定められている（手当の種類による）。

### ④　イギリスの社会保障制度の特徴と課題

「ベヴァリッジ報告」以降のイギリスの社会保障制度の特徴は，現金給付が発達した点である。現物・サービス給付を重視する日本とは異なる。住宅分野でも，現物（社会住宅）や現金（住宅手当）の給付が実施されている。制度設計上は，NHSや児童手当など普遍主義的な制度が国民の支持を集めてきた。特にNHSは，公的医療保険制度の下で多元的な医療サービス提供者（医療機関）が展開する日本とは対照的な制度である。しかし，現在NHSでは，サービス供給量の不足により，手術などの順番待ちが長くなっていることが問題となっており，民間の医療保険に加入し，民間の医療サービスを利用する国民もいる。また，1990年代末にブレア政権は，2020年までに子どもの貧困を撲滅することを目標に掲げたが，リーマンショックなどの影響もあり，依然として達成できていない。さらに，年金改革やユニバーサ

ル・クレジットによる一元化など大きな改革が進行中である。特に，2022年には，「医療およびケア法（Health and Care Act 2022)」が施行されるなど，医療と福祉サービスの連携および地域での展開が進められている。高齢化に向けた社会保障制度の再編・改革は不可避な状況になっている。

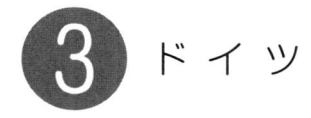 ド イ ツ

### □ 社会保障制度の体系と特徴

　ドイツにおける社会保障制度は，大きく分けて，形式的な意味での社会保障制度と，実質的な意味での社会保障制度という，2つの観点から考察することができる。

#### ①　形式的な意味での社会保障制度

　形式的な意味での社会保障制度（ドイツ語でSozialrecht，直訳すると"社会法"）とは，簡単に言うと，社会保障制度として国家の法律で規定されている仕組み・枠組みのことである。ドイツでも，一時期までは，日本と同様に，社会保障を構成する諸制度はモザイク状に定められてきたが，1970年代に入り，制度としての見通しをよくすることを念頭に，「法典化」作業が順次進行してきた（社会法の法典という意味で，「社会法典」）。この場合の「法典」（ドイツ語でGesetzbuch，直訳すると"法律の本"）とは，日本でいえば社会保障六法のようなものをイメージしてほしいが，それをさらにもう一歩進めて，法律のレベルで，1番目の法典（「編」）として総則，2番目の法典として年金，3番目の法典として医療，というように法制化（編纂）していくことを意味している。ちなみにこのような法典化は，別に社会保障制度に限った話ではなく，民法典や刑法典も古くから法典を形成しているし，建設法典のように他の領域においても実例がある。

　2024年現在，社会法典は，第1編から第14編までが存在する（第13編は欠番），**表10-1**を参照）。なお，実際の法典化はその都度の政治状況等に左右されるため，順序よく第1編から制定されているわけではない。

　**表10-1**に掲げた他に，社会法典への編入が将来的に予定されている法分野が10以上あり，これらは編入までは社会法典の特別部分と位置づけられている（児童手当制度，住宅手当制度など）。

表10- 1　ドイツの社会法典一覧

| 編 | 名　称 | 公　布 | 発　効 | 日本で対応する制度＊ |
|---|---|---|---|---|
| 第 1 編 | 総則 | 1975年 | 1976年 | （なし） |
| 第 2 編 | 市民手当，求職者基礎保障 | 2003年 | 2005年 | 生活保護法 |
| 第 3 編 | 雇用助成 | 1997年 | 1998年 | 雇用保険法 |
| 第 4 編 | 社会保険共通規定 | 1976年 | 1977年 | （なし） |
| 第 5 編 | 法定医療保険 | 1988年 | 1989年 | 健康保険法 |
| 第 6 編 | 法定年金保険 | 1989年 | 1992年 | 厚生年金保険法 |
| 第 7 編 | 法定災害保険 | 1996年 | 1997年 | 労災保険法 |
| 第 8 編 | 児童青少年扶助 | 1990年 | 1991年 | 児童福祉法 |
| 第 9 編 | 障害を有する人のリハビリテーションと参加 | 2001年 | 2001年 | 障害者福祉法制 |
| 第10編 | 手続法および社会データ保護 | 1980年 | 1981年 | 行政手続法，個人情報保護法の一部 |
| 第11編 | 社会的介護保険 | 1994年 | 1995年 | 介護保険法 |
| 第12編 | 社会扶助 | 2003年 | 2005年 | 生活保護法 |
| 第14編 | 社会的補償 | 2019年 | 2024年 | 国家補償の一部 |

注：内容的に完全に対応するものではない。参考まで。
出所：筆者作成。

### ②　実質的な意味での社会保障制度

　以上の形式的な意味での社会保障制度とは別に，実質的な意味での社会保障制度とは，端的には，社会給付（ドイツ語で Sozialleistung）を行う仕組み・枠組みのことをいう。社会給付とは，社会的な公正と社会的な保障を実現するための給付である。この給付には，金銭給付，現物給付，サービス給付が含まれる。ドイツにおいて社会保障とは，社会給付の法制度を指すといってよい。

　この社会給付の法制度は，ドイツの代表的な理解によると，おおむね，社会保険（ドイツ語で Sozialversicherung）給付と，社会保険以外の給付の二つにまず大きく分類される。社会保険は，医療保険，介護保険，災害保険，年金保険，失業保険，の 5 つからなる。社会保険共通の特徴としては，「給付―反対給付」の関係が成立していること，保険料を徴収すること，給付の成立には因果関係が求められること，などが挙げられることが多い。またドイツの特徴として，労働者保護の制度と足並みを揃えて発展してきたことから，従属労働者（民間企業の被用者）において社会保険関係が主として認められ，本人および家族が保障対象となることが原則となる。この点，日本のような，国民健康保険や国民年金のような受け皿になるシステムはドイツには存在しない。自営業者は無保険であることもしばしば見られる。

　社会保険に分類されない給付制度の整理は，論者によっても一致しないが，大枠としては，公的扶助に当たるシステム（基礎保障，社会扶

助），援護法を構成するシステム（日本でいう国家補償の一部や公費医療など），社会的な助成に相当するシステム（大学生への奨学金や住宅手当など），の3つに分けると理解しやすい。ドイツは社会保険が発達している国として知られているが，こうした租税による社会保障制度も見逃せない範囲で成立しているのである。

## ☐ 年金制度

ドイツの年金は，社会保険によって運営されている。主たる法的根拠は，社会法典第6編である。

### ①　保険者

ドイツにおける年金保険の保険者は，かつては対象者別に複数に分かれていたが（例えばホワイトカラー・事務職員向けの年金と，ブルーカラー・現業労働者向けの年金と，という具合に），保険者の統合がこの間進み，基本的には連邦レベルでは一つになっている（「ドイツ年金保険（Deutsche Rentenversicherung）」）。ドイツには，日本のような国民年金制度は存在せず，日本流にいえば，厚生年金しか存在しない。

### ②　被保険者

義務として年金保険に加入するのは，社会保険加入義務のある就労を行う者である。原則として，労働報酬を得る者がそれにあたる。作業所等で作業に従事する障害者や，職業訓練中の者などにも年金加入義務が課せられている。高級官吏や軍人などは別の老後保障制度が適用され，一般の年金には加入しない。必ずしも国民皆年金ではないことから，農業従事者や，ジャーナリスト，芸術家などには，別枠で老後保障システムが制定・運用されている。

### ③　保険給付

年金保険による主たる給付は，老齢を理由とする年金，稼得能力減退を理由とする年金，死亡を理由とする年金，の3種類である。

老齢を理由とする年金（日本でいう老齢年金）は，一定の年齢に達した場合に支給される年金を主に指す。稼得能力減退を理由とする年金（日本でいう障害年金）は，稼得能力の一部減退または全部減退の際に支給される年金である。死亡を理由とする年金（日本でいう遺族年金）は，被保険者の死亡に際して遺族に支給される年金である。

年金の支給額は，以下の計算式に基づき算出される

月額年金　＝　報酬ポイント　×　年金ファクター　×　年金価値

報酬ポイントは，個人ごとに把握される，全被保険者における平均

報酬に対する被保険者本人の報酬の割合である。平均と同じであれば１となる。

年金ファクターは，年金種別ごとの係数である，老齢年金であれば１，稼得能力一部減退であれば0.5，同じく稼得能力全部減退であれば１，というように定まっている。

年金価値は現時点における年金の実質的な価値であり，複雑な計算式により計算されるが，2024年７月現在，旧東西ドイツ地域において共通の39.32ユーロ，である（いずれも月額）。例として，40年間にわたって平均と同じ報酬を得てきた被保険者の老齢年金は，１×１×39.32＝39.32ユーロ／月，となる。

④　財　政

いわゆる賦課方式が採用されている。保険料は，報酬に対して保険料率を乗じ，使用者と被保険者が折半する。保険料率は，2018年以降，18.6パーセントである。保険料算定限度額は，2024年現在，月額7550ユーロとなっている（旧西ドイツ地域）。保険給付は保険料収入でまかなうのがドイツの社会保険の原則であるが，高齢化等に鑑み，多額の連邦財源による補助が投入されている。

## ☐ 医療保険制度

ドイツの医療は，基本的に社会保険によって運営されている。主たる法的根拠は，社会法典第５編である。

①　保険者

ドイツの医療保険は，**疾病金庫**➡により運営されている。疾病金庫には，企業疾病金庫，地区疾病金庫などがあり，かつては加入できる金庫が限定されていたが，現在は加入先を自由に選べるようになっている。ドイツには，日本における国民健康保険のような仕組みは存在せず，国民皆保険とはなっていない。

②　被保険者

労働報酬を得る者（従属労働に従事する労働者）のほか，失業保険受給者，農業従事者，芸術家，作業所で働く障害者，年金受給者などが，義務的に医療保険に加入する。官吏や軍人などは別枠である。なお医療保険の場合，年金保険とは異なり，労働者であってもその報酬額が一定範囲（2024年現在，年間６万9,300ユーロ）を超える場合，加入が免除され，その場合は任意で民間の医療保険に加入する。

③　保険給付

原則として現物給付である。疾病予防，（歯科）治療，入院治療，リハビリ，薬剤の処方などが含まれる。傷病手当金などの金銭給付も存

在する。かつてはドイツでは一部負担金という仕組みは存在しなかったが，現在は，１日10ユーロなどといった窓口負担が課せられている。ただし年間での負担上限がある。

#### ④　財　　政

賦課方式により運営されている。保険者（疾病金庫）が分立しており，かつては金庫ごとに保険料率が異なっていたが，現在は連邦全体で保険料率が統一され，14.6％となっている。

### ☐ 公的扶助制度

ドイツの公的扶助は，大きく２種類あり，法的根拠は，社会法典第２編および社会法典第12編である。

#### ①　適用対象

生活困窮者（要扶助者）における稼得能力の有無によって，２種類の公的扶助制度のどちらかが適用される。稼得能力ある要扶助者には，社会法典第２編（市民手当，求職者基礎保障）が，稼得能力なき要扶助者には，社会法典第12編（社会扶助）が，それぞれ対応する。少し複雑だが，要扶助者に家族（典型的には日本でいう中学生までの子ども）がいる場合，親に稼得能力があれば，家族全体が社会法典第２編の対象となる。

#### ②　沿　　革

このような二元体制になったのは近年の改革（2005年のハルツ第４法改革）によるもので，それ以前は，1961年以降，連邦社会扶助法という一つの法律により，一元的に運用されてきた。しかし1990年代以降の失業者の増加と社会扶助受給者の増加を受けて，稼得能力のある受給者を別枠で括り出して社会法典第２編を誕生させたという経緯がある。社会法典第２編の受給者は，稼得能力ある要扶助者本人が約400万人，その家族が約150万人となっている（2024年の数字）。

#### ③　給付の枠組み

基本的に申請により保護が開始する。世帯に必要な最低生活費（年齢ごとの保護基準により基準額給付を算定，住居費や暖房費は原則として実費）と，年金や就労収入などを比較して，要否判定が行われる。自動車は保有が容認されている。手持ち可能な預貯金についても一定限度で認められている。なお，ドイツの保護基準（2024年現在）は，563ユーロ（月額，単身者）である。

社会法典第２編が適用された場合，こうした経済的給付に加えて，就労支援を受けることになる。制度を運用するのは，連邦政府と地方

政府が共同で設ける特殊な行政機関であり，日本でいう職業安定所がその中に組み込まれている。受給者は，原則として，あらゆる労働に就くことが期待され，期待可能な労働を合理的な理由なく拒否した場合，はじめは10%の給付減額，義務違反が繰り返された場合は最大30%の給付カットがなされる可能性がある。

### ④　財源など

連邦社会扶助法の時代は，実施機関となる基礎自治体が100%負担していた。2005年の制度改革以降，基準額給付にかかる部分については連邦政府，住宅暖房給付については基礎自治体，という割り振りになっている（実際には複雑な補助金も存在するが説明は割愛する）。

## ☐　近時の動向

ドイツでは2021年9月の連邦議会総選挙を経て同年12月に新たに三党連立政権が発足した。首班は社会民主党のショルツであり，連立協定では"従来の基礎保障（ハルツⅣ）に替えて，市民手当を導入する"こととされた。立法化が進められ，2022年暮れに「社会法典第2編およびその他の法律の改正に関する第12次法——市民手当の導入」が可決成立し，2023年1月1日より多くの改正が行われている。

①　法律の名称として，第2編「市民手当，求職者に対する基礎保障」というように，「市民手当」の語が加えられた。

②　給付の名称としても，従来の「失業手当Ⅱ，社会手当」から「市民手当」に変更された。

③　基準額（第12編改正と連動する）は，インフレ等を踏まえて，2022年の449ユーロから，2023年には502ユーロ，2024年には563ユーロへと，大幅に増額された。

④　収入控除額の拡大。資産からの除外などがおこなわれた。資産については，1人ごとに15000ユーロが控除され，受給開始から1年間は猶予期間が設定されそもそも資産額を問わないこととなった。

⑤　住居費についても，1年間の猶予期間が設定され，住居費の実費が全額支給される。

⑥　就労支援について，「統合協定」を「協力計画」とあらため，制裁（2023年からは給付減額）の直接根拠とはしないことにした。

⑦　給付減額も，違憲判決を受けた見直しが行われ，1回目に10%減額，2回目に20%減額となり，3回目の減額が30%であるがこれが上限となり，100%減額は行わない。

　2023年の市民手当改正は，第2編や第12編をいわゆるベーシックインカムにするものではないが，資産や住居など，公的扶助としての使い勝手をよくすることを狙っており，より多くの低所得者を受け止めようとしたものであるといえる。このほかショルツ政権は，子どもに関する社会給付を一本化した子ども基礎保障の法制化も推進しており，ドイツにおける社会保障制度，所得保障法制のあり方は，2020年代を通じて大きく変化していくことが予想される。

## フランス

### 社会保障制度の体系と特徴

　フランスの社会保障制度は社会保険と社会扶助に大きく分けられ，すべての国民を対象としている。社会保険は医療，年金，労災，家族手当等からなり，社会扶助は社会保険の給付を受けない高齢者，障害者，児童，低所得者等を対象とする。失業は社会保障法典には規定されていないものの，法定外制度の一つとして労使協約に基づき運営されている。

　1945年に策定されたラロック（Laroque, P.）の社会保障計画（通称ラロック・プラン）は労働者とその家族を対象に，①一般化の原則（全国民への適用），②単一金庫の原則（保険者の一元化），③自律性の原則（保険者の自主的運営）に即して制度設計された。戦後，高度経済成長と完全雇用による安定した保険料収入を背景に，フランスの社会保障制度は出産，疾病，障害，退職，死亡まで包括的にカバーするようになった。ただし，労使によって自律的に保険料を拠出し管理運営したことから，実際には，過度な国家介入を懸念して保険者は職域ごとに複雑に分立していった。

　1970年代以降，雇用情勢の悪化や長期失業の増大，企業の倒産が相次ぎ，社会保障会計は保険料のみによって運営していくことが難しくなっていった。こうした中，フランスでは貧困や失業は，健康，住居，教育，犯罪，孤立など様々な問題につながる「社会的排除」を引き起こすと認識されはじめ，「排除との闘い」をスローガンに福祉政策の再編へと至った。1980年代以降，社会扶助の領域において貧困世帯の所得保障が拡充され，1990年代になると社会保障財源を補完するため，広範な所得に賦課される「**一般社会拠出金**」（Contribution sociale généralisée：CSG）が導入され，医療や年金に税が投入されるよう

### 一般社会拠出金（CSG）

1980年代以降，社会扶助の領域において貧困世帯の所得保障が拡充され，1990年代に入ると社会保障財源を補完するため，広範な所得に賦課される「一般社会拠出金」（Contribution sociale généralisée: CSG）が導入され，医療や年金に税が投入されるようになった。

になった。

## ☐ 年金制度

　フランスの年金制度は3階建て構造であり，職域や役職ごとに様々な制度に分かれている。就業者は，公的年金である1階部分の基礎年金と2階部分の補足制度に強制加入することになっている。財源は賦課方式による保険料で賄い，給付は所得比例を採る。1991年にCSGが導入されたことで，年金の財源の一部は税によって充当されている。3階部分の私的年金は積立方式で任意加入である。

　基礎年金で加入者数がもっとも多い制度は，民間部門の被用者を対象とする一般制度であり，全体の約8割を占める。基礎年金に上乗せさせる補足制度として，管理職のみ対象とするAGRIC（管理職退職年金制度一般連合）と管理職・非管理職ともに対象とするARRCO（補足年金制度連合）がある。近年，自営業者を対象とする制度は廃止され，一般制度に統合された。また，無業者は年金制度の適用から除外されるが，任意で一般制度に加入することができる。その他，公務員や国鉄職員のための「特別制度」や「農業経営者制度」などがある。

　年金を受給するための最低加入期間は原則，定められていない。受給額の基準は月単位ではなく四半期単位で算定され，加入期間が一四半期（3カ月）以上あれば受給資格を有する。1990年代以降の年金改革では，支給開始年齢の引き上げや満額受給期間（年金額を満額受給するのに必要な保険料拠出期間）の延長などを実施することで給付の抑制を図ってきた。満額受給期間は，1993年改革で37.5年から40年に，2003年改革で40年から41年に，2010年改革で41.5年に延長され，満額支給開始年齢も65歳から67歳に変更された。また，支給開始年齢も2010年改革で60歳から62歳に引き上げられた。

## ☐ 医療保険制度

　医療保険制度は強制加入であり労使協約をベースに職域ごとに分立している。国民健康保険に相当する地域保険はなく，退職後も現役の時と同様に職域別の保険に加入しつづける。最も代表的な医療保険は民間部門の被用者を対象とする一般制度である。

　医療費の支払いは基本的に償還払いである。患者はかかった診療費を一旦医療機関で全額支払い，その後，償還手続きをする。償還率は医療行為や内容によって異なる。償還払い制度は，医師側の診療の自由を支えてきたものの，患者側の負担が大きいことが懸案事項であった。近年，ICカード式の保険証が普及し，2015年に制定された保健シ

ステム現代化法によって，初めから自己負担分のみを医療機関に直接
支払えるようになってきている。また，「かかりつけ医制度」のもと，
患者は医師の指示に従って医療機関等を受診する。外来診療の場合，
自己負担の割合は原則3割であるが，かかりつけ医を通さない場合，
自己負担の割合は7割に上がる。また，診察料は，決められた診療報
酬のみを請求できる医師，患者との合意で自由な（高額な）料金を請
求できる医師など，医師によっても異なっている。

　1階部分の基礎医療保険制度の給付は十分といえず，上乗せ部分と
して2階部分の補足的医療保険制度が発展した。補足制度の提供主体
として，共済組合，労使共済制度，保険会社の3種類がある。補足制
度に加入していれば，ほとんど自己負担なく医療を受けることができ
る。補足制度への加入は任意であったが，現在では，使用者に対して
被用者の加入を義務づけている。

　1999年，医療保険制度に加入できない低所得者や外国人などの無保
険者問題に対応するため，「普遍的医療給付」（Couverture maladie
universelle：CMU）が創設された。CMUは，世帯収入に応じて保険料
の額が異なる。世帯の年間所得額が基準額を下回っている場合，保険
料は課されない。補足普遍的医療給付（補足CMU）への加入に要する
負担も同様であり，事実上，低所得者の医療費の無償化が実現してい
る。さらに，2016年にはCMUの規定を拡張した「普遍的疾病保護制
度」（Protection universelle maladie：PUMA）によって，所得要件が撤
廃され，居住要件を満たせば無期限で一般制度に加入できるようにな
り，ほぼ国民皆保険を実現している。

## ☐ 社会扶助制度

　社会扶助制度は，社会保険の給付を受けられない高齢者，障害者，
低所得者等の最低限の生活を保障するために，税を財源とした保護を
整備している。1953年の政令により，かつての救済は社会扶助に改め
られた。無年金・低年金の高齢者は「高齢者連帯手当」，重度の障害
者は「成人障害者手当」，事故等で働けなくなった場合は「障害補足
手当」を受給することができる。

　1980年代以降，雇用情勢の悪化に対処するため，新たに低所得者を
対象とする社会扶助が設立された。1984年に失業保険が切れた者を対
象に「特別連帯手当」が導入され，1988年に生活保護に相当する「参
入最低限所得」（Revenu minimum d'insertion：RMI）が創設された。支
給要件は所得調査のみで，資産調査は行われない。給付額は最低賃金
の半分程度で，必要な場合に住宅手当を受給できるほか，医療費，住

民税，水光熱費，公共交通機関が無償化される。その一方で受給者には，参入契約を締結して社会参加や雇用復帰に向けた努力が求められた。ただし，受給者が仕事に従事して一定水準以上の所得になると給付を打ち切られるうえ，医療費や住民税等の優遇措置も受けられなくなることが問題視された。

そのため，2008年に「就業連帯所得」（Revenu de solidarité active：RSA）へと移行され，翌年からフランス全土で施行され現在にいたる。RSAでは就労を促進するため，少しでも働けば基礎手当（元のRMI給付額相当）に加えて就業手当も受給でき，また，所得が一定額を超えるまでは給付を受けつづけられるように変更された。対象年齢は25歳以上で，子育て中か妊娠中の場合は25歳未満でも受給できる。近年，若者も一定期間仕事に従事していた場合には受給できるようになった。その一方，正当な理由なく雇用復帰に向けた活動を拒絶した場合，支給停止の罰則規定が強化されるようになっている。

# ❺ スウェーデン

## ☐ 社会保障制度の体系と特徴

スウェーデンの社会保障は，給付費の対GDP比が26.7%（ESSPROS基準，2022年）と大規模で，**普遍主義**➡に基づいた国民全体を包括する広範な制度体系である。主要な柱は，税方式である社会サービスの現物給付と，社会保険である所得比例型の所得移転との2つである。その他として，定額の児童手当や低所得層への保証年金等，主に国税による所得移転がある。[1]

スウェーデンは個人の自立・自律が重視される社会で，それを支えるのが雇用と社会保障がセットとなった「生活保障」の仕組みである。[2]税・社会保険の負担は一般に所得の約6割だが，誰もが人生を通じて教育，医療福祉，育児休業，年金等を享受できる。[3]

社会保障の実施体制は，**表10-2**のとおり国と地方で明確に役割が分担されている。国は社会保険料や国税を財源とし，主に現金給付を担う。広域自治体（レギオン）は21あり，保健医療を担当する。基礎自治体（コミューン）は290あり，社会福祉等を広く管轄する。地方自治体の主財源は地方所得税である。なお2023年の人口は約1,055万人で増加傾向にあり，高齢化率20.6%，合計特殊出生率1.5，外国に背景をもつ人（外国生まれか両親とも外国生まれ）の割合は27.2%である。

➡**普遍主義**
必要とするすべての人が社会保障・社会福祉の給付やサービスを利用できることが望ましいとみなす考え方。逆に，所得・資産等の条件で対象を厳しく制限すべきという考え方を選別主義という

表10- 2　スウェーデンにおける社会保障制度の実施体制

| 実施主体 | 国 | レギオン<br>(広域自治体) | コミューン<br>(基礎自治体) |
|---|---|---|---|
| 主な財源 | 社会保険料，国税[1] | 地方所得税（約10%） | 地方所得税（約20%） |
| 主な給付・サービス | 現金給付<br>（両親手当，児童手当，疾病手当，公的年金等） | 保健医療 | 社会福祉<br>（高齢者・障害者ケア，児童家庭福祉，経済的援助等[2]） |
| 主な根拠法 | 社会保険法典 | 保健医療法 | 社会サービス法 |

注：(1)制度により国庫負担割合は異なり，例えば児童手当は全額国庫負担。
　　(2)経済的援助は現金給付であるが，コミューンの管轄。
出所：伊澤知法（2006）「スウェーデンにおける医療と介護の機能分担と連携」『海外社会保障研究』156，33頁の表を筆者が一部修正して作成。

## 年金制度

　高齢者向けの公的年金制度は，1999年の年金改革後は**図10- 4**のような体系になっている。社会保険部分は保険料率を18.5%に固定し，16%は「所得比例年金」として賦課方式，2.5%は**「プレミアム年金」**として積立方式で運用される。拠出建て制度で保険料負担や受給見込額が明確な点が，現役世代のメリットである。また，年金財政悪化に備えた仕組み（自動財政調整メカニズム）も国際的評価が高い。一方，税方式の「保証年金」は，所得比例年金が低額や無年金の場合に国庫から支給される。[4] 低年金者向けに，住宅費補助や生活支援補助の制度もある。

　社会全体の年金支払総額のうち概ね，公的年金が70%，上乗せの**「協約年金」**が25%，私的年金が5%を占める。2023年の公的年金の支給開始年齢は63歳（保証年金は66歳）で，平均受給額（月額）は男性16,300SEK，女性13,800SEK [5] であった。公的年金支出の対GDP比（2019年）は7.0%（OECD平均7.7%）で，今後の上昇も比較的緩やかと推計される。だが今日，制度の持続可能性が再度課題となっており，年金受給開始年齢が段階的に引き上げられている。

## 医療保険制度

　スウェーデンの医療は，公費約85%，利用者負担約15%の財源で運営される公的な保健医療制度である。保健医療支出の対GDP比は，2011年以降は10～11%（2023年のOECD平均は9.2%）である。医療行政は広域自治体が担い，総合病院（専門医療）と地区医療センター（初期医療）を管轄する。病院の大半は現在も公営だが，2010年代から民営医療機関が増加し，2021年以降は地区医療センターのうち民営が全国平均で約45%を占めている。

　広域自治体歳出全体の約9割は医療で，2023年の内訳は，専門医療

**→ プレミアム年金**

公的年金（図10- 4）のうち，積立方式で運営され，個人が運用資産を選択する確定拠出型の年金。1999年の年金改革における新公的年金制度の目玉のひとつ。

**→ 協約年金**

労使協約に基づく強制適用の制度で，被用者の90%以上が加入している。高所得層への年金給付の賃金代替率を引き上げている。保険料負担は雇用主のみ。

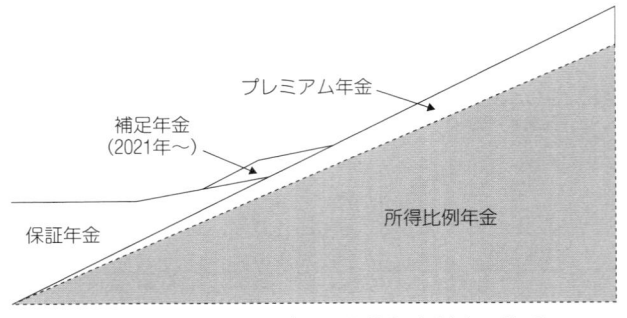

**図10-4　スウェーデンの公的年金制度の体系**
出所：厚生労働省（2023）『2022年海外情勢報告（第2章第3節スウェーデン王国（2）社会保障施策）』10頁の図より筆者作成。

47％, 初期医療16％, 専門精神医療7％, 外来薬剤7％, 歯科3％, その他保健医療8％であった。ただし, 高齢者の長期療養ケアや訪問看護は基礎自治体の管轄で, 介護と一体的に提供されている。

　医療費の利用者負担は, 児童は無料, 成人の場合も入院130SEK／日, 年間医療費上限が1,400SEK と低額である（2024年）。ただスウェーデンでは, 全国共通医療相談窓口を通じて, 電話相談や診察予約をする形が基本であり, 医療受診回数は少ない。こうしたスウェーデンの保健医療は平等で質が高いとされる一方, 制度的課題も目立つ。まず, 診察の順番待ち問題が長年深刻である。1990年代から「医療保障」制度による最長待ち時間設定など改善が図られつつも, 解決に至っていない。また, 在宅ケアの一層の重視と効率化の進行で, 人口千人あたりの病床数（2021年）は2.0と国際的にみても少ない（OECD 平均4.3, 日本12.6）。[6]

## ☐ 社会扶助制度

　社会保障制度の最後のセーフティネットが, 社会扶助である。社会サービス法で正当な生活水準の保障を規定し, 基礎自治体の責任と財源で実施される。経済的援助の支出は, 全国総額で約108億 SEK であった（2022年）。

　経済的援助は, 社会サービス法に依拠する「生計扶助」, および「その他扶助」に大別される。「生計扶助」は定期的支出に関してで, 給付額は食費等の最低保障を示す全国基準と, 住居費等の実費に関する5項目に基づき決定される。「その他扶助」は, 生活扶助枠外の不定期ニーズ（医療, 引越等）に対応する。

　2022年の人口比での受給世帯割合は約3％（約16.1万世帯）, 受給者数は約30万人と微減している。主たる受給者像は, 20〜30代の若年失業者である。一方, 世帯形態別人口における受給者割合は母子家庭が

13％と最大であった。その他，成人受給者の約3分の2が外国生まれの人であることや，子どものいる長期受給世帯が多いことも今日の特徴である。なお，行政手続きの電子化が発展しており，経済的支援の新規申請に関しても約6割の基礎自治体が電子申請を導入している。

## 6 アメリカ

### ☐ 社会保障制度の体系と特徴

　アメリカは人口が3億3,000万人（2024年6月現在），GDPが27兆3,000億ドル（名目，2023年）を超える世界一の経済大国である（外務省2024）。アメリカはネイティブ・アメリカンの地にやってきた移民によって形成された植民地，後の州（State）が集まって作られた連邦制国家である。その後も移民は増え，アメリカは白人，黒人，ヒスパニック，アジア人等多様な人種で構成され，各州の権限が強い分権的な国家になった。

　建国以来，社会保障は州・地方政府の役割として位置づけられてきたが，1929年の世界恐慌による失業者の急増で連邦政府は1935年に社会保障法を成立させた。これにより世界で初めて「社会保障」（Social Security）という言葉が使われた。この法律により，①連邦政府直営の老齢年金，②州政府運営の失業保険への連邦補助，③州政府の老人扶助，母子扶助，視覚障害者扶助，社会福祉サービスへの連邦補助を創設し，連邦政府による社会保障制度が創設された。

　1950年代の公民権運動や1960年代の貧困との闘い（War on Poverty）などを背景に，社会保障制度が整備された。1964年に食料扶助法（Food Stamp Act），1965年に高齢者・障害者の公的医療保険であるメディケア，医療扶助であるメディケイド，高齢者福祉サービス等を提供する高齢アメリカ人法（Older Americans Act）が成立した。1972年には高齢者や障害者の扶助を統合した「補足的保障所得」が創設され，同年に社会保障法修正法のタイトルXXにより福祉サービスが拡大された。こうして，現在のアメリカの社会保障の体系が形成されてきたのである。

　現在のアメリカの社会保障制度の基幹的な役割を果たしている社会保障として，①公的年金制度の老齢・遺族・障害年金，②高齢者や障害者の公的医療保険であるメディケア，③低所得者への医療扶助であるメディケイド，児童医療保険プログラム等がある。また，④連邦お

よび州政府の失業保険がある。公的扶助は様々な制度に分立し，⑤高齢者と障害者への所得保障である「補足的保障所得」，⑥子どものいる低所得世帯への公的扶助「貧困家庭一時扶助」，⑦低所得者への食料支援である「補足的栄養支援事業」，⑧勤労所得税額控除・児童税額控除などがある。以下，年金，医療，公的扶助を取り上げたい。[7]

## ☐ 年金制度

　アメリカの公的年金制度は老齢・遺族・障害年金（Old-Age, Survivors and Disability Insurance: OASDI）と呼ばれ，連邦政府の社会保障庁（Social Security Administration）が運営している。アメリカでは，OASDI は一般的に「ソーシャルセキュリティ」と呼ばれている。OASDI の対象者は被用者と自営業者である。ただし，所得が極めて少ない人，一部の州・地方政府の公務員，鉄道職員等は対象外である。被用者と自営業者の94%が対象となっている。

　保険料は給与所得にかかる「社会保障税」（Social Security Tax）として OASDI とメディケア（病院保険）の保険料が徴収される。社会保障税を支払う際に設定される「社会保障番号」（Social Security Number）は本人確認証の代わりになるものとして広く公的サービスで活用されている。2024年度の OASDI の保険料額は給与に保険料率（Tax rate）である12.4%をかけた金額である。被用者の場合は労使折半する。

　まず，老齢年金は保険料を納付した最低加入期間が40四半期分（10年分）以上あり，かつ支給開始年齢に到達した場合に支給される。支給開始年齢は66歳であるが，2027年から支給を受ける人が67歳になるように2カ月ずつ引き上げをしている。また，62歳からの繰り上げ支給や70歳までの繰り下げ支給がある。障害年金は，障害を持った年齢によって異なり一定期間，保険料を納付した人が障害を持った場合に支給対象となる。例えば，48歳だと26四半期（6年）間の保険料支払いが要件となる。遺族年金は，一定の保険料納付をした人が死亡した場合に，60歳以上の配偶者，50歳以上の障害のある配偶者，16歳未満の子どもや障害のある子どもを扶養している配偶者，扶養していた親に支給される。

　アメリカの公的年金は基礎的な生活保障をするもので，一般の生活をするには不十分であり，それをカバーするために多くの企業は雇用主提供年金，つまり企業年金を提供している。企業年金は「**確定給付年金**」と「**確定拠出年金**」の2つの形態があるが，「確定拠出年金」は日本でもアメリカの「401（k）プラン」として知られている。1974の

**➡ 確定給付年金**
給付額があらかじめ確定されている企業年金で，保険料の運用で損失が出た場合は企業が穴埋めをすることになっている。

**➡ 確定拠出年金**
その保険料を株式等に投資しその相場によって給付が増減する企業年金をいう。

エリサ法により企業年金の給付も賃金の一部として個人の権利として保護する受給権保護が確立されており，企業年金普及の下支えになっている。

## ☐ 医療保険制度

　アメリカの主な医療制度は大きく3つあり，第1にメディケア，第2にメディケイド，第3に児童医療保険プログラムである。

　第1に，メディケア（Medicare）は，65歳以上の高齢者と65歳以下の障害者を対象にした連邦政府の保健福祉省が運営する公的医療保険である。受給資格は社会保障税を原則40四半期分（10年分）以上納付することである。メディケアは大きく3つのパートに分かれている。パートA（病院保険）は入院，在宅医療，専門介護サービス，ホスピスの医療費を給付する。パートAの保険料は社会保障税を通じて納付され，強制加入である。65歳になると保険料負担はなくなる。パートB（補足的医療保険）はパートAの対象外である医師サービスや通院，予防サービス等が含まれる。パートD（処方薬）は薬剤の処方を支援するものである。パートDはメディケアのルールに従い民間医療保険会社が運営している。パートB及びDは任意加入であるが，パートAに加入している多くの人が同時に加入している。パートCは「メディケア・アドバンテージ」と言われ，より安い保険料でパートA・B・Dと同等以上の給付を行う。これも民間医療保険会社で運営されている。

　第2に，メディケイド（Medicaid）は低所得者向けの医療扶助である。メディケイドは，連邦政府が連邦補助金を提供して州政府が実施する低所得者を対象にした税方式の医療制度である。したがって，州によってメディケイドの対象や給付が異なる。

　第3に，児童医療保険プログラム（Children's Health Insurance Program: CHIP）は，所得要件が厳しいメディケイドに該当しないが，民間医療保険にも加入できない，貧困線の200%を目処に低所得世帯の19歳以下の子どもの医療保険加入を支援する州政府の事業である。連邦政府は州政府の本プログラムに補助金を出している。

　以上のように，アメリカの公的医療制度は，高齢者・障害者，低所得者を対象に整備されているが，それ以外の人々を対象にしていない。働く世代はの多くは雇用主提供医療保険に加入している。それができない場合は個別に民間医療保険に加入するか，無保険者となってしまい，多くの無保険者が存在している。2010年にオバマ政権は，「患者保護・医療費負担適正化法」（Patient Protection and Affordable Care

Act），通称「オバマケア」を成立させた。無保険者に対応するため，民間医療保険の購入助成，医療保険取引所の設置，メディケイドの対象者拡大などの改革がなされた。

## ☐ 公的扶助制度

アメリカの公的扶助は多様な制度に分立している。ここでは代表的な制度をピックアップして紹介しておきたい。

第1に，子どものいる低所得世帯（主に一人親世帯）を対象とした貧困家庭一時扶助（Temporary Assistance for Needy Families: TANF）がある。TANFは典型的なワークフェアの制度であり，①生涯で60カ月（5年分）しか受給できない期間制限，②受給要件として就職活動や職業訓練等に参加する労働要件，③労働要件が達成できなかった時に扶助を廃止または減額する制裁措置等の特徴がある。連邦政府は一定のルールの範囲で補助金を出すが，州政府には大きな裁量が与えられている。そのため，給付額や期間制限，制裁措置等の条件も州政府によって大きく異なっている。

第2に，無年金や低年金のために低所得の高齢者や障害者に対して，連邦政府の社会保障庁が所管する「補足的保障所得」（Supplementary Security Income: SSI）がある。多くの州政府は独自のSSIの追加支給を行なっている。

第3に，農業省が所管する低所得者への食料支援である補足的栄養支援事業（Supplemental Nutrition Assistance Program: SNAP）である。旧名称で「フードスタンプ」とも呼ばれる。磁気式カードを使って，指定を受けた食料品店で食料を入手することができる。食料以外は使えない。現在，人口の1割あまりの人が利用している。他にも，妊産婦や乳幼児向けの「女性乳幼児特別栄養補助事業」（The Special Supplemental Nutrition Program for Women, Infants, and Children：WIC）や学校給食なども行われている。

第4に，連邦政府の税を所管する内国歳入庁（Internal Revenue Service）によって実施される勤労所得税額控除（Earned Income Tax Credit：EITC）と児童税額控除（Child Tax Credit: CTC）がある。EITCは勤労所得のある世帯に対し税額控除（減税）をするものであるが，その所得がより低い場合に税の還付（＝給付）を行う制度である。児童税額控除も子どものいる勤労世帯に対して税額控除，そして税制を通じて給付を行う。近年，EITCとCTCが拡大し，貧困対策としての注目が集まっている。ただし，働いていない世帯や納税義務のない非常に低所得の世帯にはこの制度は利用できない。

以上のようにアメリカの社会保障制度については，高齢・障害・低所得者以外の公的医療制度がないこと，低所得者対策もワークフェアにより，特に子どものいる世帯への対策が厳しいこと，EITC や CTC 等の税額控除が低所得対策として大きな割合を占め社会保障支出として見えにくいことなどが特徴として挙げられる。

 韓　　国

### □ 20世紀末における社会保障制度の整備

　韓国における社会保障制度の歴史は1960年代まで遡る。公的扶助に関しては，61年に導入された生活保護，社会保険に関しては，一部の人々を対象として始まった60年の年金や63年の医療保険および93年の雇用保険が社会保障制度の始まりといえよう。しかし，それら諸制度が体系的に整備されたのは20世紀末以降である。当時，韓国ではアジア通貨危機によって大量の失業者や貧困者が発生し，かれらの生活を保障するために社会保障制度の整備が急速にすすんだ。

　その社会保障制度の整備においては，社会保険である雇用保険と公的扶助である生活保護の改革が何より緊急の課題となっていた。前者の雇用保険に関していえば，一部の労働者のみを対象としていたし，後者の生活保護は，高齢者や子どもなど労働無能力者のみを対象としていた。このような制度的仕組みの中で，失業者のほとんどが，どちらの制度からも救済されず，失業と同時に貧困に陥るしかない状況に陥ってしまったのである。

　この危機的状況に対処すべく，政府は一方では，雇用保険をすべての労働者に拡大し，他方では，従来の生活保護を廃止し，新しい公的扶助として，労働能力の有無にかかわらずすべての貧困者を対象とする国民基礎生活保障（1999年法制定，2000年施行）を創設した。これにより，短期失業者は雇用保険で救済し，長期失業者と貧困者は公的扶助で救済するという社会保障制度の基本的な仕組みがつくられた。さらに，この雇用保険と公的扶助の改革が行なわれる中，それまで限定的に運営されていた年金や医療などを含む社会保険の全体的な改革がすすみ，国民皆保険・皆年金体制の実現に至った。

　以上のような社会保障制度の整備によって多くの失業者や貧困者が救われたこともあり，21世紀初頭に入ると，韓国は早いスピードで危機から抜け出した。ところが，その後，21世紀に入り，危機の時に整

備された社会保障制度が，国民の生活を保障するうえでうまく機能してきたかというと，そうではない。なぜなら，危機の時の失業・貧困問題とは異なる問題が登場し，それに対する新しい制度が求められるようになったからである。

## ☐ 21世紀における社会保障制度の改革

21世紀に入って新しく登場した問題は，何より急速な高齢化と少子化を背景とした家族構造の変化やその機能の弱体化であった。一般的に少子高齢化といわれる問題である。20世紀末のアジア通貨危機をきっかけとして発生した失業・貧困問題に対して，主に「所得保障」を中心とした社会保障制度が整備されたとすれば，21世紀に新しく登場した少子高齢化問題に対しては，その「所得保障」だけでは十分に対応できず，それとは異なる制度，つまり育児や介護などこれまで家族によって担われたケアサービスを提供する，いわば「サービス保障」を中心とした社会保障制度の整備が求められるようになったのである。

2005年に政府によって設置された「**低出産・高齢社会委員会**」は，まさにその「サービス保障」を取り入れた社会保障制度の改革を議論するための場であった。そこでの議論をふまえ，06年には「第1次低出産・高齢化社会基本計画（06〜10年）」が作成され，その後，第2次計画（11〜16年）と第3次計画（16〜20年）をへて，現在は，第4次計画（21〜25年）が進行中である。

これらの計画の展開の中で，育児や介護と関わる「サービス保障」を拡充するためのさまざまな政策が積極的にすすめられた。2008年の「社会サービス拡充および先進化戦略」，09年の「社会サービス電子バウチャー事業の先進化方案」，10年の「社会サービス育成および先進化方案」等々の政策構想や戦略を発表し，「サービス保障」のための制度拡充を推進した。11年には「社会サービス利用および利用券の管理に関する法律」を制定・公表し，サービスの提供と利用を活性化および効率化するためにバウチャー制度が導入された。具体的な制度としては，07年の日本の介護保険に当たる老人長期療養保険の導入や12年からの介護および保育サービスを提供するためのバウチャー制度の運営，また13年からの無償保育サービスの実際や18年の児童手当の導入などがあげられる。一方，13年には社会保障基本法を改正して社会サービスの概念を取り入れたり，その後，「サービス保障」関連政策が，中央政府だけでなく地方政府においても，少子化や高齢化にともなう「地方消滅」問題への対応としての「地域活性化」戦略としてさらに積極的に推進されてきている。

➡ **低出産・高齢社会委員会**
低出産および高齢社会政策に関する重要事項を審議するために大統領直属で設置された委員会

## ❑「社会サービス国家」をめざして

　以上のように韓国では，20世紀末のアジア通貨危機をきっかけとした失業・貧困問題に対応するために「所得保障」中心の社会保障制度が整備されたが，21世紀に入り，少子高齢化問題が新しくあらわれ，それに対応するために「サービス保障」の拡充が積極的に行われてきている。以上のような韓国の社会保障制度の展開過程について，日本を含む他の先進諸国との違いを浮き彫りにすると次のように説明することができる。

　社会保障研究における社会的リスク論を参照すれば[8]，経済社会構造の変化にともない社会保障制度が対応すべきリスクのあり方が変わってきている。すなわち多くの先進諸国では，20世紀前半の大恐慌や戦争の経験の中で，失業・貧困問題＝「古い社会的リスク」に直面し，それに対応するかたちで「所得保障」を中心とした社会保障制度が整備された。それによって，20世紀前半以降に多くの国々ではその古いリスクをある程度緩和および解決することができたが，その過程でこれまで問題とされることの少なかった少子高齢化問題＝「新しい社会的リスク」があらわれた。その新しいリスクに対しては，従来の「所得保障」中心の社会保障制度だけではうまく対応できず，そのためそれとは異なる制度，つまり介護や育児とかかわるケアサービスを提供する「サービス保障」が模索されるようになった。日本の現状でもみられるように，20世紀末あるいは21世紀に入って，少子高齢化問題に対する「サービス保障」の拡充が，多くの先進諸国において社会保障制度の改革の重大な課題となっている。

　ここで注目すべきなのは，多くの先進諸国では20世紀前半から21世紀にかけて長いスパンで経験してきた古いリスクから新しいリスクへの展開を，韓国では20世紀末から21世紀初頭の非常に短いスパンで同時多発的に経験していることである。多くの先進諸国では，古いリスクに対応するための「所得保障」がある程度拡充したあとで，「サービス保障」をすすめてきたが，韓国の場合，その両者を同時にすすめなければならない状況におかれているのである。その中で韓国では，緊縮財政の影響のもとで，「所得保障」と「サービス保障」がトレードオフ関係に設定されることが多く，そこで政府では，前者の「所得保障」より後者の「サービス保障」を重視する考え方が強くあらわれている。

　1つの例として，政府によって出された「社会サービス国家」という政策目標がある。**図10-5**のように，「所得保障」と「サービス保障」を補完あるいは代替関係として設定すると，各国の社会保障制度はい

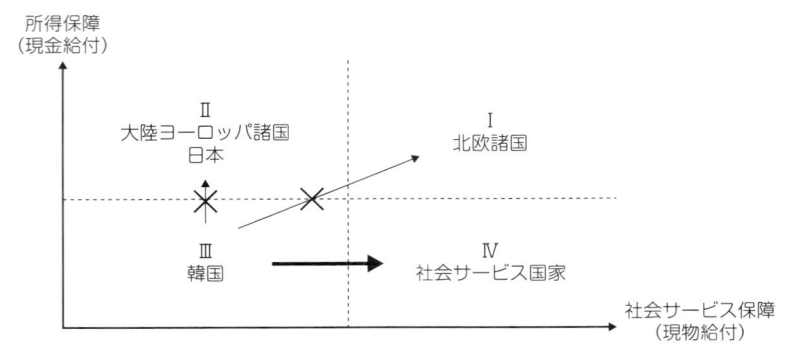

**図10-5　韓国福祉国家の方向性**

出所：金成垣（2022）『韓国福祉国家の挑戦』明石書店，93頁。

くつかの類型に分けられる。すなわち，北欧諸国のような「所得保障」が手厚く同時に「サービス保障」も十分に行われているタイプⅠ，日本や大陸ヨーロッパのような「所得保障」は手厚いものの「サービス保障」は十分に行われていないタイプⅡ，アメリカのような「所得保障」も「サービス保障」も最低限でしか行われていないタイプⅢである。現在，韓国は「所得保障」も「サービス保障」も最低限でしか行われていないタイプⅢに属するが，今後，タイプⅠやタイプⅡをめざすのではなく，いずれのタイプとも異なる独自路線としてタイプⅣ，つまり「所得保障」を最低限にしつつ「サービス保障」を充実させる，いわゆる「社会サービス国家」への転換を目指していると考えられる。

　以上のような，他の国と異なる「社会サービス国家」という韓国の政策目標が今後，どのような政策を生み出しまたどのような成果をもたらすかを注意深く観察していく必要があるだろう。

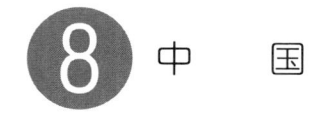

## ❽　中　　国

### ☐ 社会保障制度の体系と特徴

　中国においては，計画経済体制下の社会保障と市場経済体制下の社会保障は，その原理や機能が大きく異なるため，両者を区別して考える必要がある。1949年から1978年の間，中国は計画経済体制を採用し，都市部では国家責任に基づく保障制度が展開され，一方で農村部では合作社や人民公社内の生産団体ごとに互助制度が構築された。中国の社会保障制度は，1951年の労働保険条例の制定により，都市部の政府機関や国有企業などの労働者層に対して年金給付や医療給付などが制

度化された。1966年以降，文化大革命の影響で制度は停滞したが，1976年以降は社会保険の改革が進展した。

1978年の改革開放により市場経済体制が導入され，1980年代から1990年代にかけては，全国民に対する社会保険の普及が戦略的な課題とされた。1990年代末から21世紀初頭にかけて，中国はまず都市の労働者を対象に，年金，医療，失業，労災，出産の5つの社会保険制度を整備した。都市企業従業員の社会保障制度が整備された後，中国は対象者を農村人口と都市の非正規労働者・無職の人にも拡大し，彼らにも医療と年金制度を提供するようになった。

2010年の「社会保険法 ⏩」により，法的には都市部と農村部の双方をカバーする社会保険制度が制度化されたが，実際には都市と農村別の戸籍区分，公務員，都市賃金労働者，都市住民・農民という職業別区分によって制度が分けられている。中国政府は2020年までに主要な制度である年金保険と医療保険において，中国版の「皆年金・皆保険」を目指しているが，既存の職業別区分と形成されてきた制度を統合する課題が今後の重要なテーマとなっている。

**⏩ 社会保険法**

2010年に制定された本法は，5つの社会保険およびこれら社会保険料の徴収・管理，社会保険基金，社会保険取扱や監督，法的責任などを規定し，公民の適法な社会保険加入と待遇享受を保障することを目的としている。

## ▢ 年金制度

中国の公的年金制度は，本人の戸籍や就業の有無に基づいて，現在の段階では主に従業員年金（企業職工基本年金と公務員年金を含む）と住民年金（都市住民年金と農村住民年金を含む）の2つに大別される。

1998年に導入された従業員年金は，主に都市部の企業などで働く人々が強制的に加入する制度である。その財源は2階に分け，1階部分の賦課方式の基金と2階部分の積立方式の個人口座から成り立っている。保険料は原則として，企業が賃金総額の20％，従業員は賃金の8％を支払う。企業の支払いは基本年金基金で管理され，従業員の保険料は基本年金の上乗せとして，個人口座に積み立てられる。

公務員年金は2015年以降，都市の従業員年金とほぼ同様の構造となっている。公務員年金制度の1955年に創設され，最初から全額税金負担で，個人の保険料負担はなかった。1990年代に制度が改革され，現在は従業員向けの制度と統一されている。両年金の受給開始年齢は，男性は60歳以上，女性は55歳か50歳以上となっている。

都市・農村住民年金は，政府が国民皆年金を目指す一環として，従来年金制度の枠組み外にいた人々を社会保障制度に組み込むために2014年に設立された任意加入制度である。その財源は，税金負担の基礎年金と積立方式の個人口座から成り立っている。保険料は複数の設定から，経済状況に応じて保険料を選択して支払う仕組みである。受

給開始年齢は，男女共通で60歳以上である。

公的年金の受給要件は15年の加入期間である。賦課方式と積立方式の双方を採用することは，その特徴の一つである。ただし，従業員向け年金制度において，積立方式の個人口座の積立額が十分でないという課題が存在する。中国は公的年金の資金を増やすために努力している。また，少子高齢化が進む中で，退職年齢の引き上げが注目され，2024年9月に全国人民代表大会常務委員会が法定退職年齢を段階的に引き上げることを決定した。現在，中国の定年は男性が60歳，管理職の女性が55歳，非管理職の女性が50歳となっているが，これを2025年から15年かけて，段階的にそれぞれ63歳，58歳，55歳へと引き上げる。さらに，年金の受給要件も，現在の15年から2039年までに段階的に20年へと引き上げることも決めた。

## ☐ 医療保険制度

中国には，都市従業員基本医療保険制度，新型農村合作医療保険制度，都市住民基本医療保険制度の3つの公的医療保険制度がある。それぞれ1998年，2003年，2007年に本格的に導入された。さらに，都市と農村の医療救助制度と，給付限度額以上の高額医療費の保障を目的とする高額医療保険制度もある。都市住民基本医療保険と新型農村合作医療保険に関しては，政府は2016年に制度の統合を発表し，一部の地域では都市・農村住民基本医療保険制度として統合されている。都市で働く従業員は加入が義務付けられているが，都市の非就業者・農村住民は任意加入することができる。

都市従業員基本医療保険の財源は，基本医療保険基金と個人口座の2つの部分から成り立っている。従業員は（本人の）前年の平均賃金の2％を個人口座に拠出し，企業は従業員の個人口座に賃金総額の2％と基金に8％を拠出する。

都市・農村住民基本医療保険の対象者は，当該市の戸籍を持つ都市従業員基本医療保険に加入していない高齢者，非就労者，学生・児童である。保険料は地方政府が年齢などの基準に基づいて決定しており，被保険者は1年間に1回，指定された期間内に年額の保険料を支払う。この制度は社会保険方式を採用しており，多額の財政支援が提供されている。保険料と財政支援は都市・農村住民基本医療保険基金に積み立てられ，都市従業員基本医療基金とは独立している。

公的医療保険制度の給付は，受診した医療機関の規模やランク，医療費の額等に基づいて各地域で異なる基準で設定されている。この制度は各市で運営されており，基本的に管轄外の市で受診した場合は全

額自己負担となる。要するに，中国では「フリーアクセス」でどの医療機関でもいつでも医療を受けられるという状況は存在しない。

　中国の医療保険制度はまだ発展途上であり，前述のように従業員や住民の医療保険制度，受診可能な医療機関，自己負担率，地域外医療機関利用時の給付水準などが詳細に規定されており，制度間や地域間で大きな違いが存在している。

### 公的扶助制度

　計画経済期の中国において，社会救済は主に労働能力を持たない人々に限定されていた。都市部では主に「三無」人員（労働力がない，安定した収入がない，法定扶養者がない）など，社会的弱者を対象にしていた。一方，農村部では「五保戸制度」と呼ばれる救済制度が存在していた。これは労働能力が不足あるいは失われた高齢者，病弱者，孤児，未亡人，障害者に対して，衣服，食料，薪の供給を保障し，未成年者の教育および高齢者の死後の葬祭をサポートする制度であった。

　1999年，国有企業改革に伴い，企業から余剰となった大量の人員の生活保障に関する問題が浮上し，都市部公的扶助制度（最低生活保障制度）が設立された。2007年には農村部でも「農村最低生活保障制度の設立についての通知」が公表され，制度整備が進められた。

　中国特有の二元社会構造により，2つの異なる公的扶助制度が定められた。制度の申請は申請者の戸籍地で行われ，都市と農村それぞれで異なる制度として運営されている。都市公的扶助では，世帯の一人当たり収入が当該地域の規定の水準を下回る場合に支給されると定められている。世帯に収入がない場合は基準額の全額が支給され，収入がある場合は基準額との差額が支給される。支給は現金だけでなく，食料品購入チケットなども提供されている。財源は中央政府と地方政府が共同で拠出している。

　2014年に「**社会扶助暫定弁法**➡」が公布され，これにより都市部と農村部に分かれていた公的扶助制度が統合された。この制度は体系的かつ包括的なものであり，受給者数や給付金額も一定の規模になったが，全国統一の生活保障基準は存在せず，各地域ごとに独自に設定されている。また，保障基準の低さは依然として大きな課題となっている。

➡**社会扶助暫定弁法**

2014年に公布された本弁法により，都市と農村の公的扶助制度が同じ枠組みに統合されたとともに，基本生活扶助を基本とし，医療扶助，教育扶助，住宅扶助，就労扶助，災害扶助，臨時扶助などを含む包括的な制度体系が確立された。

### ◯注

(1)　湯本健治・佐藤吉宗（2010）『スウェーデン・パラドックス』日本経済新聞出版社を参照。

(2)　宮本太郎（2009）『生活保障──排除しない社会へ』岩波書店。

(3) 地方所得税はほぼ一律に30％強，高所得者は更に約20％（国税）。また，付加価値税（基本は25％，食品は12％）等の国税もある。社会保険料の個人負担は7％で，事業主負担が計約32％と重い。

(4) ３年以上のEU（１年はスウェーデン）居住を要し，40年で満額。

(5) スウェーデンクローナ（SEK）は，2022年平均で13.4円。

(6) 現在は，初期医療７日以内，専門医療90日以内の受診を保障。

(7) アメリカの社会保障の全体的な概要については，厚生労働省「2021年海外情勢報告」参照。制度の細かい部分については，参考文献（第６節）を参照にされたい。

(8) Taylor-Gooby, P. (ed.) (2004) *New Risk, New Welfare*, Oxford University Press.

## ●参考文献 ─────

[第３節]

布川日佐史（2023）「ドイツにおける最低生活保障制度改革──『市民手当（Bürgergeld）』法案の検討」『現代福祉研究』23，77-102頁。

[第４節]

加藤智章（2007）「フランス社会保障制度を考える視点」『海外社会保障研究』161。

笠木映里（2022）「フランスの年金制度」『年金と経済』41(2)。

柴田洋二郎（2017）「フランスの医療保険財源の租税化」『JRIレビュー』9(48)。

服部有希（2012）「フランスにおける最低所得保障制度改革──活動的連帯所得手当RSAの概要」『外国の立法』253。

[第５節]

伊澤知法（2006）「スウェーデンにおける医療と介護の機能分担と連携」『海外社会保障研究』156，32-44頁。

厚生労働省（2024）「スウェーデン王国 社会保障施策」『2023年海外情勢報告』152-164頁。

OECD (2023) Pensions at a glance 2023. How does Sweden compare?

OECD (2023) State of Health in the EU. Sweden: Country Health Profile 2023.

OECD (2023) Pension spending (indicator). doi: 10.1787/a041f4ef-en (2023.8.14).

Pensionsmyndigheten (2023) Pensionssystemet i bilder och siffror 2023.

SCB（スウェーデン統計局）Socialt skydd i Sverige 1993-2022 (https://www.scb.se/,2024.12.5).

SKR（スウェーデン自治体連合会）Sektorn i siffror. kommunernas/Regionernas kostnader och intäkter 2023 (https://skr.se/,2024.12.5).

Socialstyrelsen (2024) Individ- och familjeomsorg Lägesrapport 2024.

[第６節]

外務省（2024）「アメリカ合衆国（United States of America）基礎データ」(https://www.mofa.go.jp/mofaj/area/usa/data.html)。

加藤美穂子（2021）『アメリカの連邦補助金──医療・教育・道路』東京大学出版会。

木下武徳（2007）『アメリカ福祉の民間化』日本経済評論社。

木下武徳（2022）「アメリカにおけるコロナ禍の低所得層への経済給付──公的扶助を中心に」『立教大学コミュニティ福祉研究所紀要』10，45-61頁。

厚生労働省（2022）「2021年海外情勢報告」。

根岸毅宏（2006）『アメリカの福祉改革』日本経済評論社。

野田博也（2007）「アメリカの補足的保障所得（SSI）の展開——就労自活が困難な人々に対する扶助の在り方をめぐって」『海外社会保障研究』160。

長谷川千春（2021）「医療保障政策——"オバマケア"による変化と限界」川崎・川音・藤木編『現代アメリカ政治経済入門』ミネルヴァ書房，126-145頁。

吉田健三（2012）『アメリカの年金システム』日本経済評論社。

Centers for Medicare and Medicaid Services（2022）Medicare & You: The official U. S. government Medicare handbook 2023.

Social Security Administration（2022）Annual Statistical Supplement to the Social Security Bulletin 2021.

Social Security Administration（2022）Fast Facts & Figures About Social Security 2022.

[第7節]

金成垣（2022）『韓国福祉国家の挑戦』明石書店。

Taylor-Gooby, P. (ed.)（2004）*New Risk, New Welfare*, Oxford University Press.

[第8節]

片山ゆき（2017）「中国の年金制度について」『ニッセイ基礎研レポート』ニッセイ基礎研究所，1-12頁。

片山ゆき（2018）「中国の公的医療保険制度について」『ニッセイ基礎研レポート』ニッセイ基礎研究所，1-13頁。

朱珉（2019）「中国における最低生活保障制度の形成，現状および改革の方向性」『Int'lecowk：国際経済労働研究』74（11・12），22-28頁。

沈潔・澤田ゆかり編著（2016）『ポスト改革期の中国社会保障はどうなるのか——選別主義から普遍主義への転換の中で』ミネルヴァ書房。

# ■終　章■
# 日本の社会保障の課題

# ① 日本の社会保障を取り巻く状況の変化

　戦後，急速に制度を整備し，先進国と同等の社会保障制度を構築した日本であるが，現在，大きな課題を抱えている。そもそも，社会保障制度は，実際の社会的な危機の時代に本当にその機能が発揮されるかどうかで評価されることになる。国の経済が良好な時代に，失業に対するセーフティネットの制度の有効性について評価することは難しい。また，構築当初，前提にしていた社会経済状況が変化した際に，社会保障制度の側が柔軟にその形やシステムを変化させることができるかどうかも問われることになる。

　日本の社会保障制度は，高度経済成長期の1970年代初頭に，社会保険，公的扶助，社会手当を基本とするおおよその制度構築が完成したが，その当時とは異なる社会経済的変化によって，その形を変えざるを得ない状況となっている。まずは，その背景を確認しておこう。

## ☐ 人口構造の変化

　日本は，世界でも類を見ないほど人口構造が変化している国である。少子高齢化が急速に進行し，**合計特殊出生率**➡1.20（2023年）と少子化がもっとも進んだ国の一つとなった。平均寿命の伸長や少子化の結果，人口に占める高齢者の割合（高齢化率）は29.1％（2023年）となっている。次に，家族のかたちの変化がある。人々がどういう世帯で生活するかは，社会保障制度の制度設計上，重要なポイントである。1970年代以降，世帯のかたちは大きく変化した。具体的には，三世代同居世帯が減少し（1968年　19.7％　⇒　2023年　3.8％），単独世帯が増加（1966年　19.8％　⇒　2023年　34.0％）している。特に，高齢単身世帯の増加が著しい。

**➡合計特殊出生率**
15歳から49歳までの女性の年齢別の出生率を合計したもの。一人の女性が生涯で産む子どもの数を推計する指標として用いられる。

## ☐ 働き方の変化

　1970年代との大きな違いは，働き方，雇われ方の変化である。高度経済成長期は，被用者世帯が大幅に増加した時期である。男性の正規雇用者に対する終身雇用が前提となっており，性別役割分業に基づく核家族世帯が都市部を中心に拡大した。しかしながら，バブル崩壊後，特に2000年代から，新自由主義的な考え方が主流となり，日本の労働市場にも大きな変化が起きるようになる。特に顕著な変化が，非正規

雇用の増加である。産業構造の変化や国際競争の強い圧力の中で，労働コストを切り詰めることが企業にもとめられるようになり，非正規雇用の労働者が増加するようになった。非正規雇用が拡大した理由には，賃金や社会保険料負担などに関して，コストが安い点があげられる。また，短期的な雇用が多く，フレキシブルな労働力として活用されているという背景がある。こういう非正規化の波は，民間企業だけでなく，公務員組織にも及んでいる。財政的に厳しい状態にある地方自治体は，運営コストを削減するために，多くの非正規の労働者を雇用するようになった。非正規雇用の拡大の問題点は，賃金や労働時間などの処遇の面で正規雇用との格差がある点である。また，非正規雇用の職員が多い職場では，人間関係の希薄化や仲間意識の欠如など，生産性に影響を与えかねない課題を抱える可能性がある。これらの問題・課題は，福祉サービスの分野でも同じである。

 ## 社会保障の課題

　超高齢社会を迎えるにあたり，日本の社会保障制度は多数の課題を抱えていることは，本書を通じてみてきたところである。具体的には，賦課方式の年金の危機，高齢者医療費の増大，職域別に分立した制度の問題などがある。日本型の雇用システムのもと被用者保険に加入し，終身雇用で退職するようなケース以外の場合に，十分な給付が受けられないリスクが大きい。

　高齢期の経済的基盤が弱いという点は，いつの時代も同じであるが，高齢期自体が長くなっている点には注意が必要である。高齢者の家計を見ると，公的年金制度が収入の柱となっているが，それだけでは不十分である。さらに，少子高齢化の人口構造の変化を踏まえた年金給付の見直しが進むため　物価上昇に見合っただけの年金の価値が維持されることはない。公的年金以外の個人の貯蓄や資産の運用，子どもからの仕送りなどによって家計をやりくりすることが必要になる。また，支出面においても不安定さが増している。高齢者の家計支出としては，食費などの日常的な支出だけでなく，医療保険や介護保険の保険料などの非消費支出の増加，介護サービスや医療サービスの自己負担の増加などを見込んでおく必要がある。どのような先進的なサービスや医療技術が開発されても，経済的な事情によってそれにアクセスできないのであれば，意味がない。経済的基盤の弱い高齢者には，最

終的なセーフティネットである生活保護制度が適用されることになる。すでに，単身高齢者が，生活保護受給者の多数を占めており，この傾向は今後も続くことが予想される。「自立助長」を目的とする生活保護制度のあり方自体が問われることになる。

　また，近年の高齢者福祉制度は，「地域包括ケア」がキーワードとなってきた。理念としては優れたモデルであるが，実際にそれがすべての高齢者に提供されるかどうかは，経済的な基盤に加えて，社会的な基盤の整備が必要である。特に，住宅の確保が，すべての在宅ケアサービスの前提となっているが，高齢者の住まいの確保が大きな課題となっている。日本全体では「空き家」が多数にあるにもかかわらず，孤独死などの懸念から，貸し渋りが発生し，住まいの確保に苦労する高齢者がいる。高齢者が民間賃貸住宅を終の棲家とするためには，家賃を支払うことができる経済的基盤に加えて，地域での相互扶助や見守り，専門職による居住支援が必要になる。自助・自己責任による住まいの確保を前提とした住宅政策の歪みが，社会保障制度の機能を妨げている。社会保障制度を通じた現金給付やサービス給付を実施するにあたって，その前提条件が整っているか常に確認しなければならない。

　社会保障・社会福祉制度が構築された時期と比べて，高齢期や高齢者の定義自体が見直されるべきという考え方もある。実際に，高齢期になっても就労を継続する人が増加傾向にある。社会参加という点からすれば高齢者の就労は評価されるべきことではあるが，社会保障の水準の低下によって，高齢者がその身体的な限界を超えるレベルでの就労を「強制」されることは問題と言える。

　また，子ども・現役世代に対する社会保障制度にも多くの課題が存在する。まず，2000年代以降子どもや若年層の貧困問題が社会保障制度の大きな課題となっている。国際的にみて日本の子どもの貧困率は高い。**等価可処分所得**➡の中央値の50％水準を貧困線（国際基準）とすると，日本の子どもの貧困率は11.5％（2021年）となっている。

　その背景には，高度経済成長期の社会保障制度の想定していた「働き方」や「家族」の変化がある。近年の労働市場の変化は，「非正規雇用」を増加させている。非正規雇用は総じて，雇用関係が不安定であり，賃金が低い場合が多い。ワーキングプアという言葉があるように，もはや「働いていれば生活が安定する」ということはない。また，離婚の増加などにより，ひとり親世帯が増加している。性別役割分担に基づく核家族と男性に対する安定雇用といった前提が失われる中で，ひとり親世帯の貧困は深刻な状態にあり，ひとり親世帯の半数が貧困

➡ 等価可処分所得

第7章側注参照。

となっている。将来の結婚や子育ての見通しが立たない，安定的な雇用の継続が展望できない，住宅ローンの支払いの見通しが立たないといった中で，少子化が進行している点に注意が必要であろう。

　また，ワーク・ライフ・バランス施策の拡大強化も重要である。安心して子育てできる環境の整備が求められており，保育所などの量的整備だけでなく，働く親の育児休業の取得促進，特に男性の取得促進が重要である。日本では，社会保障制度としては一定の整備が行われてきたものの，実際にその制度が使えない・使いにくい実態がしばしば指摘されている。

 ## 社会保障改革の方向性

　これまで日本の社会保障制度は，高齢者中心で構築されてきたという指摘がある。そこで，2010年代以降，「全世代型社会保障論」という考え方が強調されるようになってきた。2013年の専門家による「社会保障制度改革国民会議」では，これからの社会保障制度の「基本的考え方」として，「すべての世代に安心感と納得感の得られる全世代型の社会保障への転換」や「将来世代の負担の軽減」が打ち出されている。特に，「改革の方向性」として「1970年代モデル」から「21世紀（2025年）モデル」への転換が提言された。1970年代の高度経済成長期に構築された核家族と日本型雇用を前提とした社会保障制度からの転換という意味である。また，「年齢ではなく，負担能力に応じて負担し，支え合う仕組みへの転換」「子ども・子育て支援は，未来への投資」「地域づくりとしての医療・介護・福祉・子育て」などが提起された。2020年12月には，最終報告「全世代型社会保障改革の方針」が示された。そこでは，「少子化対策」として，不妊治療への保険適用，待機児童の解消，男性の育児休業の取得促進，「医療分野」の改革として，後期高齢者の自己負担割合の見直し（2割負担の導入等），かかりつけ医機能の強化を図るための定額負担の拡大などが打ち出された。

　これらの流れを受けて，2021年11月には，「全世代型社会保障構築会議」が設置され，2022年5月に中間整理が発表されている。「男女が希望どおり働ける社会づくり・子育て支援」「勤労者皆保険の実現」「女性就労の制約となっている制度の見直し」「家庭における介護の負担軽減」「被用者と自営業者との違いを踏まえた年金制度の一元化の検討」「高齢者の労働力率の上昇も必要」「社会全体の就労と非就労

（引退）のバランスの問題として検討」などが示された。いずれも，現行の社会保障制度の改革を迫るものである。

　社会保障全体のバランスの見直しが主題といえる。一つは，「高齢者から若者子育て世帯へのバランス見直し」「正規雇用だけでなく非正規雇用を包摂した社会保障制度の構築」などが基本路線であり，今後の見通しとして，非正規雇用労働者への被用者保険の適用拡大や，一定以上の所得のある利用者の負担引き上げなどが想定されている。しかしながら，高齢者の中にも経済的な弱者は多く，負担の増加に耐えうることができるか慎重に検討が必要であろう。実際，生活保護を受給せざるを得ない者が，高齢者・単身者を中心に増加している。社会保険制度を拡大しても，結局，生活保護の出番が増える形になることが危惧されている。

 ## ４ ポストコロナの時代と社会保障

　2020年代前半のコロナ禍は，多くの国の社会保障・社会福祉制度に大きな危機をもたらした。日本もその例外ではなく，感染症対策を進める上で，医療サービスの供給体制の不備，いわゆるクラスターの発生など福祉施設等での感染症対策の難しさが連日報じられる事態となった。また，コロナ禍そのものではなく，コロナ前の医療政策によって問題が深刻化した点も看過できない。病床や保健所の削減や公立病院の統廃合など医療費抑制政策を進める中で，コロナ禍が日本社会を直撃したということになる。

　また，コロナ禍による雇用の喪失，住宅の喪失などの問題も深刻であった。非正規雇用の場合は，シフト制労働者のシフト減による収入減の問題，すなわち，雇用は維持されているが収入が激減するという事態が発生した。また，シフト削減によって雇用保険加入資格を失う場合がある。雇用保険対象外になると失業給付を受けられないという事態につながる。非正規雇用の者や自営業者など被用者以外の者に対する日本の社会保障制度の不完全性が突き付けられたといえよう。また，休業手当制度の認知度の低さなども問題として指摘されている。これからの日本において，フリーランス・個人事業主の増加など，働き方の多様化に対応できる社会保障制度が求められている。社会保障と「雇用」との関係，「労働者」の概念の再定義が必要となっている。

　これからの社会保障を展望する上で，科学技術の進歩にどう適合さ

せていくかも大きな課題である。現在，社会システムのデジタル化が推進されており，社会保障分野でも，デジタル化によって，保健・医療・介護の情報の共有や活用，関係者の業務の負担軽減につながることが期待されている。具体的には，医療保険証のデジタル化，電子カルテの情報共有，介護保険，予防接種，母子保健，自治体による医療費助成などに関わる情報共有などが計画されている。デジタル化の方向性は間違っていないが，慣れ親しんだアナログ的な社会保障の利用制度を一気に変更することは難しい。

## ⑤ 社会保障とソーシャルワークの接点

　日本の社会保障制度は危機を迎えているとしばしば扇動的な言説が流布されることがある。少子化に伴う財政的な危機は確かに存在するが，本当の意味での危機は，政治的な危機と言える。一度，構築した制度を変更することは難しいが，その背景には，社会保障制度の役割が国民に十分理解されておらず，制度の維持や制度改革について合意が得られにくいという面がある。

　社会保障制度は，社会的に個人を支える制度であるが，個人にとって損得とは別次元のものである。払ったから受けられるのではなく，リスクの事態が発生した人や困窮した人を社会的に支える仕組みである。社会保障制度のそもそもの理念について確認しておくことが重要である。同様に，国民会議でも提案されている「日本の社会保障は，自助を基本としつつ，共助が自助を支え，自助・共助で対応できない場合に公助が補完する仕組みが基本」「公費投入は低所得者の負担軽減等に充てるべき」という考え方は，社会保障の機能を限定化するものであり，注意が必要だろう。全員が支え，全員が支えられる制度であり，個人にとっての損得論は，社会保障の議論には元々馴染まない。

　ソーシャルワークの仕事は，個別化されたニーズを出発点とするものである。一方，社会保障制度は，最大公約数的に普遍化されたニーズやリスクの回避・充足システムである。個人を支えるための社会のあり方が常に問われる部分である。ソーシャルワーカーが，社会のあり方を議論する際に，社会保障制度の課題は避けて通れない。ソーシャルワークのマクロの視点の先に，社会保障論との接点がある。

# さくいん

ページ数太字は用語解説で説明されているもの。

### 監修者

岩崎　晋也（法政大学現代福祉学部教授）
白澤　政和（国際医療福祉大学大学院教授）
和気　純子（東京都立大学人文社会学部教授）

### 執筆者紹介 （所属：分担，執筆順，＊印は編著者）

＊所　　道彦（編著者紹介参照：序章，第1章，第10章1・2，終章）
＊木下　武徳（編著者紹介参照：第2章，第7章，第10章6）
長谷川千春（立命館大学産業社会学部教授：第3章）
森　　詩恵（大阪経済大学経済学部教授：第4章）
寺本　尚美（梅花女子大学心理こども学部教授：第5章）
湯山　　篤（立教大学コミュニティ福祉学部教育研究コーディネーター：第6章）
＊嵯峨　嘉子（編著者紹介参照：第8章，第9章）
嶋田　佳広（龍谷大学法学部教授：第10章3）
松原　仁美（静岡大学人文社会科学部准教授：第10章4）
吉岡　洋子（関西大学社会学部教授：第10章5）
金　　成垣（東京大学大学院人文社会系研究科教授：第10章7）
郭　　　芳（同志社大学社会学部准教授：第10章8）

## 編著者紹介

**木下　武徳**（きのした・たけのり）
2002年　同志社大学大学院文学研究科社会福祉学専攻博士後期課程満期退学。
現　在　立教大学コミュニティ福祉学部教授。博士（社会福祉学）。
主　著　『アメリカ福祉の民間化』日本経済評論社，2007年。
　　　　『生活保護と貧困対策』（共著）有斐閣，2018年。

**嵯峨　嘉子**（さが・よしこ）
2001年　大阪府立大学大学院社会福祉学研究科博士後期課程単位取得退学。
現　在　大阪公立大学現代システム科学域准教授。修士（社会福祉学）。
主　著　『子どもの貧困調査』（共著）明石書店，2019年。
　　　　『コロナ危機と欧州福祉レジームの転換』（共著）昭和堂，2023年。

**所　道彦**（ところ・みちひこ）
1999年　英国ヨーク大学大学院社会政策学研究科修了。
現　在　大阪公立大学生活科学部教授。博士（Social Policy and Social Work）。
主　著　『福祉国家と家族政策』法律文化社，2012年。
　　　　『子どもの貧困/不利/困難を考える』（共著）ミネルヴァ書房，2015年。

新・MINERVA 社会福祉士養成テキストブック③

### 社会保障

2025年3月30日　初版第1刷発行　　　　　〈検印省略〉

定価はカバーに
表示しています

| | | | | |
|---|---|---|---|---|
| 監 修 者 | 岩白 | 崎澤 | 晋政 | 也和子 |
| | 和 | 気 | 純 | 子徳 |
| 編 著 者 | 木嵯所 | 下峨 | 武嘉 | 子彦道啓 |
| 発 行 者 | 杉 | 田 | 啓 | 三 |
| 印 刷 者 | 田 | 中 | 雅 | 博 |

発行所　株式会社　ミネルヴァ書房
607-8494　京都市山科区日ノ岡堤谷町1
電話代表　（075）581-5191
振替口座　01020-0-8076

©木下武徳・嵯峨嘉子・所道彦ほか，2025　　創栄図書印刷・新生製本

ISBN978-4-623-09853-8
Printed in Japan

岩崎晋也・白澤政和・和気純子 監修

# 新・MINERVA 社会福祉士養成テキストブック

全18巻
Ｂ５判・各巻220〜280頁
順次刊行予定

————ミネルヴァ書房————
https://www.minervashobo.co.jp/